刘国光经济论著全集

（计划经济向商品经济和市场经济转型过渡时期的探索 1981—1983 年） 第 4 卷

知识产权出版社
全国百佳图书出版单位

目　录

国民经济良性循环问题

　　——在国务院经济研究中心会议上的发言摘要　（1981年9月

16日）　*1*

关于再生产理论的研讨与述评

　　（1981年）　*15*

国民经济综合平衡的若干重要问题

　　（1981年10月）　*25*

关于研究和讨论计划与市场问题的一点想法

　　——在经济研究中心计划与市场问题协作组座谈会上的发言

　　（1981年10月23日）　*49*

谈谈社会再生产理论的几个问题

　　——在北京协作区政治经济学教员集训班上的讲演摘录

　　（1981年10月29日）　*54*

关于实现国民经济良性循环的几个问题

　　（1981年11月）　*76*

研究改革经验　探索改革模式

　　——在经济研究中心一次座谈会上的发言　（1981年11月21

日）　*96*

社会主义扩大再生产中的两个关系

　　（1981年）　**108**

关于马克思的生产劳动理论的几个问题

　　（1982年1月）　**122**

要提高计划的权威性首先要加强计划的科学性

　　——在孙冶方同志主持的学习陈云同志春节重要讲话的座谈会

　　上的发言　（1982年1月29日）　**153**

中国的经济体制改革

　　（1982年2月）　**157**

访苏印象和中国经济

　　——对苏中友协讲稿　（1982年4月）　**208**

中国经济发展战略的转变

　　（1982年4月）　**212**

不要回到已摒弃的老观念上去

　　（1982年7月）　**219**

苏联经济体制改革情况和问题

　　——在云南省工业经济管理师资、干部培训班所作的专题讲

　　课　（1982年8月23日）　**223**

坚持经济体制改革的基本方向

　　（1982年9月6日）　**253**

关于苏联经济管理体制的考察报告

　　（1982年10月）　**263**

本世纪末中国经济发展的总的奋斗目标

　　（1982年11月）　**290**

学习党的十二大文件发言摘要

　　（1982年12月）　**298**

我国经济体制改革问题

　　——在中国社会科学院研究生院的讲演记录　　（1983年3月31

　　日）　302

在全国投入产出法应用经验交流会上的讲话

　　（1983年5月）　345

进一步深入开展对苏联经济问题的研究

　　——在苏联经济理论讨论会上的讲话　　（1983年7月14日）　353

中国经济发展战略的一些问题

　　（1983年8月21日）　362

劉國光

国民经济良性循环问题

——在国务院经济研究中心会议上的发言摘要
（1981年9月16日）

我同意暮桥同志发言中提出的题目和发言的基本精神。现就"关于实现国民经济良性循环的问题"谈几点意见。

一、关于国民经济循环的基本概念

1. 什么是国民经济循环

经典著作中没有出现过。我们所讲的国民经济循环，实际上是社会再生产不断运行、周而复始的过程。

（1）这个过程包括生产、分配、交换（流通）、消费四个环节。生产是起点，生产的产品经过分配、交换即流通，最后用于消费。消费是一次循环的终点，又是下一次循环的起点，因为它对生产提出了新的需要。

（2）这种循环，分为实物形态和价值形态。实物补偿和价值补偿两者又是相互交叉进行的。

（3）在这个国民经济大循环中，还包含着许许多多局部的循环，如各个部门之间和部门内部的循环。社会生产的各个要素，包括人、财、物也各有其循环。局部性的循环，都从属于整个国民经济的循环，同时又对后者起着制约的作用。这些循环，表现为相互联系的投入、产出，再投入、再产出，关系错综复杂。同时，经济的循环不是重复，而是螺旋式的循环，即在简单再生产基础上的扩大再生产。通过一次又一次的循环，国民经济得到发展，经济结构起着变化。

2. 良性循环和不良循环的区别标志是什么

各种经济制度都有它不同的经济循环规律。资本主义不仅存在着生产社会化和生产资料私人占有的矛盾，使整个生产过程处于无政府状态，而且生产的目的不是直接为了消费，各个环节不能经常保持按比例，相互脱节，必然发生周期性的经济危机。这是资本主义经济循环的基本特征。

社会主义实现了生产资料公有制，适合社会化大生产的要求，计划规律是主导作用，并且生产目的是满足消费需要，这样就有可能促进国民经济按比例发展，取得稳定增长的较高速度。但是，要把可能变为现实，取决于多种多样的主客观条件，特别是能否真正按照社会主义的诸经济规律办事。如果指导思想脱离实际，战略目标有偏差，管理体制不完备，计划安排失误，就会造成循环不灵。因此，在社会主义制度下，应当有可能出现良性循环，但也有可能出现不良循环，甚至恶性循环。恶性循环往往导致经济危机。当然，社会主义经济中可能出现的恶性循环与经济危机，和资本主义的周期性经济危机在性质上是不同的。

社会主义经济的良性循环，从社会再生产运动来看，就是生产、分配、交换、消费诸环节能够协调地、有效地运转，从而社会生产不断扩大，人民生活不断提高。用综合平衡的术语来说，就是国民经济在合理的比例和良好的效果的基础上，取得符合社会主义生产目的的持续稳定的发展速度。这也就是体现了社会主义基本经济规律、国民经济有计划按比例发展规律和时间节约规律的要求。

社会主义的良性循环同不良循环的区别，可以归纳为以下四个标志。

（1）在比例关系上：国民经济各部门之间和部门内部保持大体协调的比例关系，相互衔接而不是相互脱节，保证社会生产的两大部类也协调发展，顺利实现不断扩大的再生产。

（2）在经济效率上：整个经济运动能够做到以较少的劳动消耗和资金占用获得较好的经济效果。

（3）在发展速度上：良性循环体现为有持续的稳定的而不是大起大伏的增长速度。

（4）在生产目的上：使人民的物质文化生活不断得到改善。

在良性循环的情况下，生产、分配、交换、消费四个环节也是相互促进而不是相互牵制，环环相扣而不相互障碍。生产——适销对路，物美价廉，两大部类比例恰当；分配——三者利益兼顾，积累和消费份额合理；交换或流通——渠道多，环节少，周转快，供求基本平衡；消费——不断提高，同时创造新的需要。

3. 不良循环的表现和造成的原因

新中国成立以来，我国经济发展曾经有过良性循环（1952—1957年），也有过不良循环（1958—1962年），还有过由不良循环恢复为良性循环（1963—1965年）。"文化大革命"十年，又一次出现了不良循环。这些不良循环，共同的特征是所谓"两高"（高指标、高积累）、"两低"（低效果、低消费）。它的产生过程是：

（1）在"左"的思想指导下，不顾国情，急于求成，片面追求速度，定出无法达到的高指标。

（2）为了实现高指标，盲目扩大基本建设，尽量提高积累基金在国民收入分配中的比重，形成高积累。

（3）由于积累过高，严重地破坏了各方面的比例关系，加上经营管理差，损失浪费大，经济效率和经济效果很低。

（4）高积累挤了消费基金，低效率浪费了社会财富，人民生活受到影响，消费水平也低。

本来，真正实现了按比例的高速度，应当有可能取得高消费的结果。但是，目的不明，比例失调，损失严重，只能是欲速则不达。不仅消费低，而且速度也不能不低下来。不良循环，于是表现为高速度—低速度的循环，即大起大落的循环。一时的大起，往往以加倍的大落为代价。1958年以来，三个大起大落（包括粉碎"四人帮"后的一次），都是以片面追求高速度开始，以比例失调而低速度或负速度告终；而在每一次调整、回升后，又一次追求高速度，再一次陷于不良循环。这些经济战线上"左"倾错误的突出表现，是必须永远牢记的沉痛教训。

总的来说，过去曾经出现不良循环，原因很多，总根子是急于求成，片面追求速度的指导思想。在此指导思想下，主要有两条：

（1）不讲比例关系，特别是不讲比例和速度的关系，不讲积累和消费、两大部类以及人、财、物之间的平衡。

（2）不讲经济效果，特别是只图虚名，不讲实效，不讲国民经济核算和企业核算，不讲宏观的和微观的经济效果。

二、对当前国民经济循环处于什么状况的看法

三中全会确定调整、改革、整顿、提高的方针，不仅解决当前问题，并且着眼于未来，也可以说是为了彻底扭转不良循环，争取走向良性循环。两年多来，成绩显著，"两高""两低"开始改变。

（一）高指标取消了

制订计划开始注意实事求是，留有余地，能增则增，该减就减。这是过去没有过的，也是扭转不良循环的前提。1979年、1980年两年，农业增长不慢，工业也有增长，每年在8%以上，

但比过去每年平均增长在10％以上（一般为11％~13％），似乎相形见绌。今年（1981年）进一步调整，工业速度下调幅度又较大，这就引起了不同看法。我们认为，除了过去统计上有虚假（废品、次品和积压产品都计产值）外，在经济调整中，降低速度不是坏事而是好事，要理直气壮地给予肯定。因为只有降低过高的速度，才能调整比例，提高效果，这是变不良循环为良性循环的客观要求。1981年工业速度，特别是重工业速度降低较大，这是我们争取时间、创造条件、求得今后良性循环不得不付出的代价。在这个问题上，不能再有否定、怀疑和动摇。

（二）高积累下来了

缩短基本建设战线，投资总额有所降低，是几年来的一大转变。据统计，全国基建投资，1979年500亿元，比1978年增加20亿元；1980年540亿元，又有扩大；但1981年紧缩到300亿元，加上计划外的，可能有400亿元，或更多一些。1981年上半年完成基本建设投资额比1980年同期下降21.9％。积累率1978年是36.6％，1979年是34.6％，1980年降为32.6％，1981年将进一步降低。虽然仍旧偏高，但是毕竟有所降低。

（三）低消费改善了

调整农副产品收购价格和调整工资，使社会商品购买力大幅度上升，虽然不能完全兑现（可供商品量的缺口，1979年为173亿元，1980年又增33亿元，1981年可能进一步扩大），但是兑现部分总有增长（扣去物价因素），使绝大多数的城乡人民生活水平有所提高。

问题是"两高""两低"中的"低效果"改变不大，有的还有倒退。据了解，每百元积累新增国民收入，1979年和1980年都只有20元多一些，1981年也是20元左右，比1957年还少10元以上。产值利润率、资金利润率比1957年也低得多。很多经济指标没有恢复到历史最好水平。产品质量低，成本高，资金占用多，投资利用差等情况依然普遍。这是当前影响经济增长、财政收入和转向良性循环的一个最大的症结。

总的看来，"两高""两低"中已有"两高""一低"起了不同程度的变化。能不能说，长期以来形成的不良循环已经得到遏制或开始扭转？当然，这不能说已经完全摆脱了不良循环的困境，更不能说已经达到良性循环的要求。除了上面所述积累率还偏高和消费基金不能全部兑现以及经济效果未有好转外，能源和交通运输的紧张卡住了脖子（1981年1—8月比1980年同期，原油和发电量分别增长0.4%和0.6%，原煤下降0.3%），近期不会有多大转变，对生产、建设都有制约。同时，在调整的过程中，当前还出现了一些新的问题，特别值得注意的是下述两点：

1. 重工业生产速度缓慢。1981年1—8月，工业总产值比1980年同期只增长1%，虽然轻工业增长12%，但是重工业下降8.2%，增长速度出现较大幅度的负数。尤其是机械、冶金工业下降更大。

2. 财政收入没有增长。1981年上半年财政收入比1980年同期减少14.4亿元。虽然税收增长23.9亿元，但是企业上缴利润减少40.2亿元；其中重工业减产减收，轻工业增产减收，亏损单位扩大到31.5%，亏损额上升55.7%。财政在大量紧缩开支以后，上半年有结余，但是还难做到完全平衡，尤其是即使1981年基本平衡，今后仍可能再度出现较大的赤字。这与经济良性循环的要求距离很大。

由于重工业生产下降和财政收入下降，有的同志提出，是否已经出现了新的经济萎缩的不良循环？还有人甚至认为这是今年（1981年）调整带来的后果。对这些问题，我们的看法是：

1. 有些现象是调整中难免的，也在预料之中。调整就是有进有退，退是为了更好的进。以机械工业为代表的重工业本来发展超过需要，属于长线，调整中会有一部分吃不饱，应该进行关停并转。当前机床利用率不到50%，有的设备十分落后，不可能也不应当全部运转起来。不良循环的形成有长期的原因，改变这种状况绝非一朝一夕所能奏效。调整有个过程，在此过程中，某些损失也是难免的。当然，我们要尽量减少调整中的损失。

2. 调整的大方向是对的，但是有没有某些方面过了头？例如对调整，前两年是慢慢来，特别在压缩基本建设路线上按兵不动，增加了国民经济的困难，这是不对的，去年（1980年）年底中央决定采取坚决措施，实行进一步的调整，这是完全必要的。由于采取了这些措施，1981年在减少财政赤字、回笼货币和稳定物价上，已经取得成效，如果不是采取坚决紧缩政策，上半年物价只增长0.7%是绝对打不住的，这是必须肯定的。但是，在肯定进一步调整的大方向完全正确的同时，采取急刹车的做法，在方法上和步骤上是否有不妥的地方？例如急刹车的办法对整个经济产生突然震动，容易出现"一刀切"，由于准备不够而造成某些混乱，增加不必要的损失。这次压缩基本建设，虽有该下的未下，也有不该下的下了（如某些短线产品，技术改造、节约能源的在建项目，已有设备，继续花少量投资就能利用，但限于控制数字，不得不列入停缓建）。又如，扩大消费基金，有的可能过多，例如农副产品提价的幅度大了，奖金失去控制，今年上半年工资总额比上年同期增长9.4%，而劳动生产率却比上年同期下降了5.4%。

3. 改革的大方向也是对的，但是缺少总体规划，互不配套，加上整顿提高抓得不够，不少政策措施未能取得预期成效。例如没有打破部门所有制和地方所有制，使企业改组难以进行；"分灶吃饭"，进一步助长了重复建设和盲目生产，没有改革物价体系，价格不合理越来越严重，使企业扩权后苦乐不均十分悬殊；

有的大利大干，小利不干，使长线产品越来越长，短线产品不易增产。"低效果"改进不大，与此有关，这是影响财政收入的一个重大因素。

4. 有的同志提出，当前是否已经出现了另一种经济萎缩的不良循环？我们认为，现在农业、轻工业增长较快，人民生活逐步改善，这些方面必须肯定，整个国民经济形势是在好转中，从全面来看并不能说已经出现新的经济萎缩性的不良循环。当然，重工业生产下降和财政收入下降，是在形势好转中有待解决的问题。如果解决不好，长此以往，到一定程度，不是不可能出现新的不良循环的。这种新的不良循环，会阻碍整个国民经济从不良循环向良性循环的转化。这是因为：（1）从长期看，要有一定的增长速度。经济增长，有上限，超过了就是高指标；也有下限，太低了使原有生产资料和劳动力得不到充分利用，还对人民生活的改善和财政收支等会产生不利影响。（2）财政收入长期停留于较低水平，也会产生一系列连锁反应（循环）：财政收入不增加—财政支出不增加—生产建设增长放慢—财政收入更难增加。（3）基本建设同样如此，有上限，也有下限，低于这个下限就会影响一部分固定资产的简单再生产，即现有企业的设备更新与技术改造，会使生产性固定资产的增长和劳动力的增长不适应，从而影响就业；还限制投资生产资料（设备、建筑材料）的增产，造成生产能力和劳动力的闲置和产品积压。（4）当前农业、轻工业增产而重工业减产，调整了生产比例。但是如果长期下去，形成新的剪刀差，差距越来越大，到一定程度，重工业就会束缚着农业、轻工业的继续增产；因为农业、轻工业的发展也有赖于重工业提供越来越多的生产资料，包括能源、化肥、轻工原料和各种技术装备。这些，都是经济循环的具体内容，应当做到相互促进而不是相互牵制，才能从不良循环向良性循环转化。

三、怎样尽快实现良性循环的几点意见

总的讲还是要靠全面贯彻八字方针。这里谈几点看法。

1. 速度和效果的问题。当前我们面临工业特别是重工业速度大幅度下降，和由于速度下降和效果提不高而带来的财政收入下降的问题。面临这个问题，我们应该强调什么，强调提高速度还是强调提高效果？我同意暮桥同志上次所讲的精神，"'六五'保持较低的速度，目的在于提高效果，低速度高效果应该是'六五'的战略方针"。我体会这句话的精神就是强调提高效果而不是强调速度。我觉得这是对的，但不一定用"低速度"的字样。因为"六五"3%~4%的速度是否低，看同什么比。鉴于过去我们吃片面追求速度的亏太多，不良循环、恶性循环就是从这里开始的。因此摆脱不良循环或恶性循环，以及从不良循环向良性循环转化，前提就是不能在速度上着急，而要在效果上下功夫。但这句话讲起来容易，实际上不容易。看到我们落后，我们大家都想快一点。有的同志看到十年"文化大革命"时的速度比三中全会后的平均速度高，就坐不住，这是可以理解的。但这是不可比的。效果、生活都不可比，那时的速度是虚的，现在的速度是实的，而且现在的调速是过去追求高速逼得我们不得不调整才发生的，所以不能比。

根据过去的经验，短期内要使速度上去，不是办不到的，而且不难办到，只要一号召，或者向下面暗示一下，下面追求产值和速度的办法多得很，生产一大堆销不掉的东西在仓库里，速度也能出来；拼设备，速度也能出来。但这种速度是兔子尾巴——长不了。我们的教训太多了，造成的损失太大了。所以我同意"六五"不要强调速度，应该强调效果。宣传上也应如此。浙江工作确实不错，但报纸宣传全国工业产值增长速度它是第一，这

不必要，应该宣传它怎样提高经济效果。我觉得强调速度，宣传速度，恐怕又要出老毛病。一定要靠抓效果。这才是转向良性循环的根本、关键。

2. 怎样提高"六五"期间的经济效果？经济效果有宏观效果、微观效果。宏观效果的提高主要靠调整比例关系和建立合理的产业结构，使经济循环舒畅；微观效果的提高主要靠经济体制改革，使人们的积极性提高。这里只讲一点，即在调整国民经济比例关系时投资重点怎么确定的问题。这是关系国民经济宏观效果的问题。在调整经济比例中，由于过去不良循环形成的薄弱环节、短线部门很多。先后提出的发展的不同重点，如消费品生产、能源、交通、企业设备更新、技术改造、人才开发和人力投资（科教），等等。从每个方面看都有道理，都非常重要。但是当前国民经济的资金、物资只有那么多，不能都成重点。否则，结果或者形成撒胡椒面，一样也干不成，或者又走高积累的老路。这当然是我们要避免的。我认为，从提高国民经济的效果出发，除了消费品生产必须搞上去外，发展重点首先应当放在现有企业的设备更新和技术改造上，投资重点放在这方面的好处很多：一是对现有的陈旧的、年久失修、带病运转的大量技术设备，进行更新改造，花钱不多，但将会提高国民经济面上的经济效率。二是不但直接与节约能源有关的技术改造，如锅炉改造、发电供热等，而且节约原材料，提高劳动生产率的更新改造，有许多也能间接节约能源，可以大大减轻对能源的压力，使我们在"六五"期间有可能通过以节能为主的途径解决能源问题。三是由于外延性投资的收缩而下降的机械工业和整个重工业，将会由内涵性的扩大再生产和简单再生产的补偿任务的落实而获得广大的市场，闲置的设备和人力将得到利用，应该说目前机械工业、重工业下降的原因与其说主要由于外延性基建投资下降，不如说主要是由使简单再生产的补偿和内涵扩大再生产结合在一起的老企业更新改造没有及时抓上去，以及以机械工业为中心的重工业内部结构没有及时相应地转向为现有工业更新改造服务的轨道上去造成的。四是现有企业的更新改造带来的重工业生产的回升和各部门经济效率的提高，将大大有利于财政收入的增长。所以我同意暮桥同志发言中讲的"五年十年内使原有企业设备更新改造是使国民经济转向良性循环的最主要的环节"这个提法。我认为从中央领导同志讲的两个"向前（钱）看"来说，这个提法都是合理的。所说的向"钱"看，我体会是从近期的经济效果看，收效快，可以较快地增加财政收入，缓和财政的紧张；所说的向前看，是指远期的经济效果，经过改造的现有企业将会在比较长时期发挥效益，提供更多的积累，实际上是真正为"七五"和1990年以后的大发展积蓄可靠的力量。所以仅仅把加强能源和交通的投资看成向前（"七五"及以后）看，是不够的。当然，这方面确实需要以利用低息的外资做点准备工作。但如果这方面占用国内资金过多，如占1/3或更多，以致妨碍收效快和影响现有企业的更新改造，我觉得不但对近期发展的"向前看"，而且对较远期发展的"向前看"，都不一定有利。所以明确现有企业更新改造是转向良性循环的最主要环节，明确这是最主要的发展重点，我觉得十分必要，必须强调，"六五"国民经济的发展除了环绕消费品生产外，必须围绕现有工业技术改造来安排，我觉得这是在拟订"六五"计划中亟待切实解决的一个问题。

3. 关于利用社会资金问题。最近关于资金问题的讨论中，明确了几个问题都是很重要的。一个问题，就是随着体制改革、资金分配发生了变化，国家的、中央的预算内的资金相对减少了，下面的、预算外的社会上的资金相对多了。这种现象应该肯定，不应该否定，是一个积极的现象，不是一个消极的现象。因为它有利于调动积极性，有利于生财，而生财是聚财用财的前提。1979年冬我们到匈牙利去考察体制改革，也碰到这个问题，他们的国家预算与企业收入是70：30，国家投资与企业投资是50：50。当时还有另一个代表团，两个代表团的某些成员对匈牙利财权下放有不同的认识，一个代表团的同志认为匈牙利的做法是"民富国穷"，另一个代表团的同志认为匈牙利的做法是"百姓足，君孰与不足"。我们是持后一观点的。但是资金权力下放有一个限度，下面钱多了，虽然对于调动积极性，对生产有好处，但也不能让国家财政、中央财政靠赤字过日子。现在我们的问题是在体制改革中统收改分收，但统支却基本未变，中央财政背了一大堆包袱，造成中央财政入不敷出，这是不合理的。北京市统计局关于十个利改税企业的材料说，这些企业改税后，留的利润用不完，但至今国家企业的上级主管部门仍在继续通过各种渠道和各种名目给予基建投资和其他形式的大量投资。国家减少收入而开支不减。各省市区财政"分灶吃饭"也是如此，灶是分了，但仍吃"大锅饭"，这种情况不能再继续下去了。随着财政收入下放，相应地也要把一些补贴和其他开支包干下去，同时要保证国家必不可少的开支，这才是合理的。

最近讨论明确的另一个问题是，建设不能光靠国家财政资金，而更要注意充分利用社会资金，即地方、企业和个人手里的钱。这一点也是与过去不同的。对于社会资金的潜力，一方面要有足够的估计，另一方面也要看到它的限度，不能盲目乐观，否则超过了限度就会造成信用膨胀。

现在预算外资金有四五百亿元，企业在银行的存款有四五百亿元，城乡居民储蓄也有四百多亿元，另外居民手存现金还有二三百亿元，这些钱能不能都动用来进行新的投资？这些钱不是存在银行就是留在流通领域，在人们的手中。不论它们是以存款形式存在银行，或者以现金形式留存人们手中，都已作为银行的负债成为信贷资金的来源，被各种形式的贷款、透支、借支等所占用。如再作为新的投资来使用，会不会也要发生"一女二嫁"

导致信用膨胀？恐怕只有每个时期的存款的增长部分、流通中货币的增长部分，才能用来进行新的投资。有的同志在估计从城乡储蓄中每年能动员多少积累资金和扩大多少投资的时候，认为每年有200亿元定期存款可作为总积累资金的部分来源，每年建设规模可以扩大100亿元至150亿元，这不是从增长额来估计，恐怕失之过大。我们现在居民消费基金，每年增长额还不到300亿元，每年竟能从中拿出100亿元到150亿元即将近一半来扩大投资规模，这恐怕是不可能的。当然，我们说每年能够动用来进行新的投资的社会资金是有限的，超过限度就会引起信用膨胀也就是通货膨胀。这不是说银行的用武之地不大。银行的作用是很大的，它可以用各种方式的金融信贷手段把闲散的社会资金集中起来，把短期资金变为长期资金，还可以通过对资金利用的监督，促进已经占用的资金的加速周转，从而节约和腾出更多的资金，供发展消费品工业、更新改造和其他建设之用。

通过银行利用社会资金而不发生信用膨胀的界限在哪里？由于银行可利用的社会资金的来源不限于机关、企业、个人等的存款，而且包括发行的货币，即流通中的现金，所以不发生信用膨胀的界限同不发生通货膨胀的界限是一致的。只有把放款总额控制在存款总额和生产流通的发展对现金的正常需要，从而不引起物价水平的上涨的限度内，就不会发生信用膨胀，也不会发生通货膨胀。

最后，关于外资问题。现在国际形势与1962年调整时不同。对我们很有利。不积极利用外资以补国内资金不足，是不对的。鉴于过去的教训，目前的管理水平和世界上一些国家陷入债务危机的前车之鉴，我认为在利用外资上要谨慎从事为好。外国人为什么愿借18%～20%的高利贷？第一他研究计算了投资效果，资本利润率不会低于18%～20%，而要大大超过。第二如果投资失效，赔本破产，还不起债，他要准备跳楼。我们没有这两条。

光凭胆子大，那是不行的。我们国内平均资金利润率，1957年是24％，1970年为20.1％，1975年为14.1％，1979—1980年则为16％，如果扣除不合理的价格因素，如能源、农产品、原材料价格等因素，实际资金利润率还要大大降低。如果没有确实的把握改善经营管理水平，提高经济效果，借高利贷是危险的。过去在利用外资上有许多教训，我看有两条特别值得注意。一条是没有进行可行性研究，另一条是没有责任制。重大失误造成成亿的损失也没有事。不把这两条改掉，千万不可大胆使用外资。今后只有改掉这两条，实行了可行性研究，实行了从上到下的责任制，才可以允许大胆借外国人的钱。大项目最好立军令状，除了非营利性项目如教育项目贷款由国家统借统还，其他项目一律自借自还，或者统借自还。另外，根据国际经验，每年还本付息不超过当年外汇收入20％~25％的警戒线，这应当守住，不然易于陷入借新债还旧债的恶性循环。在这些界限内借一些低息长期的贷款来搞些能源、交通等基础设施项目的建设，灵活运用合资经营、合作开发、补偿贸易等多种形式的外资，用于中小型项目和现有企业的技术改造，这样做周转快、效果好，比较稳妥，是有利于加速国民经济从不良循环向良性循环的转化的。

关于再生产理论的研讨与述评*

（1981年）

近年来，在我国出现了一个重新学习、研究和讨论马克思的再生产理论的热潮。这次研讨紧密地结合了我国经济调整的实际，认真总结了三十年来经济工作的经验教训，在有些理论问题上也有所前进。

关于马克思再生产理论的基本原理

马克思的再生产理论的基本原理包括些什么内容？早在1952年，斯大林在《苏联社会主义经济问题》一书中就列举了马克思的再生产理论的六条基本原理[1]，它对于学习和研究马克思的再生产理论，无疑有着重要的意义。但是，斯大林的概括和有些表述是有缺陷的，因此，经济学界不断探索如何全面地、正确地概括和表述马克思的再生产理论的基本原理。大家认为，除了斯大林讲的六条以外，马克思的再生产理论还包括很多方面的内容。有同志讲："再生产是社会产品、劳动力和生产关系再生产的统一；是生产、分配、交换、消费的统一；再生产分为简单再生产和扩大再生产；外延扩大再生产和内涵扩大再生产。"[2]有同

---

* 本文系与张曙光合作，原载《经济学文摘》1981年试刊第3期。

[1] 《斯大林文选》，人民出版社1978年版，第636页。

[2] 《江汉学报》1963年第6期。

志认为：再生产原理还应包括流通时间和生产时间相互制约的理论，长期投资和短期投资相互配合的理论，垫支可变资本和发生机能的可变资本的相关理论等。还有同志指出，再生产理论还应包括简单再生产实现条件的三个公式和关于国民收入的原理。这些看法突破了斯大林论述的范围，但缺乏比较全面和系统的分析和论证。

在最近的研讨中，有些文章对马克思的再生产理论的基本原理作了比较全面和比较系统的阐述，其中有代表性的有两篇文章：一篇是《关于马克思再生产理论的基本原理》（以下简称《原理》），一篇是《马克思关于社会再生产的原理及其在社会主义经济中的应用》（以下简称《应用》）。

《原理》一文从六个方面列举了三十四条原理，即：（1）关于社会总产品的原理（包括五条）；（2）关于社会再生产总过程的原理（包括五条）；（3）关于社会再生产的形式的原理（包括两条）；（4）关于简单再生产的原理（包括八条）；（5）关于扩大再生产的原理（包括十三条）；（6）关于国民收入形成和分配的原理（一条）①。

这里列举的六个方面三十四条原理，比较全面系统，基本上包括了马克思的再生产理论的主要内容，但也存在着一些不足之处：（1）分条过于烦琐，有些很难说得上是基本原理，如第二十九条"关于社会再生产的规模越大，扩大再生产的潜力就越大的原理"等，如果这样论列，恐怕不止三十四条。（2）有些属于更基本层次的原理没有提出，如第二十七条列出了"关于两大部类都要有相应的商品储备的原理"，但却没有专条列出社会后备在社会再生产中的作用的原理，而这是属于更基本层次的。（3）所列三十四条包含着不同系列和不同层次的问题，显得有

---

① 罗季荣："关于马克思再生产理论的基本原理"，载《厦门大学学报》1980年第3期。

些重复和杂乱，如第二方面"关于简单再生产的原理"的第十条论列了"关于劳动量必须按一定比例分配的原理"，其实，这不仅是简单再生产的原理，而是全部再生产的问题。

《应用》一文，从五个方面论述了马克思再生产理论的基本原理，即（1）关于再生产的类型问题，这里包括将再生产划分为个别再生产和社会再生产、简单再生产和扩大再生产、外延扩大再生产和内涵扩大再生产几种类型及其相互关系的原理；（2）关于社会总产品的构成问题，这里包括社会总产品的实物构成、价值构成以及社会总产品按最终使用划分为补偿、消费、积累三大社会基金及其相互关系的原理；（3）关于社会生产两大部类的关系问题，这里包括简单再生产和扩大再生产的实现条件和平衡关系以及两大部类产品增长速度、对比关系和生产资料优先增长的原理；（4）关于社会再生产中的补偿、消费、积累和后备问题，这里包括有关各项社会基金本身的几条原理；（5）关于社会再生产中的市场实现和货币运动问题[①]，这里包括市场机制、货币在社会再生产中的作用以及实物运动和价值（货币）运动的矛盾统一的原理，等等。

《应用》一文对再生产原理的阐述包括的范围比较周全，叙述的逻辑层次也比较严密。其缺陷是对外贸在社会再生产中的作用和社会再生产与生态环境再生产的关系的原理没有论述，而这些原理对当前研究社会主义再生产问题是十分重要的。

关于扩大再生产的两种类型问题

20世纪60年代初期讨论再生产的类型问题时，大家的注意力

① 刘国光、张曙光："马克思关于社会再生产的原理及其在社会主义经济中的应用"，载《马克思的社会再生产理论》，人民出版社、中国社会科学出版社1981年版。

集中在简单再生产同扩大再生产的关系。这次的讨论则转向外延扩大再生产与内涵扩大再生产的关系。这与两次经济调整的背景不同有关。讨论中涉及以下一些问题。

首先，划分外延扩大再生产和内涵扩大再生产的标志是什么？很多文章根据《马克思恩格斯全集》第24卷第192页上的论述。以生产资料的状况作为这一区分的标志，认为提高生产资料的效率就是生产的内涵扩大，扩大生产场所就是生产的外延扩大。其实，从每一种生产要素（生产资料、土地、劳动力）来看，都有外延扩大和内涵发展的问题，如果扩大生产是靠增加某种生产要素的数量实现的，那就是外延扩大；如果是靠提高其质量效率实现的，则是内涵扩大。问题在于外延和内涵往往是结合在一起的，而且在很多情况下，从一个要素（如劳动力）来看，是内涵扩大再生产（劳动生产率提高），但从另一个要素（如生产资料）看，却可能是外延扩大（资金产出率不变或降低）。在这种情况下，如何从全社会范围对扩大再生产的类型作出综合判断？20世纪60年代初，就有同志提出以社会劳动生产率是否提高作为两者区分的基本标志[1]。行不行？这个问题这次讨论不够，还需要进一步探讨。

其次，内涵扩大再生产如何进一步区分？有人根据实现内涵扩大再生产的途径把它分为三种类型：（1）追加一定数量的积累基金，采用更先进的、效率更高的机器设备和其他生产资料；（2）运用基本折旧和大修理基金，对原有固定资产进行技术更新和改造；（3）无须投入资金，企业在现有生产条件基础上改进经营管理，降低消耗，节约时间。通过这三条途径，都能提高生产资料的效率，实现内涵扩大再生产[2]。另有人根据技术进步

---

[1] 刘国光："关于外延的扩大再生产和内涵的扩大再生产的关系"，载《光明日报》1962年7月2日。

[2] 魏化纯："调整与内涵扩大再生产"，载《光明日报》1981年6月3日。

的两个阶段把内涵扩大再生产分为两种类型，即在机器劳动代替手工劳动的初期机械化阶段，内涵扩大再生产具有节约活劳动的特征，这种节约往往由于追加生产资料消耗而取得，因而称为劳动节约型；在高效率的机器体系代替低效率的机器体系的全面机械化自动化阶段，不仅发生了活劳动消耗的减少，而且出现了生产资料的节约和基金占用量的降低，因而称为资金节约型①。这一分类，根据劳动节约和资金节约的比较，还可对资金节约型内涵扩大再生产作进一步的分析研究。

最后，如何选择扩大再生产的类型？有人认为，以省钱为原则，内涵扩大再生产的意义较大，但我国人口多，就业问题尖锐。所以，为了节约投资，应该重视内涵型，为了兼顾就业，也应搞一些外延型的扩大再生产。不少同志提出在扩大再生产上，我们应该主要依靠现有企业的挖潜、革新、改造。但选择这种途径，会发生同就业问题的矛盾。为了解决这个矛盾，又有一些同志提出发展就业人数较多、技术装备程度较低、需要资金较少的劳动密集型产业，这比较适合我国国情，应该多搞一些②。

此外，对于如何实现从外延为主向内涵为主的扩大再生产过渡，有人认为：一要改革工业结构和产品结构；二要推进工业改组和企业联合，提高工业部门的综合生产能力；三要在组织结构合理化的基础上搞好现有企业的技术改造③。另有同志指出，要实现向内涵为主的转变，既要注意提高微观经济效果，又要从宏观经济上调整好国民经济各部门的比例，搞好综合平衡，建立合理的产业结构，改革国民经济管理体制，使之适合社会主义经济

---

① 刘国光等：《马克思的社会再生产理论》，人民出版社、中国社会科学出版社1981年版，第102—103页。

② 林子力：《经济调整和再生产理论》，上海人民出版社1981年版，第110—111页。

③ 栾忠信："走以内涵为主的扩大再生产之路"，载《解放日报》1981年6月2日。

规律的要求[①]，等等。所有这些从不同侧面提出的问题，也需要认真研究解决，以促进国民经济向良性循环的转化。

关于扩大再生产的基本条件和基本公式

关于这个问题20世纪60年代争论的焦点是：扩大再生产的基本公式是一个还是两个，Ⅰ（v+m）＞Ⅱc能否反映第Ⅱ部类对扩大再生产的制约作用？近年来的讨论对此继续有所涉及，同时提出了一个与此有关的新问题，即有没有基本公式？或者说，扩大再生产的三个公式① Ⅰ $\left(v+\dfrac{m}{z}+\dfrac{m}{x}\right)=$ Ⅱ $\left(c+\dfrac{m}{y}\right)$；② Ⅰ $(c+v+m)=$ Ⅰ $\left(c+\dfrac{m}{y}\right)+$ Ⅱ $\left(c+\dfrac{m}{y}\right)$；③ Ⅱ $(c+v+m)=$ Ⅰ $\left[\left(v+20+\dfrac{m}{z}\right)\dfrac{m}{x}+\right.$ Ⅱ $\left.\left(v+\dfrac{m}{z}+\dfrac{m}{z}\right)\right]$ 之间是否存在"基本"和"派生"的关系？许多同志都认为上述三个公式中，①式是基本公式，②③是派生公式，但对①式为什么是基本公式的理解不同。有的同志认为①式是②③两式所表示的两个条件的集中表现[②]；而另有同志则认为②③两式只反映了扩大再生产的两个侧面，而①式反映了它的全面，即反映了整个两大部类产品的实现条件[③]。其实这两种说法并无根本差别，而且两种提法都有毛病，即①式既不是②③式的集中表现，也没有反映整个两大部类产品的实现条件，只是说明了两大部类之间的交换关系和平衡条件。还有的同志提出，扩大再生产的三个公式之间并不存在"基本"和"派生"的关系，它们不过是从各自不同的角度出发表达了完全相同的经济内容。上述的公式推导不过是逻辑推理中的"同义反复"，因此，"基本"和"派生"的提法把本质上属于"同义反复"的内在联系，

---

① 龚海渠："内涵的扩大再生产是发展生产的重要途径"，载《群众》1981年第3期。

② 《经济研究》1979年第10期。

③ 《社会科学研究》1981年第1、3期。

刘国光

经济论著全集

第
4
卷

理解为具有前提和结果性质的内在联系[1]。

看来，基本公式和派生公式的提法，无论从公式推导，还是从前提和结果的意义上都是很难讲清楚的，只能从它们在社会再生产中的地位和作用来解释。马克思说："说到社会的再生产过程，我们只是指第Ⅱ部类和第Ⅰ部类之间的交换。"[2]这就是说，两大部类之间的交换关系，它们之间的平衡条件也是社会产品最基本的实现条件。这就决定了 $Ⅰ(v+m)=Ⅱc$ 和 $Ⅰ\left(v+\dfrac{m}{z}+\dfrac{m}{x}\right)=Ⅱ\left(c+\dfrac{m}{y}\right)$ 是简单再生产和扩大再生产的基本公式。它反映了两大部类之间互相提出要求、互相供给产品，互为条件、互相制约的关系。也就是说，它既反映了第Ⅰ部类，也反映了第Ⅱ部类在扩大再生产中的重要作用，因而带有根本的性质。

在这次学习和讨论中，有同志联系过去的经验教训，对马克思的扩大再生产的基本公式作了这样的解释：扩大再生产的基本公式，即 $Ⅰ(v+m)>Ⅱc$ 意味着必须以第Ⅰ部类的扩大作为扩大再生产的条件，而"第二个公式"即 $Ⅰ\left(v+\dfrac{m}{z}+\dfrac{m}{x}\right)=Ⅱ\left(c+\dfrac{m}{y}\right)$，则意味着要有第Ⅱ部类的相应扩大作为保证；并且说我们过去的问题是往往记住了前一公式而忘了后一公式，所以一味突出重工业，以钢为纲，造成比例失调。[3]这里，作者实际上把 $Ⅰ(v+m)>Ⅱc$ 与生产资料优先增长等同起来，又把 $Ⅰ\left(v+\dfrac{m}{z}+\dfrac{m}{x}\right)=Ⅱ\left(c+\dfrac{m}{y}\right)$ 仅仅归结为消费资料生产的相应增长，这都是不符合基本公式的含义的。$Ⅰ(v+m)>Ⅱc$，并不一定意味着生产资料优先增长，$Ⅰ\left(c+\dfrac{m}{z}+\dfrac{m}{x}\right)=Ⅱ\left(v+\dfrac{m}{x}\right)$ 反映的也不只是消费资料的相应增长，而是两大部类互为市场、互为条件。并且，后一公式不过是前一公式（表现为不等式形式）在平衡式形

关于再生产理论的研讨与述评

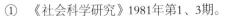

① 《社会科学研究》1981年第1、3期。

② 《马克思恩格斯全集》第24卷，第505页。

③ 林子力：《经济调整和再生产理论》，上海人民出版社1981年版，第79页。

式上的表现，两者实质上是一回事而不是两个基本公式。这个问题，还需要进一步探讨清楚。

关于两大部类的对比关系和生产资料优先增长问题

近几年来讨论这方面问题的文章可以分为三类：一是理论分析性的；二是历史实证性的；三是数学论证性的。

第一类文章中，从生产资料的内部结构和其发展趋势来考察生产资料优先增长的问题，是这次研讨中的一个新方向。有人认为，生产资料优先增长规律不仅适用于劳动手段，而且适用于劳动对象。因为劳动手段和劳动对象的关系是劳动生产率提高的条件和结果的关系，不能分割。劳动手段的先进性，恰恰在于它能改造更多的劳动对象，生产更多的产品。二者究竟何者发展更快，何者所占比重更大，在不同历史时期（工业化初期和工业化完成以后）和不同生产部门（采掘工业和加工工业）是不相同的[①]。有人分析了制造生产资料的生产资料和制造消费资料的生产资料的结构及其趋势，对列宁的有关结论提出异议，认为在一种条件下前者优先增长，在另一种条件下后者增长更快。这后一种条件是：（1）当消费资料优先增长时；（2）当生产资料优先增长不是由于有机构成提高，而是由于第Ⅰ部类大量增加劳动力时；（3）当大量节约生产资料的第二种技术进步居于优先时；（4）当积累率没有提高时。因此，不仅生产资料优先增长，而且制造生产资料的生产资料增长最快也不是一切社会一切时期经常出现的规律。

第二类历史实证性的文章中，有代表性的一篇是"科学技

---

① 傅明贤、相清玉："生产资料优先增长应否包括劳动对象"，载《江汉论坛》1981年第4期。

术进步对社会生产两大部类比例关系的影响"[1]。该文利用英、美、法、日、联邦德国的统计材料，分三个阶段考察了这个问题。（1）在从手工工场向工厂过渡的技术变革阶段中，发展最快的是纺织业，其增长速度是钢铁和整个工业的几倍和几十倍。（2）当"工业革命"后期，用机器制造机器代替手工制造机器时，出现了一系列新兴的生产资料生产部门，煤、生铁、钢的增长速度反过来是纺织业的几倍，甚至几百倍。（3）第二次世界大战后，技术革命进入了一个新阶段，发达国家相继出现了两大部类的平行发展，甚至有些年份第Ⅱ部类超过第Ⅰ部类的情况。这类考察是很有意义的。

第三类数学论证性的文章近年来逐渐增多。许兴亚在《贵州社会科学》1981年第3期发表的一篇文章中，根据他提出的公式，认为两大部类增长速度的对比关系，直接取决于两个部类的资本有机构成、剩余价值率和积累率三个因素的对比关系。由于这三个因素的对比关系有不同的组合，两大部类增长速度的对比关系也会出现Ⅰ＞Ⅱ、Ⅱ＞Ⅰ和平行发展的三种趋势。作者分别不同情况，考察了总有机构成、总剩余价值率、总积累率变化对两大部类增长速度对比关系的影响，得出结论：即使在总有机构成和总积累率提高的情况下，生产资料优先增长也只是两大部类增长速度对比关系变化趋势中的一种情况。[2]这一结论与李固、杨雄在《经济科学》1981年第2期发表的文章用另外的方式和数字演算所得的结论相同。

许、李等人的文章指出了在怎样的具体约束条件下，两大部类中何者增长较快，取决于哪些因素，它们如何结合。这种论证是有一定意义的。但是，要说明生产资料优先增长是不是一定历

---

① 载《社会科学研究》1980年第4期。

② 尹世杰："试论生产资料生产的内部结构"，载《中国经济问题》1981年第4期。

史时期和一定条件下的客观趋势，必须使抽象的数字分析所假设的条件符合客观经济发展的实际进程。有些同志在这方面进行了一些探索。不论这些数学分析的结论如何，对社会再生产过程进行数字模拟和论证，是再生产理论研究的一个新发展。这方面的工作还刚刚开始，需继续深入开展，并把数量分析和经济分析结合起来。

此外，一年来还研讨了一些其他问题，如积累是不是扩大再生产的唯一源泉问题，最优积累率的确定问题等。

国民经济综合平衡的若干重要问题*

（1981年10月）

我国的社会主义现代化建设事业，是有计划地进行的，它要通过长期计划、中期计划和年度计划的编制和执行来逐步实现。在经济计划的编制和执行中，搞好国民经济的综合平衡是一个极其重要的问题。在我国的经济计划工作中，所谓综合平衡一般包含两种含义：一是作为经济工作的方针来说的；二是作为计划工作的方法来说的。作为经济工作的方针，综合平衡就是从我国的实际情况出发，统筹兼顾，适当安排，瞻前顾后，合理布局。作为计划工作的方法就是根据上述方针原则，借助一系列平衡核算的工具，对各种人力、物力、财力的资源和需要进行对比分析，恰当安排社会劳动（物化劳动与活劳动）的分配比例，以满足社会生产持续增长和人民生活不断改善的各种需要。这里讲的综合平衡，是指国民经济范围的总的平衡，即以社会总资源、总生产能力和社会总需要的平衡为主要内容、社会总产品和国民收入的生产、分配、交换和消费为核心的国民经济平衡。国民经济总体上的综合平衡，与国民经济某个方面、某个部门、某种产品、某个企业的局部平衡，是相对而言的。在整个国民经济计划平衡中，这两种平衡要互相衔接，互相补充，并且经过反复平衡，才能确定下来。但是，国民经济的综合平衡在整个计划平衡工作中

---

* 原载《国民经济综合平衡的若干理论问题》（代序），中国社会科学出版社1981年版。

总是处于主导的地位，因为只有在国民经济总体上求得了社会总资源与总需要的平衡，妥善规定了扩大再生产的总速度和基本比例，各项局部平衡才能在总体中有所依据，并能各得其所，正确实现。

国民经济综合平衡涉及极其广泛的问题，需要进行多方面的研究。这本书的各篇文章，试图在马克思的再生产理论指导下，在总结我国30年来经验教训的基础上，从不同的侧面，对国民经济综合平衡问题进行理论上的探讨。在这篇代序中，我想概括地谈谈以下四个问题：发展速度与综合平衡；产业结构与综合平衡；经济效果与综合平衡；经济体制与综合平衡。

一、发展速度与综合平衡

速度问题一直是国民经济计划的一个核心问题。长期以来，我们往往把工农业生产或某些产品的高速度增长作为计划的中心目标，并据此以安排人力、物力、财力资源的分配和指导整个国民经济的发展。经济计划工作中强调速度问题，对于我们这样一个经济技术基础很差、人民生活水平很低的国家，为了在短时期内克服落后的状况，较快地增强我们国家的经济实力和改善人民生活，这本来是一个客观的必要。从我们的主观愿望来说，当然是快一点好。但经济发展速度并不单纯决定于需要，更不取决于主观愿望，而要决定于我们拥有的人力、物力、财力资源和潜力，取决于需要与可能的综合平衡。在经济发展速度与综合平衡的问题上，我们有时处理得较好，但处理不好的教训更多。

新中国成立初期，紧接在三年经济恢复时期之后的第一个五年计划时期，由于当时我们缺乏社会主义经济建设的经验，比较谨慎，在拟订经济发展速度的时候，比较注意综合平衡。第一个五年计划的制定，是以156项工程为中心，以重工业为重点，相应地安排了工农业生产、财政收支、市场供应和人民生活等事业，进行了综合平衡。在计划执行过程中，根据当时的经验，对国民经济综合平衡中的一些关键性比例关系，如积累占国民收入的比重、财政收入占国民收入的比重、基本建设投资占财政支出的比重，提出了带有规律性的数量界限；提出了财政平衡、信贷平衡和物资平衡三大平衡之间的关系问题；提出了物力、财力的分配，必须先安排生活，其次安排生产，然后把多余的用之于基本建设的次序；提出了基本建设规模与国家财力、物力是否相适应是经济能否稳定的界限；等等。这些都是国民经济综合平衡中的非常重要的东西。第一个五年计划时期尽管经济计划工作还有不少缺陷，主要是积累搞多了一点，重工业搞多了一点，对农业、轻工业的发展也有注意不够的地方，但总的看来，整个国民经济的发展是比较健康的。在五年平均积累占国民收入的比重为24%的情况下，保持了比较稳定的增长速度，平均每年工农业生产增长11%，国民收入增长8.9%，城乡人民生活水平逐年提高，平均每年递增4.3%。

　　第二个五年计划的编制，开始也是比较谨慎的。1956年提交党的八大第一次会议通过的第二个五年计划建议，是在研究了国民收入的生产和使用的基础上，重点安排了重工业建设，相应地安排了农业、轻工业、交通运输业、商业、财政和人民生活等事业，对国民经济进行了综合平衡。这个计划建议把积累率限制在25%，并且适当降低重工业的增长速度，提高农业的增长速度。1958年的计划，钢的指标原定为620万吨，比上一年535万吨增加85万吨。这些都是比较符合实际的。但是，第二个五年计划刚开始执行，却来了一个"大跃进"，毫无根据地提出1958年钢铁翻一番，要求达到1070万吨，1959年要求达到1800万吨，与此相应，积累率猛增上去，1958年提到36%，1959年提到44%。再加上经济工作中瞎指挥、"浮夸风""共产风"，造成国民经济比例严重失调，生产不得不大幅度下降，与我们欲快的愿望相反，五年国民收入不但没有增长，反而每年平均下降了3.1%。人民生活也受到很大的损害。

第二个五年计划时期的教训，具有典型的意义。"大跃进"接着带来的生产停滞和比例失调，原因很多，从计划工作上说，主要是放弃了综合平衡，不顾客观可能片面追求高速度的结果。"大跃进"时，批评综合平衡是四平八稳右倾保守的计划方法，代之以工业"以钢为纲"，农业"以粮为纲"的计划方法，以为"抓住了这个主要矛盾，一切问题就迎刃而解了"，"有了钢铁和粮食，什么事情都好办了"，于是把钢铁和粮食的指标定得很高，安排得很突出，实际上是采取了挤其他事业的办法来保钢保粮。拿"以钢为纲"来说，凭空提出一个钢产量的高指标，迫使燃料、运输跟上去。要保证高指标，就要扩大基建规模，基建规模扩大了，又要提高钢、煤、电、运的指标，这样面多加水、水多加面、越加越多、越绷越紧，最后国民经济承受不住，不得不以发展的中断和猛烈下降结束了这个恶性循环的局面。

经过1961年到1965年的调整，在实际工作中纠正了三年"大跃进"中的一些错误做法，注意了计划的安排要以"农、轻、重为序"，提出了"先抓吃穿用，注意农轻重"，"先简单再生产，后扩大再生产"等正确的综合平衡原则，逐步克服了严重的比例失调，国民经济得到全面好转。但是由于讳疾忌医，没有从思想认识上认真总结，上述"以钢为纲"的计划思想和计划方法并没有从根本上改变。在发展速度与综合平衡的问题上，我们一再重犯"大跃进"时相类似的错误，往往是形势稍有好转，就要重走高指标、高积累的老路。调整后期制订的第三个五年计划，又提出把钢产量增加到1970年的2000万吨，相应地把五年的积累率提高到30%上下。1966年积累率实际上已提高到30%以上。但由于"文化大革命"的折腾，"三五"计划实际上未能执行。十年浩劫中，计划工作遭到林彪、江青一伙的极大破坏，彻底地否定了综合平衡的方针和方法。第四个五年计划提出钢产量由1970年不到1800万吨，达到1975年的3500万到4000万吨，平均每年增长400万吨以上，并相应扩大建设规模，实际积累率1970年以后一直维持在百分之三十几的高水平。这些指标都没有经过综合平衡，因而很快就发生了"三个突破"（1971年职工人数突破5000万人、工资总额突破300亿元、粮食销量突破800亿斤）和"一个窟窿"（1972年挖粮食库存100多亿斤）等不正常状况，因而不得不把"四五"计划指标降下来。

粉碎"四人帮"后的最初几年，过去那种片面追求高速度的老毛病还继续了一个时期。由于经济形势好转，头脑再次发热，在制定1976—1985年十年规划的时候，又不经过综合平衡，就提出1985年钢产量达到6000万吨，原油产量达到25000万吨，粮食产量达到8000亿斤以及什么十个大庆、十个鞍钢、十个开滦等不切实际的指标和口号，据此签订引进合同，安排十年计划，把本来已经很长的基本建设战线进一步拉长，1978年积累率提高到36.6%，相当于1958年的水平。幸而这次失误发现较早，十一届三中全会以后党中央及时提出了调整、改革、整顿、提高的方针，最近又提出进一步全面调整的方针，才把那股盲目冒进的势头刹住。

总之，历史经验表明，不经过综合平衡的片面高速度，不顾客观可能的高积累高指标，会给国民经济的发展带来一系列严重的后果，其中主要的有：

1. 高积累挤了简单再生产的补偿，基本建设热衷于铺新摊子增加生产能力的办法，使原有企业原有设备不能得到及时的更新改造，为了抢速度迫使生产设备超负荷运转，新企业投入生产挤占原有企业所需原材料燃料动力，形成大家都吃不饱的局面。另一方面，高积累又挤了人民消费，使人民生活长期得不到改善，有时甚至下降，严重挫伤了人民群众的积极性。这样，社会主义扩大再生产的人和物两个方面的因素，都受到很大的损害。

2. "以钢为纲"的重工业发展的高指标，挤了农业、轻工业、交通运输业、建筑业以及商业服务业，造成国民经济比例的严重失调。

3. 追求产值产量等数量指标的做法，使一时上去的生产基本上是靠增人、增资、增投料等扩大再生产的外延因素上去的，而忽视发展生产的内涵因素即质量与效果的方面。对品种质量和经济效果的忽视也带来人力、物力的巨大浪费。

4. 由于上述扩大再生产中人力、物力条件的破坏、比例关系的失调、质量效果的下降、片面追求高速度的后果，最后集中表现在：一时上去的某些产品的高速度必然带来国民经济发展的全面的急剧下降，要用很大的力量才能恢复过来，一个弯子绕回来，就耽误了不少时间。例如，1958年"大跃进"，绕到1966年还没有完全恢复到1957年的水平，绕这么一个圈子，七八年就过去了。"文化大革命"这个弯子绕得更大。"欲速则不达"，我们付出的代价是极大的。

鉴于片面追求经济增长速度给我国经济的发展一再带来非常消极的后果，有些同志认为，今后安排国民经济计划时，不应再以经济发展速度作为出发点。这个意见需要讨论。我认为我们不能因为过去经济计划工作的失误而否定速度问题在经济计划中的极其重要的意义。发展经济而无适当的速度，那就谈不上逐步缩短同发达国家的差距，增强国家的经济实力，改善人民生活，实现现代化的目标。因此速度问题是与我们的发展目标分不开的。拟订国民经济发展计划，不能没有与某种速度相联系的发展目标作为我们的出发点。例如，党中央提出，20世纪末我国将达到小康社会的目标。姑且不论小康社会的水平有伸缩余地，要实现这个目标，也要有一个大体相应的，具有一定伸缩幅度的发展速度指标。在当前的调整中，为了保持经济的稳定，也要有一定的速度。鉴于过去片面追求速度的教训，应该特别指出计划规定的速度，不应作为指令性指标下达，而只应作为国家指导宏观经济发展的一个尺度，作为微观经济中各个经济主体决策和行动的参考，并受微观经济活动的检验和校正。同时，计划规定的速度，绝不应当是片面的、只突出某些产品生产增长的速度，绝不应当是不顾客观可能、不经综合平衡、主观臆想的"高速度"，而是从我国实际情况出发，经过综合平衡能够达到的速度，或者叫作最优的速度。

社会主义经济发展的最优速度的概念，是同社会主义生产的目的范畴紧密相关的。对于社会主义社会来说，生产增长速度本身并不是目的，不断提高人民的物质文化生活水平才是经济发展的根本目的。为达此目的，经济发展速度不能过快，因为过快的速度要求过高的积累，过高的积累长期占用大量资金和人力、物力，妨碍当前的生产和人民近期增长的生活需要的满足。最优的速度也不应当是只满足当前和近期增长的人民消费的速度，这样的速度过分压低积累率，妨碍长期的发展，不利于未来人民消费水平的持续增长。最优的速度应当是把需要与可能结合起来、生产与生活结合起来、积累与消费结合起来、近期与远期结合起来，能够保证从长期累计来看人民生活最大限度增长的速度。这样一种速度，既是量力而行，又是尽力而为可以达到的速度，因而是稳中求快的速度。鉴于过去急于求成带来的灾难性后果，今后我们在速度问题上必须强调一个"稳"字。所谓稳中求快，就是经过国民经济的综合平衡求得最优的速度。

最优速度或稳中求快的速度，必须是留有余地的速度。特别是我国人口多，底子薄，经济非常脆弱，经不起折腾，目前又是在欠账很多的基础之上进行现代化建设，回旋余地较小，因此在计划平衡工作中，在确定经济发展速度时，更必须留有充分的余地。我赞成这样的意见，即大体说来，五年计划应留有一年的余地，十年计划应留有两年的余地，以便国家手中有比较充实的后备，各级经济计划经过努力都有超额完成之可能。这样我们就能在经济的发展中取得更大的主动权，并能更好地调动各个方面的积极性，为国民经济的稳定增长而努力。

二、产业结构与综合平衡

与确定经济发展速度密切相连，国民经济计划的综合平衡要解决的另一个重要问题是：按照社会需要的比例，通过有计划地分配社会人力、财力、物力资源，建立合理的产业结构的问题。所谓产业结构就是在社会分工体系中，国民经济各部门、各组成部分的构成和相互关系的总称。产业结构问题关系到经济优势的发挥和社会生产目的的实现。合理的产业结构，使社会生产能够稳定而协调地增长，人民的物质文化生活得到不断的改善，从而促进整个经济的良性循环。反之，产业结构不合理，就会使生产建设和人民生活两受其害，整个经济就会陷入一种恶性的循环。

经过30年的建设，我国产业结构发生了根本的变化，我国已经建立起独立的比较完整的工业体系和国民经济体系，生产力特别是工业生产力有了较大的发展，从1949年到1980年工业总产值增长了46倍，其在工农业总产值中的比重由30％提高到70％以上。农业有了较大的增长，1979年粮食产量达到6642亿斤，比1949年的2264亿斤增长了1.9倍。此外，交通运输、国内外贸易、科学文教等事业，也有了一定的发展。在生产发展的基础上，按人口平均的城乡居民消费水平，也有了一定程度的改善。所有这些，都是我们进行现代化建设的基础。

但是，必须看到，由于若干年来经济建设中"左倾"路线的干扰和国民经济计划平衡工作的失误，当前我国的产业结构存在着重大的缺陷。产业结构的不合理，国民经济比例失调，严重影响和阻碍了我国经济的发展和人民生活的改善。当前我国产业结构存在哪些问题呢？主要的是：

首先，在农业、轻工业、重工业的关系上，长期以来片面执行了优先发展重工业方针的结果，造成农业严重落后于工业，轻工业严重落后于重工业的局面。在工农业总产值中，农业和工业的结构，1949年是70∶30，1980年倒过来，约为30∶70。在工业总产值中，轻工业和重工业的结构，由1949年的73.6∶26.4，到1979年改变为43.7∶56.3。以农业、轻工业为一方，重工业为另一方的结构，由1949年的92.1∶7.9，到1979年改变为60∶40。

其次，农业内部结构和重工业内部结构很不合理。重工业以过多的力量为自身的发展服务，未能充分发挥对农业、轻工业和整个国民经济的主导作用；原材料工业落后于加工工业。特别是能源的发展落后于工业和整个国民经济的发展，目前已经成为一个卡脖子的问题。农业由于片面实行"以粮为纲"，经济作物和林牧副渔受到排挤，不仅不能充分利用自然资源，而且使生态平衡遭到破坏。

最后，"基础结构"部门与其他产业之间、"骨头"与"肉"之间的关系很不协调。所谓"基础结构"部门是指为物质生产、分配、交换和消费提供必要的物质条件和服务的部门，包括各种运输和供水供能系统，邮电等各种信息系统，商业和物资供应系统，城市和住宅建设、环境保护、文教科卫，以及其他服务性事业。随着现代化的发展，这些部门在整个社会经济中的重要性越来越大。但是在过去，我们片面强调以重工业为主的工农业物质产品的生产，对"基础结构"方面的发展一直未予应有的重视，致使这些事业的发展严重落后于国民经济的发展。在基本建设投资总额中，所谓"非生产性"投资所占比重大幅度下降，由第一个五年计划时期的28％降到第四个五年计划时期的13％，其中住宅投资由9.1%下降到5.7%，文教科卫由8%下降到3.3%，城市公用事业由2.6%降为2%。这是造成"骨头"和"肉"关系严重失调的一个主要原因。

从上述看来，我国已经形成的产业结构，可以说是一种紧张的、挤压型的结构。就是说，无论是农轻重之间，农业内部、工业内部，"基础结构"部门与其他产业部门之间，"骨头"与"肉"之间，都是一个方面挤压另一个方面，关系绷得十分紧张，而且越建设越紧张，整个国民经济就像一个人的身子处处不能舒展，感到憋气。就各个部门、地区、企业来说，则在以行政管理为主的经济体制下，形成许许多多"大而全""小而全"自给自足的封闭体系。这种极不合理的产业结构，效率低下，浪费严重，不能保证经济的稳定协调增长和人民生活的不断改善，不适应现代化建设的需要。

要改变这种状况，就要把上述那种紧张的、"挤压型"的产业结构，改变成为"舒展型"的结构，结束那种社会分工体系中一个部分挤压另一个部分的状况，使国民经济的各个有机组成部分能够匀称地、宽舒地伸展开来，互相协调、互相促进地向前发展。同时，要结束那种阻碍商品经济发展的地区、部门、企业的封闭式结构，充分发展以专业化分工协作为基础的产业结构。

一国的产业结构，归根结底是由社会需要和资源两个方面的状况决定的。在国民经济的计划平衡中建立合理的经济比例和产业结构，必须充分考虑我国这两个方面的特点。从社会需要方面说，我国经济的特点首先是人口多，有十亿人口，八亿是农民，生活水平低，改善人民物质文化生活的需要量很大，不但要考虑当前改善人民生活的需要，还要考虑将来进一步改善人民生活的需要，这就涉及扩大再生产和发展科学技术等需要。从资源方面说，我国劳动力资源丰富但文化技术质量不高；自然资源不少但按人口平均不算很多；资金不足，底子很薄。调整产业结构，必须充分认识我国经济的这些基本特点，从十亿人口特别是八亿农民的需要出发，发挥我国的特长和优势，比较充分和比较有效地利用我国人力、物力自然资源，使社会再生产各个环节、国民经济各个部门能够协调发展，生产持续增长，生活不断改善，实现经济发展的良性循环。

为此，改革我国的产业结构，应以满足人民的吃穿用和文化教育的需要为中心，多发展劳动密集型的、适合我国资源特点的、节约能源和原材料的、加工价值大的产品和产业。要真正把发展农业放在首位，在努力增产粮食的同时，加快经济作物的增产，争取林、牧、副、渔全面增长。近几年的调整时期，要着重发展轻工业，使轻工业的增长速度继续超过重工业。但是，为了实现国民经济技术改造，今后一个相当长的时期中优先发展重工业还是必要的，特别要着重发展能源工业、机械工业以及电子和化工材料等新兴工业，但要避免过去重工业过多地为自己服务而不是为农业、轻工业服务的状况。要加强交通运输业、地质勘探、建筑业，使之适应工农业生产的发展。与发展物质生产紧密结合，必须大力发展各种服务性行业，提供各种生产、科研、文教和生活服务，容纳更多的就业人员，逐步提高这些部门在整个国民经济中的比重。

建立合理的产业结构，不仅涉及国内的综合平衡，而且涉及与国外的经济交往；不仅关系到社会经济内部的平衡，而且涉及人类社会与自然环境之间的平衡。在对外经济关系方面，根据我国经济的基本特点，按照自力更生为主，争取外援为辅的原则，我国的经济结构既不应是完全靠国内自给型的结构，也不应是完全自由开放的国际分工型结构，而应当是建立以国内经济循环为主与有计划的国际分工相结合的产业结构。在处理经济发展与自然环境的关系上，要从保护自然资源、保护人民健康和为子孙后代造福着想，注意资源的综合利用，搞好环境保护和生态平衡。

如何把社会经济内部的平衡同人类社会与自然环境之间的平衡结合起来，妥善处理，这是国民经济计划平衡的一个新的课题，需要大力展开研究。

讨论我国产业结构的改造问题时，有些同志提出，我国原来的产业结构是一种"重型产业结构"，应该把它改变成为"轻型结构"。有的同志具体提出：以农业、轻工业为一方，以重工业为另一方的比例，应从1978年的农业、轻工业占60%以下（这是"重型结构"的标志），提高到占60%以上（这是"轻型结构"的标志）。如前所述，针对过去片面优先发展重工业造成的农轻重比例失调，今后应当真正加强农业的发展，近期内要使轻工业的增长速度快于重工业的增长速度，这无疑是非常必要的。但把这种调整叫作用"轻型结构"来代替"重型结构"，以"轻型结构"作为我们调整的最后目标，我以为是不尽妥切的。第一，农轻重结构不能概括全部产业结构。我国国民收入构成中，工业和农业所占比重不到80%，其在国民生产总值中所占比重更低。如果用"轻型结构"来概括产业结构的调整方向，那么我们当前要着重发展的运输业、建筑业、各种为生产和生活提供服务的事业就都包括不进去，我们要着重发展的能源工业属于重工业范畴，也包括不到"轻型结构"的概念里面去。第二，"重型""轻型"概念本身，也是不确切的。重工业不一定都"重"，如某些电子行业；轻工业也不一定都"轻"，如造纸行业等。从长期看，农业现代化所需投资和设备，是很"重"的，按劳动力平均计算，不比工业"轻"。在一些发达国家，农业中每个劳动力的平均固定基金装备比工业多一半到一倍。第三，今后轻工业增长速度快于重工业，我认为这只是调整时期的一种短期趋势，是为了纠正过去轻工业过轻重工业过重的缺陷所必需的过渡阶段。就我国现代化建设的长过程来看，生产资料的优先增长仍将是一个必然趋势。最根本的原因是我国各产业部门从手工劳动向机械化转化的现代化技术改造，将不是一个短过程；在一个相当长时期里，需要生产资料生产部门提供大量的技术装备和新型材料。因此，把国民经济调整时期实行的带有过渡性的政策措施定型化，称为建立"轻型生产结构"，我以为是不妥的。

我国当前产业结构的不合理和严重比例失调的状况，不是短期形成的，要调整比例，建立合理的产业结构，显然不可能在一两年内完成。但是，通过逐步改变国民收入在积累与消费之间的分配比例，以及积累基金在各部门之间的分配比例，使农轻重之间，能源工业、材料工业与加工工业之间，"基础结构"部门与其他产业部门之间，"骨头"与"肉"之间的关系逐步得到改善，这是可以而且应该做到的。应该看到，经济比例的失调和产业结构的歪曲，是历年欠账累积而成的，为了调整比例，矫正结构，在国民经济计划工作中安排社会需要与社会生产的平衡关系时，首先必须考虑偿还历年欠账的需要，然后再考虑建立新的合理结构的需要。为此，在生产与需要的平衡中要留有充分的余地。如果我们仍如前些年那样不讲综合平衡，在计划工作中不首先考虑还账的需要，留有余地，而是继续留有缺口，甚至很大的缺口，那就会旧账未还又添新账，加剧国民经济比例失调，使不合理的产业结构更加难以调整。这是我们在处理综合平衡与产业结构的关系时必须注意的一个问题。

三、经济效果与综合平衡

经济效果问题，即以最少的劳动消耗，取得最大的满足社会需要的成果，是贯穿在社会主义社会一切经济活动的中心问题，也是国民经济综合平衡的一个重要问题。不言而喻，国民经济综合平衡所要处理的经济效果问题，指的是宏观经济效果，也就是关系国民经济全局和长远的经济效果问题。在社会主义计划经济中，宏观经济效果对于微观经济效果具有主导的决定的意义。国民经济综合平衡搞好了，就有可能使宏观经济效果的实现得到保证，同时企业的经营活动才能有一个正常的外部条件，才能进行真正的经济效果的核算，从而提高企业的经营效果。宏观范围的计划平衡的失算，往往造成亿万的损失，这绝不是企业一级经营不好造成的损失所能比拟的。当然，宏观经济的决策和国民经济的综合平衡要通过微观经济活动来贯彻，国民经济的宏观效果离不开企业一级的微观效果；一个个企业内部经营状况包括产供销平衡的组织好坏，对于整个国民经济的宏观效果也是至关要紧的。

讲起宏观经济效果，人们往往联想到国民经济的发展速度和比例，并且认为发展速度的高低和发展比例是否协调，是宏观经济效果好坏的标志。

经济发展速度与宏观经济效果是紧密联系的，在一定的意义上前者是后者的反映。但两者不是等同的东西。如前所述，短期的、局部的高速度，往往是用了很大的代价，用不顾产品质量品种、损伤简单再生产的基础、牺牲人民生活的办法达到的，这种速度不但不能表现好的宏观经济效果，而且给国民经济带来重大损害，预示着宏观效果的急剧下降。再者，不同时期经济发展的条件不一样，速度的高低也不能表现效果的高低。在当前的经济调整时期，为了纠正过去的高指标错误，适当放慢经济发展速度，有利于质量指标的改进，有利于比例关系的调整和人民生活的改善，其宏观经济效果反而提高了。如前所述，有的同志鉴于过去片面追求高速度带来了一系列消极后果，而否认发展速度指标对于社会主义计划经济的重要意义，他们主张在制订计划的时候，只应当强调经济效果，不应当强调速度，把效果与速度决然对立起来。我以为这也是一种片面的观点。如果我们讲的速度，不是脱离综合平衡的一时片面的高速度，而是经过综合平衡、能够保证国民经济长期稳定协调地增长的速度，那么这种速度的高低，相对于同期投入国民经济的人力、物力消耗和资金占用来说，应当是最能表现其宏观的经济效果的。在国民经济计划的综合平衡中，就是应当争取这样一种能够达到较大宏观效果的增长速度。

国民经济按比例发展同宏观经济效果也有着十分密切的关系。所谓按比例就是社会生产与社会需要互相平衡、互相协调，各种社会需要（有支付能力的需求）得到相应的满足。如果社会生产的发展不符合社会需要的比例，那么就会一方面发生物质财富积压闲置，一方面社会需要的东西得不到满足，积下许多欠账，到头来还得付出很大的代价偿还，造成社会劳动的巨大浪费。正因为如此，马克思把劳动时间按社会需要的比例进行分配同劳动时间的节约联系在一起，当作社会主义社会的首要经济规律。正如按比例分配劳动时间是节约时间的不可分割的一个因素一样，经济发展的比例性和社会生产与社会需要的平衡协调乃是取得宏观经济效果的不可或缺的条件。但是，平衡协调本身还不等于好的经济效果，因为这里社会需要的满足还没有同劳动消耗和资金占用进行比较。我们知道，满足同样的社会需要可能有种种不同的途径、方案。例如，国民经济对动力的需要，可以通过建立火电站或水电站来满足，火电站又可以用煤或燃料油来发电，等等。不同的途径、方案体现着不同的经济效果，计划工作的主要任务之一就是要在各种方案中选择最有效的方案。最优方案的选择有利于用最少的社会劳动消耗和最少的资金占用满足同样的社会需要，从而腾出节约下来的社会劳动和资金，用于满足更大更多样化的社会需要。这样，在计划工作中把综合平衡的方法同优选的方法结合起来，就有可能找到较优的比例和速度，从而达到较好的宏观经济效果。

优选方法在宏观经济领域的运用，涉及一系列重大的国民经济问题，包括：如何正确处理经济发展中的劳动力因素与劳动生产率因素的关系，先进技术、中间技术与落后技术的关系；新建扩建与原有企业的技术改造的关系，等等。这些问题都是直接间接地同国民经济发展途径的选择问题密切相关的。

一般来说，发展经济有两条途径，一是外延型扩大再生产，二是内涵型扩大再生产。所谓外延型的扩大再生产，是指单纯依靠增加生产要素的数量，即依靠增人、增资、增投料、扩大生产场所来扩大生产规模。这里没有生产要素质量的变化、没有生产技术的进步和效率的提高。所谓内涵型的扩大再生产，是指生产规模的扩大是依靠技术进步、改进生产要素的质量、提高活劳动和生产资金的效率而达到的。在现实经济生活中，这两种扩大再生产往往是结合在一起的。社会主义社会为了在社会劳动生产率和整个社会生产效率上战胜资本主义，极大地提高人民的物质文化生活水平，发展经济就更应主要依靠内涵的即提高效率的因素。我们搞四个现代化，就是要在充分利用我国人力、物力、财力和自然资源的基础上，使以提高经济效果为特征的内涵发展方式成为我国经济发展中起主导作用的方式。

在如何处理外延型发展与内涵型发展的关系上，我们过去存在两个方面的偏向。一个是对内涵发展因素在社会主义建设中的意义与作用认识不足，一讲发展生产，人们首先想到的是增人、增设备、增投资、上新项目、铺新摊子，而不注意提高生产效率和经济效果。另一个偏向是，不注意充分利用我国在外延发展方面的有利因素，特别是劳动力丰富的因素。在国民经济的综合平衡中，我们应该既要从实现四个现代化的需要着眼，又要从我国人口多底子薄的实际出发，把两种发展方式即数量的增长和质量效果的提高很好地结合起来。

在这个问题上，有的同志以我国人口多，加上十年内乱造成的劳动就业问题比较大，因此认为当前我们不应当强调提高劳动生产率和节约劳动力，否则就业问题不好解决。有些地方不是从提高社会劳动生产率和广开生产门路来增加就业，而是在现有劳动岗位和生产场所打主意，用"三个人的活五个人做"的办法来解决就业问题。我认为，这种办法是降低社会劳动生产率、不要经济效果的办法，它不但不能从根本上解决就业问题，而且将使我国经济技术落后的面貌永远也改变不了，人民生活的提高也永无希望。只有提高社会劳动的效率，才有可能在改善人民生活的同时增加积累，从而为开辟新的生产门路、增加就业岗位、装备新就业的劳动者，创造必要的物质条件，这才是解决就业问题的根本途径。

当然，提高社会劳动生产率，是同技术进步，同增加新装备的投资分不开的。但是，我国目前资金缺乏，不可能样样都搞最先进的技术，而必须从我们原有基础和实际可能出发，实行先进技术、中间技术和手工劳动相结合，在一个相当长的时期内要以那些花钱少、提供就业机会多、经济效果大的中间技术或适用技术为主。与此相适应，在产业结构方面，当前我们只能建立少数技术先进、装备精良、资金密集和技术密集的现代化工业，同时要大力发展轻、纺、机械加工等劳动密集行业，并改进传统手工业生产，充分利用我国丰富的劳动力资源的优势来弥补建设资金不足和技术装备落后的缺陷。

与上述问题有密切联系的是新建扩建与现有企业的挖潜、革新、改造的关系。一般来说，通过现有企业的挖、革、改实行的扩大再生产（即在原有场地增加生产能力、节约消耗、改进质量等），往往是内涵型的扩大再生产。而新建扩建如果是按原有的平均技术水平进行，那就是外延的扩大再生产；如果按高于平均的技术水平进行的，就是内涵与外延相结合的扩大再生产。从经济效果上比较，现有企业的更新改造比起建设新的企业，是一个花钱少、收效快的办法，据粗略估计，一般可以节约2/3的投资，少用60％的材料，建设时间可以缩短一半以上。过去在计划平衡工作中，扩大生产规模比较偏重新建扩建，主要依靠铺新摊子，在经济建设的开始阶段，由于工业基础薄弱，这样做是必要的，不如此就不能建立独立的比较完整的工业体系和国民经济体系。问题在于对现有企业的设备更新和技术改造注意不够，致使我国生产技术水平滞留于十分落后的状态。多数大中型企业只相当于五六十年代的水平，还有不少企业更为落后。这种情况增加了能源原材料等的消耗和浪费，大大影响了经济效果。现在我们已经有40万个工业交通企业，固定资产6000多亿元，在这种情况下，投资政策实现从以新建为主改为以现有企业的革新改造为主的转变，不但非常必要而且有了客观可能。这是提高社会经济的宏观效果，加速现代化建设的十分重要的途径，我们应当自觉地实现这种转变。

从实际出发、发挥优势，提高经济效果，还要注意在全国的综合平衡中，安排好生产力的合理布局。我国是一个大国，各个地区的自然和社会经济条件不同，各有自己的长处和短处，优势和劣势。例如，西北一些省、区，搞粮食生产不如平原地区和鱼米之乡，但却有广阔的草原和许多矿产资源，宜于发展畜牧业和某些矿业生产。有些省区地处亚热带，那里目前发现的煤矿、铁矿不多，不利于发展钢铁工业，但宜于种植甘蔗、橡胶等经济作物，有利于发展制糖、橡胶和其他以亚热带作物为原料的工业生产。如果各个地区在经济建设中根据自己的具体条件，扬长避短，择优发展，发展那些最适合于自己生产的、从比较成本来看经济效果最大的生产事业，在此基础上发展全国的生产协作、经济联合和商品交换，把全国的经济有效地组织起来，就能大大提高整个国民经济的宏观效果。过去把煤炭投资的一半投到无煤少煤的江南地区，延缓煤炭资源丰富的北方地区煤田的开发，致使煤炭生产建设的经济效果越来越差，能源供需平衡越来越紧，这类蠢事今后不能再干了。我们不但要在全国的综合平衡中注意发挥各个省、区的优势，搞好全国范围的生产力合理布局和各个省区之间的分工协作，而且在各个省区内部的综合平衡上，也要注意发挥各地、县的优势，合理地组织他们之间的分工协作。这里，特别要指出，发挥地区优势，不能仅从地区平衡的利益出发，而必须首先从全国综合平衡的要求来考虑。有些地方对发挥优势作了不正确的理解，这些地方生产棉花、蚕茧、烟叶，传统是供应老工业基地，可是现在一提发挥地区优势，就自己纷纷新建棉纺厂、丝绸厂、卷烟厂，以小挤大，造成技术较好的老厂大厂吃不饱，而这些新厂小厂的产品又质次成本高，既给全国的综合平衡带来困难，又大大降低宏观经济效果，造成社会劳动的浪费。应该看到，利用各地优势，改变工业布局，加快地区的经济发展，是一个长期的任务。目前应当在服从调整国民经济比例关系这个全局的前提下，有计划有步骤地发展。生产原料的地区，一定要从全局出发，不应中断原有的经济联系，而必须首先保证原有工业基地的需要。当然，要搞好原料产地与老工业基地的分工协作，必须从政策上采取必要措施，解决他们之间的互利互助问题。这样，才能使各地优势的发挥同全国的综合平衡结合起来，从而对提高整个国民经济的宏观效果做出应有的贡献。

四、经济体制与综合平衡

以上所述国民经济计划平衡中的速度、比例、结构、效果等问题，不单纯是生产力组织的问题。社会主义社会里，计划目标的实现，既要靠政治觉悟，又要靠物质利益所调动的人们的积极性。国家、生产组织和劳动者个人之间，生产组织之间，行业之间，地区之间等的物质利益关系的安排是否妥善，对于国民经济平衡协调的发展和经济效果的发挥关系极大。这就牵涉经济管理体制问题。经济管理体制的核心，就是要正确处理各个方面经济利益的关系。利益关系处理得好，就可以调动各个方面的积极性，促进国民经济平衡地、协调地、高效率地向前发展。利益关系处理不好，各个方面的积极性就要受到挫伤，国民经济的平衡协调的发展和经济效果的发挥就要受到阻碍。

当前，国民经济还处在调整的过程中。这些年来，国民经济比例关系之所以失调，综合平衡工作之所以没有搞好，除了十年动乱的破坏外，在很大程度上是由于经济管理体制上的缺陷。大家知道，要搞好国民经济的综合平衡，使日益增长的社会需要同社会拥有的财力、物力、人力资源相适应、相平衡，就要通过种种措施，增加各种社会资源，控制各种有支付能力的社会需求。但是我们过去的经济体制，却不适应综合平衡的这个要求，它一方面鼓励社会需求的膨胀，一方面又妨碍社会资源的增长。这样的体制是不利于搞好国民经济的综合平衡，不利于调整不合理的比例关系的。

我国过去的经济体制，对于人、财、物的管理都是高度集中的行政管理。财政上是统收统支，物资上是统购统销，劳动上是统包统配。各部门各企业经营好坏与自身经济利益不挂钩，也不承担经济责任。这种吃"大锅饭"的管理体制，促使各个部门、地方、企业在每年制订计划时，不把主要精力放在研究如何挖潜革新改造，如何增产节约，如何改进产品质量，增加品种花色，减低消耗和提高效果上，而放在"争"与"推"两个字上。争，就是争投资，争项目，争物资，争外汇，争劳动指标。推，就是推产品生产任务，推财政上交任务，推物资外调任务。推与争的结果，需要与资源的缺口越来越大，供给与需求的矛盾越来越尖锐，致使综合平衡无法搞好。

我国过去实行单一的国家计划调节的制度，忽视利用市场调节，企业生产什么，生产多少，主要按照从上而下的指令性计划指标，而不能根据市场情况，按照社会的实际需要来安排。按照上面布置下来的计划指令生产出来的东西，往往货不对路，造成大量积压，而社会需要的东西又供应不足。再加上企业生产的产品大都由国家统购统销，企业所需要的生产资料又大都由国家统一分配，生产者企业同消费者用户之间的横向联系很弱，并从属于他们各自与其上级行政领导的纵向联系，生产者往往不能及时了解消费者的需要，消费者也不能对生产施加影响，计划指标不符合实际需求的缺点不能够通过市场机制灵敏地反映出来，并得到及时的校正，产供销脱节的问题，长期难以解决，这也使综合平衡无法搞好。

我们过去的计划价格体制，也很不利于国民经济的综合平衡。这种价格体制，一不考虑价值规律的要求，二不考虑供求关系的变动。许多产品的计划价格长期远远背离于其价值，求过于供的短线产品（如粮食、煤炭、某些原材料）价格低，供过于求的长线产品（如某些加工工业产品）反而价格高。这种脱离实际又不灵活的计划价格体制，不但在企业一级不能作为正常的经济核算的依据，而且在国民经济范围上，也不利于比例的调整和结构的改革。

人们往往认为，要搞好国民经济的综合平衡，就要有一个高度集中的管理体制。当然，没有必要的集中，一切经济活动的决策权都分散下去，放任自流，那就是无政府状态，谈不上什么计划经济与综合平衡。关系国民经济全局的宏观经济决策，总是应该掌握在国家手中的。对于国民经济的发展方向、速度、主要比例、重大建设项目等，应集中由国家进行有计划的控制，为此国家要掌握必要的经济手段。但是，片面地强调集中统一，把什么都收上来，把应属于地方、企业和劳动者个人决策的事务都揽上来，把什么都统得死死的，这同样不利于搞好综合平衡。管理权力过于集中，束缚了企业和地方的手脚，他们无权解决自己的问题，只得向着中央"等、靠、要"，加重中央综合平衡的负担。并且，所谓集中统一管理，主要是通过中央各部进行管理，而中央各部对于农业、对于轻工业市场、对于城市建设、对于人民生活以及对于地方和基层的其他需要，一般总不如地方和企业感受深切，对于具体的经济情况和增产节约的潜力，也不如地方和企业了解详细，因此安排计划时，往往偏于重工业，偏于铺新摊子，在布局上偏于大中城市和铁路沿线，结果使农轻重关系，"基础结构"与其他产业的关系，"骨头"与"肉"的关系，新建扩建与现有企业挖、革、改的关系，以及地区布局中的不协调不合理的状况，难以得到解决。

上述一些情况，说明不合理的经济体制，是使国民经济综合平衡不能搞好的一个重要因素。要搞好综合平衡，就必须改革这种体制，把高度集权的、忽视利用市场机制的、以行政组织行政办法为主的管理体制，改变为集权与分权相结合、在国家计划的指导下实行市场调节、以经济组织和经济办法为主进行管理的体制。

在当前国民经济的调整过程中，我们已经开始沿着上述的方向，对现行的经济体制逐步进行了一些必要的、试验性的改革，以利于搞好综合平衡和经济比例的调整。同时要看到，改革经济体制与搞好综合平衡是互为条件的。没有综合平衡的一定的改进，体制改革本身也是难以进行的。如果国民经济计划的综合平衡不逐渐走上健康的轨道，那么即使进行了某些改革，也是不能巩固的，当然更谈不上全面的、彻底的改革。

这里，我想用近一两年来开展市场调节的例子，来说明国民经济综合平衡对于体制改革的重要意义。近一两年来，一些行业部分地开展市场调节，是怎么出来的呢？可以说几乎都是国民经济的调整"逼"出来的。为了解决比例严重失调的问题，在国民经济的计划平衡中，必须把过去那种不切实际的速度指标调下来，把以基建投资为枢纽的社会总需求压下来。这样，一些行业和企业由于压缩社会总需求而形成的长线产品和多余的生产能力，就不能不在国家计划外从市场上自寻出路，按照市场需要和用户订货，自产自销一部分产品；否则，不但利润留成要受到影响，甚至工资都开不出去。经济调整过程中供大于求局面的出现，恰好为开展市场调节和卖者竞争的出现创造了一个有利的条件。而在国民经济失去平衡，各种产品处于求大于供的紧张情况下，市场调节和卖者竞争是难以出现的，因为这时国家要把有限的资金和物资用于重点（薄弱环节）的部门和项目上，按照轻重缓急的次序进行统一的限额分配，这样国家就不能放松指令生产、统购包销、计划调拨等制度，也不可能放松对价格的统一控制。这就大大限制了市场机制的运行，从而堵塞了市场调节的作用。开展市场调节前后情况的对比给我们以启示，就是要把计划指导下的市场调节坚持下去，我们不仅在国民经济调整时期，而且在今后长时期的国民经济发展中，都要注意不搞不切实际的高指标，给国民经济造成许多缺口，把各种经济关系绷得十分紧张；而要量力而行，留有余地，使社会生产略大于社会的直接需要，使商品供给略大于有支付能力的需求，以保证市场调节所必要的卖者竞争的出现和合理的社会后备的形成。而在国民经济的范围造成社会商品总供给略大于总需求的局面，这只有通过控制积累和消费所形成的购买力，使之略低于国民收入的生产额，才能做到。这正是国民经济综合平衡所要解决的首要问题。由此可见，社会主义经济中正常的市场调节，是不能离开国民经济综合平衡的前提的。

上面的例子说明了国民经济综合平衡对于经济体制改革的重要意义。实际上，不只开展市场调节，而且扩大企业自主权，组织各种经济联合，等等，都需要一定的综合平衡的外部条件。如果综合平衡搞得很糟，到处都是缺口，非常紧张，外部风险很大，那么企业和经济联合体是难以承担扩权后的经济责任的。总之，改革国民经济的管理体制和改进国民经济的综合平衡，这两者的目的是一致的，就是调动各方面的积极性，提高生产建设的经济效果，促进国民经济协调地、稳定地增长。这两者又是互为条件、相辅相成的。如果只抓一头，必然收效不大。在全党和全国人民集中力量进行社会主义现代化建设的时候，在经济战役上，我们必须把综合平衡和体制改革这两件大事抓好，以促进现代化建设事业的稳步前进。

刘国光

经济论著全集

第
4
卷

关于研究和讨论计划与市场问题的一点想法*

——在经济研究中心计划与市场问题协作组座谈会上的发言

（1981年10月23日）

计划经济与市场调节问题已不是一个新问题，从党的十一届三中全会以来，已经讨论了快三年了。如果再往上溯，陈云同志在1956年我国社会主义改造基本完成的时候，就已经提出了这个问题。从国际范围看，苏联在20世纪20年代就开始讨论计划与市场的问题了。现在这个问题可以说是一个世界性的问题。不但社会主义国家在讨论它，而且资本主义国家也在讨论它。资本主义国家是谈不上什么计划经济的，但他们为了应付市场经济的消极后果，不得不千方百计采取某些国家干预或计划控制的措施，当然这些措施实际上并不能够阻止周期性经济危机的发生。社会主义国家以及某些实行高度集中计划管理的国家，由于过去对经济管得过死而产生种种弊病，也都在研究如何运用市场机制和价值规律的问题。计划与市场关系问题的讨论，有时是在计划经济与商品经济的关系，或者计划规律与价值规律的关系名下进行的，多年来这些讨论一脉相承，虽然时有间歇，但一直没有中断。由于到现在为止，还没有一个国家在计划与市场的关系上得到完满

* 原载《财贸经济》1982年第2期。

的解决，看来这个问题将会长期研究和讨论下去。

三中全会以来，我国经济学界对计划与市场问题的研究和讨论，应该说是有不少收获的。据我看来，同以往的讨论相比，这几年来的讨论至少有这样几个重要进展。第一，过去，占统治的思想是：计划经济与商品经济、计划规律与价值规律、计划调节与市场调节，这几对范畴是互相对立、互相排斥的。经过讨论，现在一般认为，在社会主义经济中，这几对事物互相之间虽然存在着矛盾，但却是可以互相结合的。第二，过去，占统治的思想认为：社会主义经济中，商品关系只存在于不同形式的所有制之间，不存在于全民所有制内部，后者只保留商品关系的外壳；价值规律对于社会主义生产只起影响作用，不起调节作用。经过讨论，现在一般认为，全民所有制内部，包括生产资料的生产和流通，也都应是商品关系；价值规律与计划规律一起，同时对社会主义经济起调节作用。第三，过去，长期认为：我们在50年代初向苏联学的那一套高度集中的计划管理体制，是社会主义计划经济唯一可以允许的模式。经过讨论，越来越多的人认识到，社会主义计划经济并不限于我们过去习惯的那一种模式。只要坚持社会主义公有制，坚持按劳分配原则，不允许人剥削人的现象发生，是可以采取种种不同的计划与市场相结合的方式的。第四，计划与过去曾经提到过的市场的结合方式，实际上只有一种"板块式"的结合方式，即国民经济的主要部分实行计划管理，补充部分实行市场调节。经过讨论，大家逐渐认识到，社会主义经济中的计划与市场，除了"板块式"的结合，还可以有"渗透式"的结合，即计划管理那一部分要运用价值规律的作用，市场调节那一部分要受到国家计划的制约。此外，还可能有一种"胶体式"的结合，即整个经济运行都要在国家计划指导下运用市场的机制作用。当然，这几年的研究和讨论取得的进展不只是上面几条，也不是所有的同志在这几条上意见都一致了，我这里只是大概而言之。

现在，我们又进入新一轮的讨论。这次讨论是为了正确领会和贯彻六中全会决议的精神。决议说，"必须在公有制基础上实行计划经济，同时发挥市场调节的辅助作用"。有些同志认为，这是针对两三年来计划与市场问题讨论中出现的偏差，为了纠正"两个调节相结合"的不妥提法而作出的。应当怎样看待这个问题呢？

两年多来关于计划与市场问题的讨论，我以为基本方向是对头的。最初曾经一度提过"计划经济与市场经济相结合"，后来感到"市场经济"的提法容易与资本主义经济相混淆，不怎么确切。1979年4月在无锡召开的全国价值规律问题学术会议期间，经济学界比较普遍地接受了当时提出的"计划调节与市场调节相结合，以计划调节为主"的提法，并且开始按照这个提法的精神开展了广泛的研究和讨论。我认为，讨论的主流是正常的、健康的，对于推动经济改革，搞活经济是起了积极作用的。我也看不出"两个调节相结合，以计划调节为主"的提法，同决议中讲的"实行计划经济，同时发挥市场调节的辅助作用"的提法，在计划与市场的主从关系或主辅关系上，有什么出入，两者的精神基本上是一致的。但是，这并不是说，讨论过程中一点毛病也没有出。我认为是有的。第一是出现过否认"计划调节为主"的意见。有些同志曾经认为，只要提两种调节的结合就够了，不必再提计划调节为主了。第二是对社会主义经济的本质特征，相当普遍地把它归结为商品经济，当然加上了"有计划的"限制词，叫作"有计划的商品经济"，还加上"公有制占优势多种经济形式并存下"等限制词。但是不管怎样，把社会主义经济定义为"有计划的商品经济"，实际上是把社会主义经济的本质特征落脚在商品经济上而不是落脚在计划经济上，在这里计划性被降低到不过是商品经济的一个属性，而不是社会主义经济的本质特征了。

总之，理论讨论中确曾出现过过分强调市场调节和商品经济的现象。当然，为了纠正过去长期忽视社会主义经济中商品经济的存在和市场机制的作用这一"左"的错误倾向，强调一下商品经济和市场调节的意义，是非常必要的。但是如果过分强调这一方面，以致否认计划调节为主，或者把社会主义经济的本质特征归结为商品经济而不是计划经济，这就未必妥当了。

理论讨论中曾经出现的这些问题，同这两三年来实际工作中实行企业扩权和开展市场调节后计划指导跟不上去，经济生活中出现某些失控的现象，虽然不能说是一种因果关系，但也不是完全没有关系。因为理论提法上强调哪一方面，对于实际工作中偏重考虑的方面，是会有一定的影响的。所以，1980年年底陈云同志提出计划经济是主体，1981年六中全会决议又进一步强调实行计划经济，同时发挥市场调节的辅助作用，这对于克服前一段时候理论提法上某些不确切和片面之处，是很有必要的。

有些同志曾担心，决议的那个提法会不会限制理论的探讨？现在看来，在决议的提法下，计划与市场关系问题讨论的余地还是很宽阔的。有些同志认为，决议的提法为我国的经济体制改革规定了一个新的模式。但是我认为，这个提法并没有限定一种模式，因为决议接着讲了："社会主义生产关系的发展并不存在一套固定的模式。我们的任务是要根据我国生产力发展的要求，在每一个阶段上创造出与之相适应和便于继续前进的生产关系的具体形式。"按照决议的精神，社会主义的计划经济是可以容纳不同的模式的，这取决于对"计划经济"和"市场调节"这两个概念的不同的理解。例如对于计划经济，窄的理解只限于指令性计划，而宽的理解则可以包括指导性的计划。又如对市场调节，传统的理解只限于价值规律的自由调节，而现在也有人理解为自觉利用价值规律来调节或者叫作计划指导下的市场调节。又如对计划与市场的主辅关系，可以从"板块结合"的意义上去理解（经济的主要部分——计划管理；补充部分——市场调节）；也可以从"渗透结合"的意义上去理解（宏观经济——计划管理；微观经济——市场调节），等等。总之，对计划经济、市场调节、主辅关系等概念赋以不同的含义，便可以得到社会主义计划经济不同的理论模式。我国社会主义经济究竟应采取什么样的计划——市场的模式，这是需要我们紧密结合我国的实情来进行深入的探讨的。

我们的研究和讨论不但要有着眼于未来改革的目标模式，还要着眼于当前改革实践的需要。当前改革中的一个重要问题是，要在搞活微观经济的同时，加强宏观经济的计划管理。为了做到这点，我认为我们必须承认客观上实际存在着的计划——市场的两种结合方式——板块式结合和渗透式结合——并由此出发考虑，在板块式结合方面要划清计划调节与市场调节的范围；在渗透式结合方面要搞好宏观经济与微观经济的衔接。在划清计划调节与市场调节的范围的问题上，可以考虑从不同的所有制来划分，或者从企业的不同规模（大、中、小）来划分，或者从行业的重要性来划分，或者从产品品种的单一性和复杂性来划分，也可以考虑把这几种标志结合起来进行划分。在搞好宏观经济与微观经济的衔接问题上，可以考虑以加强指令性计划的严肃性为主要手段，或者以更有效地运用价格、税收、信贷等经济杠杆为主要手段，或者以加强信息体系、经济立法和经济监督为主要手段，或者把这几种考虑结合起来，形成一个体系，把微观的经济活动纳入宏观计划的轨道。究竟如何才合适，也需要我们大家来进行探索。

谈谈社会再生产理论的几个问题

——在北京协作区政治经济学教员集训班上的讲演摘录

（1981年10月29日）

我们过去的经济工作是有很大成就的，但也受到很多挫折。经济工作中发生的挫折，主要是违背客观经济规律，其中一个很重要的方面是违背了社会主义再生产的客观规律。所以我们要清理过去在经济工作指导思想上的错误，就要认真地从理论上学习马克思主义的再生产理论。当然，整个马克思主义的经济理论都要学习，其中再生产理论也是很重要的。所以去年（指1980年，下同）中央号召大家学习《资本论》第2卷。《资本论》第2卷的一个核心内容就是再生产的问题。

这里讲的再生产，是指社会的再生产，而不是讲一个企业一个企业的再生产。所谓再生产，就是生产过程连续不断地、周而复始地进行，也就是生产、分配、交换和消费这几个环节的统一。消费包括个人的消费，还有生产的消费。社会总产品生产出来以后，在社会上进行分配，然后各部门之间进行交换，最后进入消费领域。一部分进入个人消费，一部分进入生产过程消费。生产过程的消费是什么呢？就是再生产，就是重新进行新的生产过程。个人消费是劳动力的再生产，劳动力的再生产也参加到生产过程里面去。现在我们讲微观经济和宏观经济，我们党的许多关于经济工作的文件也好，经济学界也好，微观经济和宏观经济这个词常常用。微观经济就是指个别企业、个别经济单位的再生产，宏观经济则是指整个社会再生产。

马克思关于再生产理论的主要原理有多少条？大家的归纳不一样。比方斯大林在《苏联社会主义经济问题》中，归纳为六条，但是后来许多同志觉得他归纳的六条不能使人满意，所以又有不同的归纳。到底哪几条是马克思的再生产的基本原理，现在还没有一个统一的认识。因时间关系，我今天只能挑几条来说一说，很不周全。

社会总产品的实物构成问题

社会产品的价值构成和实物构成的问题，是马克思的再生产理论的一个很重要的问题。马克思在研究社会总资本的再生产时，他把社会总产品的价值构成和实物构成两个方面进行了剖析，然后再研究这两个方面的相互关系。因为整个再生产按照马克思的说法是价值补偿和实物补偿的互相关系。划分实物形态和价值的构成，是马克思在经济学里的重要发现。马克思把社会总产品按实物形态分为两大部类，第一是生产生产资料的部类，第二是生产消费资料的部类。生产资料就是用于生产消费的产品，消费资料则是用于个人消费的产品。两大部类的划分是以社会产品的经济用途作为标准来划分的。一种产品有各种不同的用途，它的使用价值是多方面的，可以作为生产资料使用，也可以作为消费资料来用，比如小麦，作为种子，它是生产资料；作为食物，就是消费资料。煤炭也是这样，作为动力，在工厂的锅炉里使用时，它是生产资料；用来取暖做饭时，那就是消费资料。一种产品究竟是属于生产资料还是消费资料，不能根据它在生产时的实物形态来划分，而要根据它的使用来区分。这个问题，在统计上还没有解决。我们只有重工业和轻工业之分，很多产品既是生产资料也是消费资料。农业上、工业上都是这样，要把它们搞清楚是什么，只有看它最后用到哪里去。

两大部类的内部，还可以进一步地划分。第 I 部类即生产资料的部类，可以进一步划分为生产生产资料的生产资料和生产消费资料的生产资料。第 II 部类即消费资料的部类，也可以进一步地划分。按照产品在消费中的不同地位和作用，可以划分为生存资料、发展资料和享受资料。生存资料就是吃、穿的东西等；发展资料就是教育培养的文教设施等；享受资料包括娱乐、旅游设施、用品等。按消费方式还可以分为个人消费资料和集体消费资料。

社会产品除了按最终用途划分为两大部类及其分支以外，还可以按别的标准作各种各样的分类。其中一个很重要的分类就是社会生产的部门分类。分为农业、轻工业和重工业，这也是在社会生产部门分类的基础上综合概括而来的。农业、轻工业和重工业本身也是一个概括。农业里还有种植业、畜牧业。种植业里又有粮食、油料和其他经济作物。农业是一个概括，轻工业是一个概括，重工业也是一个概括。农业和工业是两个重要的物质生产部门。大体来看，农业、轻工业主要是生产消费资料的生产部门。当然，农业里也生产生产资料，如棉花等。重工业则主要是生产生产资料的部门。农业、轻工业和重工业的关系，大体上反映了社会生产中两大部类的关系。同时，由于社会生产总是通过一些具体的生产部门来组织和进行的，因此，农、轻、重的分类对于我们具体地组织和安排社会生产具有很重要的意义。从这个意义上来看，可以说农业、轻工业和重工业的关系，是两大部类关系的具体化。但是，两个关系又不完全一样，因为农、轻、重的划分没有包括全部社会生产。在社会生产里，除了农业、轻工业、重工业之外，还有其他的社会生产。例如，建筑业和运输业就不包括在内。建筑业里也有两大部类的划分。民用建筑业，如盖居民住房、学校等，它是属于第Ⅱ部类。如果盖厂房、水电站，那么，它就属于第Ⅰ部类了。运输业也是一样。客运是第Ⅱ部类，货运就是第Ⅰ部类。这些部门是极其重要的，现在建筑业在世界上是现代生产的三大支柱之一。建筑业在我们国家里占的比重还不是很大。过去错误地把它看成消费业，好像它是吃投资，实际上它也创造财富，创造剩余产品，不过我们过去没有给予正确的估价。

交通运输和能源并称为先行产业。这些概念是农、轻、重的概念所不能概括的。特别是轻、重工业的划分，缺乏严格的科学的标准。重工业部门不仅要生产生产资料，而且直接生产越来越多的消费品，特别是耐用消费品。现在很多的耐用消费品是重工业部门生产的。轻工业也不只是生产消费品，也要生产相当部分生产资料。农业生产中作为工业原料而生产的部分也会增加。农、轻、重之间的关系，就不仅包含了两大部类之间的关系，而且包含了每一部类内部的关系。所以把农、轻、重的关系和两大部类的关系完全等同起来是不恰当的。两大部类和农、轻、重有很大的不同。

有的同志提出，军工生产属于哪个部类？军工生产的武器当然不是生产资料，它是消费资料。但它不是用于个人消费，而是用于集体消费。为了保卫我们的生活，保卫我们的生产，需要国防物资，它应该属于消费资料。当然，它不同于一般的消费资料，因为一般的消费资料是用于人的再生产的，为了人们的生存、发展和享受的。是不是把军工生产放在第Ⅱ部类或另一个部类，这个问题还需要研究。

关于社会产品的实物构成还讲一点，就是最近关于产业结构的讨论，有的同志对于马克思两个部类的划分提了一些看法，认为马克思关于两个部类的划分不能适应现代产业发展的分析，特别是没有包括当前正在迅速发展的"第三产业"。三次产业是西方经济学的概念。西方经济学把产业结构分为三层或三次。第一产业主要是农业、林业、牧业，有的还包括矿业，这是直接跟自然界打交道的，从自然界取得物质的。第二产业是进行加工的。第三产业主要是一些服务行业，还有一些基础设施，包括交通、水、电各种生产服务、生活服务，还有文教。这是西方研究产业结构的概念。我们过去对服务行业和基础设施比较忽视，现在加强这方面的建设，这当然是对的，但是，不能因为这个原因，就把西方"第三产业"的概念拿到我们这里来用，并且还要在马克思的两大部类之外，加上一个"第三产业"。我觉得这是不妥当的，因为两大部类的划分和三次产业的划分是两种完全不同的口径。马克思关于社会生产两大部类的划分，不管是生产资料也好，消费资料也好，是严格限制在物质生产领域里的。按照物质生产产品的最终的用途，即最终是用在生产方面还是用在生活方面来划分的。三次产业大体上是跟自然界接近的程度来划分的。第一产业是跟自然界最接近的，如农业，有的包括矿业；二次产业就是制造业，主要是工业，有的包括矿业；三次产业离自然界更远一点，包括各种基础设施、服务行业。三次产业的划分不仅包括物质生产，还包括非物质生产的活动。特别是"第三产业"把所有的非物质生产的活动都包括进来了。这就把物质生产的活动和非物质生产的活动混淆在一起了。

第三产业的内容，许多国家也不一样，大体上是把水、电、能源、交通、文教、卫生、商业、金融、银行，以至于政府的服务、军队和公安部门的服务都包括在内，所以它是一个很庞杂的概念。"第三产业"中也有物质生产，比如水、电供应，交通运输，这在两大部类里都是有的。水、电为生产服务，就划在第Ⅰ部类，为生活服务就划在第Ⅱ部类。交通运输也是这样，属于生产领域里的划到第Ⅰ部类，属于生活领域里的划到第Ⅱ部类。"第三产业"里，有些不是物质生产的。当然如理发、洗澡、旅馆是不是生产部门还有争论，但其中有一些很显然不属于生产，不创造财富，而是再分配的活动。比如政府工作人员，包括行政的、军事的、公安部门的人员，他们的工作显然不属于生产领域。这并不是说凡是从事物质生产的就重要，不从事物质生产的就不重要，就社会分工来讲，这些部门都是极其重要的。离开了这些非物质生产部门，物质生产也就没法进行。但是，我们不能混淆它们的生产与非生产的性质。"第三产业"就把这些物质生产和非物质生产搅在一起了。运输是生产行业，但它是非物质的生产。理发、洗澡、旅馆这些行业可以说是生产的，但它们也是非物质的生产。而有些不是生产的，如政府工作人员，基础理论的科学人员。科学研究人员也有不同的情况。他直接在企业里搞新产品试制，把科学理论运用到生产中去，当然是属于物质生产。有些基础理论离生产很远，不知道哪一年才用得上。原子理论研究了几千年，最近几十年才用上。现在有很多基础理论，也不知道哪一年才能用，应该说它是非生产的，因为它还是靠我们现在生产出来的东西来维持。

西方国民生产总值这个概念是：凡创造收入的都是生产。这样，政府工作人员也好，部队工作人员也好，都有收入，也都是生产，这是西方经济学里的庸俗概念。第三产业里，就包括这些东西。所以这个概念是不科学的。前段时候，报纸上公开提了要发展"第三产业"。实际上，我们讲的第三产业往往是商业、服务行业。这些行业要发展，当然是对的。我们的商业、服务行业，在这十几年里，确实注意不够，应该发展。既然是这样，那我们就直接讲要大力发展商业、服务行业，改善供应，改善人民生活，何必要借用"第三产业"这个外国的名词呢？第三产业在他们那里，除了包括刚才讲的水、电、交通，还包括建筑业。建筑业明明是物质生产，在西方却把它算成第三产业，跟那些服务行业混在一起。还有电信、商业、金融、银行、行政、律师、打官司的，都在里面。所以三次产业的划分，没有严格的科学标准，各个国家的分类口径也不一致。因此把两大部类同第三产业加在一起，实在是把风马牛不相及的事情扯在一起了。

那么，用马克思的再生产理论，能不能分析非物质生产领域的活动呢？当然可以分析。这个问题涉及两大部类生产出来的收入，怎样经过分配再分配，在非物质生产领域里使用。比方经过国家财政，或者通过其他一些什么途径，来维持整个的政府机构、文教科研机构。这都是社会必要的事情。所以，两大部类划分的原理并不排除我们把非生产领域的因素引到我们再生产的研究里面来。我们应该坚持马克思关于两大部类划分的科学原理，并且研究它的具体运用。

社会总产品的价值构成问题

社会总产品按价值形态划分成几个部分，同每一件产品的价值划分成几个部分是一致的，它不过是在社会产品的总量上重新出现。

我们知道，马克思把产品价值分成三个部分：c、v、m。在资本主义社会里，c是不变资本价值，就是原材料、设备的折旧，它的价值转移到产品里去了；v是可变资本的价值，基本上是工人的工资；m是剩余价值，就是工人创造的，被资本家无偿占有的价值。每一件产品价值的划分，社会总产品价值的划分，都是这样的。

这个划分，在社会主义社会里也是适用的。但是，c、v、m的含义跟资本主义社会不一样。c在社会主义社会是代表社会主义企业在生产中消耗掉的生产资料的转移价值，它不叫不变资本价值，它叫生产资料的转移价值。就是生产中消耗掉的原材料的价值，消耗掉的动力的价值，还有设备的磨损，磨损要通过折旧

刘国光

经济论著全集

第

4

卷

来提留，折旧的价值要摊到产品里去。还有厂房的磨损。这是c。v代表物质生产劳动者为自己创造的必要产品的价值，基本上是工资、奖金以及农村社员自己所得的部分。m代表劳动者为社会创造的剩余产品，主要是向国家提供的利润和税金。

包括c、v、m在内的社会总产品，在我们的实际工作中是用总产值来表现的。国民经济范围里的总产值，每年的总产值是由各个部门、各个企业的一年的生产总值构成的。

工业部门在计算生产总值的时候有这样一个问题：生产总值不但包括每年创造的新的价值，而且包括c。每年新创造的价值是$v+m$，就是劳动者为自己创造的必要产品的价值和为社会提供的剩余产品的价值。而c呢，不是每年新创造的价值，它是过去的劳动，存在于原材料里，存在于厂房设备里，而转移到产品里去的。c这个问题比较复杂。这个转移的价值，特别是在工业产品中，由于我们是按照一个工厂一个工厂计算出来的，但是一年的生产周期有好多个，不是一年只生产一次，而是不断地在生产。比方煤矿生产出来的煤炭，运到电厂里去作为燃料，这个燃料在电厂里就变成c了，在电的价值里就包括煤炭。然后电又输送到冶金工厂，冶金工厂用电来炼铁、炼钢。这样在钢铁的价值里又包括电的价值，而在电的价值里，除了电厂自己创造的价值v和m，还包括煤炭的价值，煤炭的价值是过去的价值。这就是说，这个煤炭的价值在电厂里算了一遍，到了冶金厂里又算了一遍。冶金厂的钢材送到机器厂，机器厂用钢材来制造机器，在这个机器里又包括前面几个阶段的价值。电厂的价值在冶金厂里已经出现了一次，现在到机器厂里再出现一次。而煤炭就出现了三次。机器厂里生产出来的机器如果送到纺织厂，作为纺织机械用，那就又要算一遍。这样在一年里，要重复计算好多遍。因此，在总产值里，一个工厂一个工厂计算出来的产值，就包括好多次c的重复计算。这样，总产值就常常发生一个问题，就是使得我们整个的生产总值发生一些虚假现象，实际上并没有那么多的价值，因为它是重复计算的一个概念。那么，这些重复计算在经济部门里表现为什么呢？表现为第Ⅰ部类内部的交换和第Ⅰ部类跟第Ⅱ部类之间的交换。第Ⅰ部类内部的许多交换，就是一种生产资料同另外一种生产资料的交换。比方钢铁厂把生产出来的钢柱运到煤炭厂，煤炭厂生产出来煤炭又送到钢铁厂炼钢，就是互相交换。这些关系，实际上是各个部门之间的投入产出的关系。部门之间的联系的实质就在这里。马克思曾经说：如果社会生产是公有的，而不是资本主义的，那么很明显，为了进行再生产，第Ⅰ部类的这些部门的产品，会在这些部门之间互相转移场所，发生一种不断往返的运动。这是就部门内部的联系来讲的。

刚才讲了，总产值里有一些重复计算的因素。那么，这些重复计算的因素是不是完全是虚假的呢？我刚才讲有虚假的因素，但它也有真实的一面。这真实的一面就是总产值反映了社会资金的周转总量，社会生产过程中间实际发生的企业与企业之间的内部联系。我刚才讲第Ⅰ部类内部，煤炭企业把煤炭给冶金厂，冶金厂把它生产出来的钢柱又给煤炭厂，这就是在经济生活里实际发生的一些联系。

总产值这个概念，一方面包括了重复计算，另一方面，又反映了社会经济生活里实际发生的物质联系。因此，从整个国民经济范围来看，作为社会总产品的价值体现，总产值是社会再生产的一个基本范畴，是个基本的指标。它对于观察社会生产的物质联系和社会生产的总的规模，对于我们进行国民经济的总的平衡，具有重要的意义。总之，这个带有一些重复计算性质的总产值，看来有些虚假的因素，但它又是实际的，它包括企业与企业之间的经济活动的总量。但是，这个总产值也有它的局限性。在总产值当中，转移的价值的比重比较大，也就是c的比重比较大。一般来说，在全社会产品里，c大约接近一半，另外一半是

v加m。另外，c还随着社会生产组织结构的变化而变化。也就是说，社会分工越细，重复计算的因素也就越大。比方说，一个纺纱厂，纺纱是一道工序，织布是一道工序，印染又是一道工序。如果是在一个厂子里，就算一个印染出来的布就行了，就没有几道重复计算。如果这个厂分成纺厂、织厂、印染厂，各自单独计算，那么，这就要搞三道重复计算。所以说，社会分工的组织，在我们计算产值的时候很有关系。分工越细，分的独立单位越多，重复计算就越多，所以用它来表示社会生产的规模和速度就隐藏了一种虚假的因素。因为这一部分转移的价值，并不是本企业当年的劳动成果，而是从其他企业或者上一年创造的价值转移过来的。用总产值作为衡量企业的生产经营状况，不仅在理论上有缺陷，而且在实践中会产生许多弊病，主要是总产值指标容易促使企业生产那些耗费原材料多的产品，成本高的产品。就是说，企业为了完成产值计划、速度计划，就想办法生产那些价值大的东西或材料贵的东西。这样，它的产值指标好完成。这样，就会鼓励企业只单纯追求产量总值，而忽视品种质量，从而造成社会劳动的巨大浪费。

由于总产值有上面所说的这些缺点，所以不少人主张用净产值代替总产值，来衡量企业生产成果和社会生产规模。

净产值是什么呢？就是不包括c，只是v加m，也就是新创造的价值，就是工资加上利润、税金这一部分。它包括劳动者为自己创造的必要产品的价值和为社会为国家提供的剩余产品的价值。换句话说，企业的净产值就是企业总产值扣除了生产资料转移价值的余额，等于本企业职工的工资、奖金、津贴和本企业的纯收入，包括利润、税金和利息等。这是从一个企业来看的。

从整个国民经济来看，净产值就是物质生产领域各企业的净产值之和，即各企业的v加m之和。这个总和，叫作国民收入。国民收入就是每一年在生产过程中，物质生产劳动者为自己创造的那一部分价值再加上为社会创造的那部分价值，就是国民经济范围内的净产值。国民收入指标由于扣除了生产资料的转移价值，所以它没有重复计算的问题。用净产值指标计算社会总的再生产规模和速度，可以消除一些虚假因素，能够更准确地反映一个国家的经济实力、经济水平、生产情况。所以，净产值也是我们研究社会主义再生产理论和国民经济综合平衡的一个极其重要的指标。

社会总产品的价值构成 c、v、m，这是从它的价值在生产过程中如何形成的角度来看的，即从生产过程来看的。在生产过程中，一部分价值是从原材料等过去的劳动转移过来的，一部分价值是在生产过程中新创造出来的。所以，这样一种价值构成，我们又把它叫作生产价值构成。

除了生产价值构成以外，在社会再生产理论中，还有一个概念叫再生产价值构成。这是两个不同的概念。再生产价值构成，是按照社会总产品的最终需求、最终使用、最终用到哪里去，怎么个用途来划分的。就是社会总产品最终用到几个方面，分成几项大的社会基金。斯大林在《苏联社会主义经济问题》里讲的马克思关于再生产的六条原理，其中有一条就是社会基金的原理。

社会总产品有成千上万的种类，各种各样的用途，但是从宏观上、从大量的观察看，有这样三个用途：第一是补偿基金，就是我们在生产中的消耗，包括原材料的消耗，动力的消耗，以及设备的磨损和报废，这就叫补偿基金。这个补偿基金相当于 c，但又不完全相同。第二是消费基金，就是用于非生产性的消费，包括个人消费和集体消费，分为生存资料、享受资料、发展资料。第三是积累基金，就是以一部分产品变成厂房，变成设备，用于扩大再生产，还有变成非生产的固定资产。它们是增加财富的，将转移到下一个生产周期去。

社会总产品最终的用途就是这三项。这三项跟前面讲的 c、v、m 不完全一致，这个我后面还要讲。

刚才讲消费基金分成生存基金、享受基金、发展基金，这是一种分法；还可以分成个人消费基金和社会消费基金。马克思在《哥达纲领批判》里，又有一种分法：第一，除了个人消费基金以外的跟生产没有关系的一般管理费用，也是消费基金，它包括行政费用和国防费用。第二，满足共同需要的部分，像学校、幼儿园、公园，其他的一些公共福利设施等。第三，为丧失劳动能力的人设立的福利基金，像各种救济基金。这三笔基金都包括在消费基金里，这是对社会消费基金的进一步划分。

补偿基金和积累基金，也都可以做进一步的划分。比如积累基金可以分为生产性积累和非生产性积累。生产性积累就是厂房、设备这些东西，非生产性积累就是民用建筑等。补偿基金可以分为固定资产的补偿和流动资金的补偿。

虽然还可以作各种各样的进一步的划分，但总的划分，就是划分成补偿基金、消费基金和积累基金，这是按社会总产品最终的使用，最终用到这三个方面所作的划分。

这种划分具有重要的理论意义和实践意义。通过这种划分，我们可以分析再生产中很多很重要的关系。

第一是补偿和积累的关系，补偿基金和积累基金的关系。一方面，我们过去消费的原材料，消费的各种设备，要补偿它；另一方面，我们还要新建新的厂房，新的资产，新的房屋。这个补偿和积累的关系，实际就是简单再生产和扩大再生产的关系，也是生产和建设的关系，当前生产的维持和新的建设的关系。生产上消耗掉的生产资料的价值的补偿，是保持原有的生产规模，实现简单再生产的必要条件，是属于当前生产范围内的问题。而积累基金的使用，是属于扩大再生产的问题，通常要通过基本建设，通过追加流动资金来实现。补偿和积累的关系，是国民经济的一个重要的关系。

第二是积累和消费的关系。这也是大家经常碰到的一个很重要的问题。积累基金主要是用于扩大再生产的基金，消费基金是保证生活需要的基金。所以积累和消费的关系，实际上是建设和生活的关系。前面一对关系是生产和建设的关系，这一对关系是生活和建设的关系。

第三是要综合分析补偿、积累和消费的关系，在社会总产品的最终使用中，这三部分的比例关系必须正确确定，才能妥善地安排好生产、建设和生活三者之间的关系，保证扩大再生产的正常进行。而我们过去的经济建设中，特别是1958年以后，经济建设几起几伏，走了很多弯路。从一定意义上说，主要问题就在于没有安排好这三大社会基金的关系，往往是只重视积累基金，而忽视补偿基金和消费基金。

在我们过去的经济建设中，扩大再生产往往挤了简单再生产，即基本建设规模搞得很大，造成原有的厂房、设备带病运转，破旧不堪。例如，鞍钢解放以后焕然一新，是第一个五年计划建设的重点，但现在也是多年失修。而另一方面，我们又花了好多钱，建的许多新厂又不能很好地发挥作用。这就是我们重视了积累基金，忽视了补偿基金，忽视了原有的简单再生产的补偿。积累基金过大，市场就紧张，人民生活也就受到影响。扩大再生产挤了简单再生产，生产和建设挤了人民生活，这样整个社会再生产就不能正常运转。我们多年来在经济工作上的失误，毛病就出在这里。所以经济工作中"左"的错误，就是不量力而行，把建设规模搞得大大的，挤了当前的生产和人民的生活，从而造成经济不能正常地运转。

社会总产品分为c、v、m，这是生产的价值构成；另一方面分为补偿基金、积累基金、消费基金，这是再生产的价值构成。这两者是互相区别又互相联系的，不是一回事情，但又有联系。

看起来c跟补偿基金是一回事情，c和补偿基金的价值，在价值量上应当是一致的。因为在生产过程中消耗的价值量——原料、材料、设备……需要从社会总产品中取出相等的价值量的生产资料来补偿它。我们消耗了多少价值量的原材料，消耗了多少价值量的动力、其他材料、固定资产以及其他方面的东西，就要从社会总产品里拿出相等的价值量的东西来补偿它。所以在价值量上应该是一致的，也就是说，补偿基金和c应该是一致的。但在物质内容上它们又存在着不一致。在物质内容上，c的价值存在于两大部类所有各个部门的使用价值上，这个c存在于所有的产品里。不论是第Ⅰ部类产品也好，如机器设备、钢材、煤炭，它里面都有c，即都包含消耗的生产资料的价值。消费资料当然也包括，棉布啊！粮食啊！里面都有c。所以c体现在生产过程里，体现在所有的产品的价值中。但在最终使用上，它不是所有的产品都能用来补偿。在社会总产品的最终使用上，这个补偿基金的价值，只能存在于第Ⅰ部类的产品。就是说，我们能够拿来进行补偿生产上消耗掉的原材料、设备，只能存在于第Ⅰ部类，只能用第Ⅰ部类的产品来补偿。所以，这个在最终使用上的补偿基金的价值只存在于第Ⅰ部类的产品中，而不是存在于所有的部类的产品中。如消费资料就不能拿来补偿生产中消耗掉的东西。至于v和m，v跟消费基金，m跟积累基金，它们不仅在实物内容上不同，而且在数量上也不一致，v不等于消费基金，m不等于积累基金，这无论从实物上看，还是从数量上看，都是这样的。从实物上来看，在生产的价值构成中，v和m也与c一样，所有一切单位产品里都有。我们从生产过程来看，所有生产出来的产品，不论是消费资料还是生产资料，都包含v和m，都包括工资、奖金，也包含利润和税金，所以不论什么产品里都有v和m。但在最终使用阶段，消费基金只能由消费资料组成，不能由生产资料组成。积累基金情况比较复杂。积累基金里，看是生产性的积累还是消费性的积累，如果是生产性的积累，当然就用生产资料；如果是消费性的积累，就用消费资料。所以从物质内容来看，v不同于消费基金，m也不同于积累基金。

从数量上来看，它也不一样，消费基金不等于v，v只是消费基金里的一部分。因为消费基金是整个社会上所有个人和集体的消费，这里既包括物质生产劳动者的消费，也包括非物质生产劳动者的消费。v只是指物质生产领域劳动者的消费，消费基金除了v以外，还包括剩余产品的价值经过国家财政再分配到非物质生产劳动者的手中。所以一般消费基金比v要大，包括非生产领域的各种费用，而v仅仅是指物质生产领域劳动者的消费。

m跟积累基金也不一样。m是全部剩余产品的价值，它是不是统统都用来进行积累呢？也不是。企业上交的税收、利润等，国家也不是完全用来搞基本建设，它有很大一部分是用在科学、文教、国防、行政管理这些非物质生产领域。所以，这个m要扣除这一部分，剩下来的才能用于扩大再生产的积累，以及非生产性积累，积累的部分比m要小。

社会总产品从生产价值构成到再生产价值构成的转变，从c、v、m到补偿基金、消费基金、积累基金的转变，包括了整个社会再生产过程，即包含了生产、分配、交换和消费在内的一个统一的过程。这个过程有两个方面：一是产品在实物形态上的运动；二是产品在价值形态上或在货币形态上的运动。这是一个非常错综复杂的运动过程，其最终表现应当是两大部类产品在实物上和在价值上同社会的最终需要（包括简单再生产的补偿需要，扩大再生产的投资需要，以及人民消费及其增长的需要）达到平衡。这就涉及两大部类的相互交换、相互平衡的关系。

社会总产品的价值运动与实物运动的平衡及货币流通在其中的作用

我们知道，马克思在《资本论》第2卷第三篇用了一系列数字公式来研究两大部类的相互交换、相互平衡的条件。简单地讲，在简单再生产中，$I(v+m)=IIc$；在扩大再生产中，$I(v+m)>IIc$。这说明，无论是简单再生产或者是扩大再生产，两大部类都是互相依存的。第I部类提供的是生产资料，但第I部类劳动力的再生产，增加劳动者的技能和效率都需要生活资料，必须从第II部类取得。而第II部类生产的产品是生活资料，但第II部类进行生产需要的原料、材料、燃料、设备、厂房，要从第I部类取得。所以，两大部类互相提出要求，互相供给产品，因而互为市场，互为条件，互相制约。它们之间都有一定的数量比例关系。两大部类必须遵守这种严格的数量比例关系才能平衡发展。否则，就难以保证扩大再生产所必须追加的生产资料和生活资料，从而引起各方面的紧张和困难，扩大再生产就难以通行。这是被我们多年来的实践所证明了的。

《资本论》第2卷第三篇讲的简单再生产下和扩大再生产下两大部类之间的交换条件公式，本身并不难懂。那里面难懂的是货币流通的因素。把货币流通的因素引进来，过程就显得非常复杂。所以马克思说，货币流通的因素的引入，一方面使交换过程易于进行，同时也使得这种交换难以理解。易于进行，就是交换过程有了货币就比较容易进行，如果没有货币，物物交换是很困难的，如我需要的东西对方没有，对方需要的东西我也没有，交换就难以进行，有了货币就好办了。所以，他讲货币的引入使交换容易进行了，另一方面又使得这个过程难以理解。所以，马克思在抽象地分析社会再生产平衡条件的时候，是抛开了货币流通的条件，以物物交换为条件的。我们看到马克思在讲再生产的公式时，简单再生产是第 I 部类的 $v+m$ 等于第 II 部类的 c；扩大再生产时，前者大于后者。这些都是撇开了货币流通的因素来讲的。但是，在说明平衡条件以后，马克思又引入了货币流通的因素，重新讨论了货币流通的作用。这对于理解整个社会再生产的进行，不但是很有必要的，同时还便于了解货币流通加入以后种种复杂的过程和复杂的问题。在存在着商品经济的条件下，在社会总产品的流通中，不论是两大部类之间的交换行为，还是每一个部类内部的交换行为，都是以货币为媒介的商品交换，而不是简单的物物交换。社会主义社会也是这样。目前我国社会主义社会中还存在着并发展着商品经济，除了逐渐缩小的一部分自给性生产以外，两大部类之间和每一个部类内部的交换，也都是商品交换。即使是生产资料，一部分虽然由国家调拨，计划分配，但也要用货币来支付，就是要以货币流通为媒介，通过货币流通来完成的。没有货币的流出和流回，就没有商品的购进和售出。社会总产品的价值补偿，社会总产品的 c、v、m 向补偿基金、消费基金、积累基金的转化，没有货币的流通是不能实现的，整个社会再生产过程也就没有办法进行。所以如前所说，整个社会总产品的再生产，一方面表现为实物的运动，另一方面表现为价值的运动。而价值的运动采取了货币运动的形式，表现为货币的运动。这两种运动之间，存在着密切的内在联系，又有相对的独立性。

一方面产品在实物形态上的运动，是通过商业部门、物资部门、外贸部门，通过一些仓库、保管部门、交通运输部门进行的，最后到达消费者手中。另一方面，产品在货币形态上的运动，就是产品生产出来并销售出去以后，变为企业的货币收入的运动。企业的总货币收入又分解为几部分：一部分是它的成本，包括购买原材料、发工资，等等；另一部分是税利，即上交国家的财政，等等。这些货币收入要通过银行系统、财政系统以及其他途径发生一系列的复杂运动。社会产品在实物形态上和在货币形态上两方面的运动是同时进行的，是一个过程的两个方面，它的最终表现是两大部类的产品在价值上、实物上同社会上的最终需要相适应。这些最终需要就是三大基金的需要：一是补偿简单再生产的补偿需要，二是扩大再生产投资的需要——积累的需要，三是人民消费增长的需要——消费基金的需要。这些东西都要通过货币来购买。积累基金要通过投资，或者是国家拨款，或者是银行借款，然后变成购买力。消费基金是通过工资来购买的，或者通过农产品收购时给农民的货币，他们然后再买国家的工业品。补偿基金通过折旧和企业成本里的一些钱来解决。通过这些运动，两大部类的产品在实物形态上和在价值形态上，要达到一个平衡，这是一个非常复杂的过程。我们国民经济平衡的工作，计划工作，最重要的就是要解决这个问题。就是社会总产品在价值形态上，在实物形态上，数量上要取得平衡，构成上要取得平衡，这样我们的经济就能顺畅周转，就能有一个良性循环。

我刚才讲，社会产品在实物形态上和货币形态上的运动是同一个过程的两个方面，这两种运动好像是一件事，但实际上又不是一回事，有它相对的独立性，这是一切商品社会共同的特征，社会主义再生产也不例外。正是因为有一致性，又有矛盾性，所以在经济生活里常常出现平衡与不平衡的矛盾。一般来说，在整个社会再生产过程中，货币的运动和实物的运动应该是统一的。因为货币收入最初是在产品销售过程中形成的，产品生产出来之后将它卖掉，就形成了货币收入。所以这个货币收入的总量是受社会总产品的价值总量决定的，社会总产品价值有多少，货币收入就应该是多少。我们把储蓄的因素暂时撇开不考虑，假定货币收入完全用于货币支出，就是有支付能力的需求，也就是我们讲的货币购买力。这样一种有支付能力的总的需求，就是社会的总购买力。而社会总购买力又是由各种各样的有支付能力的需求构成的。这就是社会购买力的构成。购买力的构成包括什么呢？还是补偿基金、积累基金、消费基金这么一个构成。各种基金内部还有各种产品的构成。假如我们社会生产的各种比例关系安排得好，各种平衡条件得到遵守，那么，社会购买力的总量和它的构成，应该同社会产品的总量以及社会产品的构成相一致，这样我们的社会生产就是平衡的，价值量，实物量，价值的运动和实物的运动就是一致的。这种价值的运动和使用价值的运动，货币的运动和实物的运动相统一、相平衡的原理，是马克思主义社会再生产理论的一条重要的原理。社会有支付能力的需求的总量和构成，同社会总产品的实物量和构成互相适应，这是保证整个社会扩大再生产正常运行的一个很重要条件。如果这种平衡条件被破坏，社会就会出现生产过剩的现象，生产过剩，货币不足，就是有东西没钱买；或者发生相反的现象，生产不足，货币过多，钱多了，没有东西买。假如计划安排得不好，总量不适应，或者总量虽适应，但构成不适应，也会出问题。例如前一段时候，由于我们搞高指标，高积累，投资搞得很多，前两年农产品收购价格也提上去了，工资奖金也增上去了，就是说消费基金跟积累基金的支出都增长上去了，但我们生产的国民收入只有那么多，社会产品只有那么多，结果是总的货币需求大于总的供给。因此，产生了财政赤字，东西不足，物价上涨。

经过两年的调整，特别是1981年的调整，情况虽然好一些，但这个问题还没有完全解决。从总量上看，差额缩小了，但构成上又发生了问题。目前的情况，一方面生产资料多余，但消费资料还是不足。我们的生产资料为什么多余呢？因为我们压缩了基本建设投资。基本建设设备的需要少了，机械工业也就吃不饱了；它需要的钢铁少了，钢铁工业也就受到了影响。另一方面，我们的消费基金这两年奖金控制不住，农产品的收购方面，统购的那部分基数守不住，议购就增加了，加价的增加了，农民的收入也是超过我们的预计。所以消费方面的购买力增加了不少。轻工业1981年不错，农业也不错，但我们的消费品生产还是赶不上购买力的增长，消费品构成也不行。所以如果平衡条件不遵守，就会发生或者是生产过剩货币不足，或者是货币过多生产不足。例如现在生产资料就有点生产过剩货币不足，而消费资料则是货币过多生产不足。所以要继续调整。

由于货币的运动有它相对的独立性和复杂性，客观上就存在着货币运动和实物运动不相适应、不相平衡的可能性。如前所述，在社会主义社会中，社会产品生产出来以后，随着产品的出售而形成为货币收入，首先是在企业，这个货币收入分解成为三个部分：消耗掉的生产资料的费用部分，也就是补偿部分；劳动报酬部分，即工资和奖金；企业的纯收入，即税金和利润。然后通过财政的上缴和下拨，如税收、利润上缴、财政拨款，等等；还有信贷的存放，就是银行把社会上多余的资金，包括企业存款、个人储蓄，还有政府财政收入暂时不用的，存在银行里。银行用这些资金来流通，进行各种工商贷款，这些都是货币收入的再分配。通过财政的上缴和下拨，信贷的存款和贷放等再分配渠道，最后形成前面所说的补偿基金、消费基金和积累基金这三大项社会基金，三大项货币购买力。最后，这些货币购买力，要在社会总产品的实现中，得到实物的补偿。可见，社会总产品的价值要实现为货币收入，各项货币购买力要从社会产品中取得实物的补偿，这两件事是一个过程的两个方面：一个方面的卖，社会产品通过卖取得收入，也就是另一个方面的买。一个方面卖的时候，另一个方面的购买力就实现了，就变成了生产资料的补偿，或变成消费品拿回家去消费了，或者是建筑材料、设备，在投资中用了。所以一方面的卖就是另一方面的买。但由于货币流通的介入，商品买卖过程的分离，特别是货币在运动中，财政和信贷，再分配渠道的介入，情况就发生了变化。经过财政、信贷这些渠道形成的最终的货币收入和上面讲的三大项的货币购买力，在总量上和构成上，同社会总产品的数量和构成就很有可能发生不相适应的情况。特别是银行还可以发票子，财政可能发生赤字。银行发票子，如果不是生产和流通增长的需要，就不体现从生产中实现的收入，而是虚收入，这样社会总的需求当然要超过总的供给。当然搞得好可以使它们平衡，不出现财政赤字，不搞财政性的发行。所以在总量上和构成上，货币的购买力同社会产品的实物总量和实物构成可能发生不适应、不平衡的情况，不是一部分货币购买力不能实现，就是一部分产品积压，也就是说一部分钱买不到东西，另外一部分东西卖不掉，或者是两种情况同时存在。我们现在就是两种情况同时存在。例如，当财政信贷的支出大于它的收入时，这个差额又不能够被企业、被经济单位和个人收入大于支出的差额所抵消，这样最终形成的有支付能力的购买力就可能大于可供使用的社会产品总额，消费支出和积累支出的总和就有可能超出可供使用的国民收入总额。这样，为了保证社会产品使用价值的运动和价值运动的协调，就要使社会有支付能力的需求在总量上和构成上同社会总产品的实物量以及社会总产品的实物构成相平衡。一方面是货币购买力的总量和货币购买力的构成；另一方面是社会总产品的总量以及社会总产品的构成。为了使它们互相适应，十分重要的问题就是要正确处理好财政信贷的平衡和物资平衡的关系，也就是陈云同志提出的三大平衡的关系。三十多年来的经验证明，只要我们注意正确处理财政、信贷、物资这三大平衡，国民经济的发展就比较顺利。反之，如果这三大平衡出现了问题，财政，信贷支出超过了收入，如果出现了赤字或者是超过市场的需要多发了票子，那就有可能一方面发生基本建设投资大于物资的供应，有投资但没有足够的钢材、木材、水泥等，这样就使得建设的周期拖长，影响投资效果；要不就是基本建设挤占补偿基金的物资，影响当前的生产和企业的革新改造。另一方面是居民的购买力，他们手中的钱同市场上商品的可供量不平衡，即居民手中所持有的货币买不到所需要的消费品，造成市场紧张。这一切都将给国民经济带来不利的影响。为了保证社会主义扩大再生产的顺利发展，我们必须深刻认识社会总产品的价值运动和实物运动的相统一、相矛盾的关系，研究货币流通和商品流通的规律，搞好财政、信贷和物资的综合平衡。我们当前国民经济的调整，很重要的就是做这方面的工作。国民经济的调整，一个是产业结构要调整。过去，农、轻、重比例不合理，重工业片面发展，农业、轻工业注意不够，重工业内部结构也是自我服务的多，为农业、轻工业服务的少；为新建、基建服务的多，为现有企业的技术改造服务的少。这种结构要改变，这是一方面的调整。另一方面的调整就是财政、信贷的问题。1980年12月中央工作会议提出进一步调整的方针的中心问题就是这个问题。就是要压缩开支，增加收入，消灭财政赤字，减少货币的发行，稳定市场物价。经过近一年的努力，已取得了很大的成效，当然还没有完全解决问题。搞得不好，财政还会有赤字，市场上货币还会增加，物价还会上涨，我们现在就是要大力地抓好这个工作，继续贯彻1980年12月中央工作会议和1980年六中全会的精神，把国民经济的调整工作进一步抓到底。

关于实现国民经济良性循环的
几个问题*

（1981年11月）

党的十一届三中全会以来，我国社会主义建设开始进入一个伟大的转折阶段。"调整、改革、整顿、提高"的方针，不仅是为了纠正国民经济比例关系的严重失调，并且要走出一条适合我国国情的经济发展的新路子，逐步实现社会主义现代化的战略目标。当前，在第六个五年计划时期，全党和全国人民正在为争取财政经济的根本好转而奋斗，为以后的大发展做好准备。这就要求我们努力使国民经济从长期存在的不良循环中摆脱出来，尽快地转向良性循环。

区别良性循环和不良循环的主要标志

所谓国民经济循环，简单说来，就是社会再生产不断进行和周而复始的过程。这个过程，包括生产、分配、交换、消费四个环节。生产是起点，生产出来的产品经过分配、交换即流通，最后用于消费。消费是一次循环的终点，又是下一次循环的起点，它对生产提出了新的需要。这种循环，分为实物形态和价值形态，形成矛盾的统一。在整个国民经济的大循环中，还有许多

* 本文系与沈立人合写，原载《经济研究》1981年第11期。

局部的循环，包括部门间、部门内的循环；社会生产的各个要素（如劳动力、固定资产等），也有它自己的循环。局部的循环从属于整个国民经济的循环，又对后者起着制约作用。这些循环，表现为极其复杂的投入、产出、再投入、再产出的关系。循环不是简单的重复，而是螺旋型的运动，一般是在简单再生产基础上的扩大再生产。

各种经济制度都有自己的经济循环规律。资本主义经济存在着生产的社会化和生产资料的私人占有的矛盾，生产的目的是攫取剩余价值，整个社会生产过程处于无政府状态，周期性地发生经济危机。这是资本主义经济循环的基本特征。社会主义实现了生产资料公有制，生产的目的是满足人民不断增长的消费需要，计划调节起着主导作用，有可能促进国民经济各个环节相互衔接、相互协调地发展，从而保证经济循环的顺畅。但是，把可能变为现实，取决于各种主客观条件。如果指导思想脱离实际，战略目标选错，管理体制不完备，计划安排失误，就会造成不同程度的不良循环。因此，在社会主义制度下，既有可能实现良性循环，但也有可能出现不良循环，甚至导致某种"经济危机"。当然，社会主义经济中可能出现的不良循环和"经济危机"，同资本主义的周期性经济危机在性质上是不同的。

社会主义经济的良性循环，从社会再生产过程看，就是生产、分配、交换、消费诸环节能够协调地、有效地进行，相互促进而不是相互脱节，从而使社会生产不断扩大，人民生活不断提高；就是国民经济在合理的比例和良好的效果的基础上，取得符合社会主义生产目的的持续稳定的发展速度。社会主义经济的良性循环，反映了社会主义基本经济规律、国民经济有计划发展规律和时间节约规律的要求。在良性循环的情况下，各个环节衔接较好，生产上做到产品适销对路，物美价廉；分配上做到国家、企业和集体、个人三者利益统筹兼顾，积累和消费份额恰当；交换或流通上做到渠道多、环节少、周转快，供求基本平衡；消费上做到有购买力的需求能够得到充分的满足。

看来，区别良性循环和不良循环的主要标志，可以概括为以下三点：一是在比例关系上，能否使社会生产的两大部类之间、国民经济各部门之间和各部门内部协调地、按比例地发展，保证扩大再生产的顺利实现；二是在经济效果上，能否使整个经济的运行做到以较少的劳动消耗和资金占用获得较大的经济效果；三是作为其结果，能否有持续稳定的发展速度，并使人民的物质文化生活不断得到改善。

新中国成立以来，我国经济发展经过曲折道路，有过良性循环，也有过不良循环。良性循环如第一个五年计划时期，比例关系比较协调，经济效果比较好，因而生产稳定增长，人民生活逐年改善。这个时期每年平均的增长率，工业是18%，农业是4.5%，国民收入是9.8%，城乡人民生活水平每年递增4.3%。不良循环如"大跃进"时期，国民经济比例严重失调，经济效果大大降低，发展速度急上急下，人民生活受到损害。1961—1965年是由不良循环转向为良性循环。这几年比例、效果好转，速度逐步回升，人民生活也得到改善。"文化大革命"十年，再次出现了不良循环，其影响一直延续到粉碎"四人帮"后的最初几年。

1958年以来反复出现的不良循环，共同特征表现为"两高"（高指标、高积累）和"两低"（低效果、低消费）。它的产生过程是：首先，在"左"的思想指导下，不顾我国的国情和国力，片面追求高速度，订出难以达到的高指标；其次，为了实现高指标，盲目扩大基本建设，形成高积累；同时，由于积累过高，严重破坏各方面的比例关系，使投资不能发挥作用，加上经营管理差，损失浪费大，经济效率和经济效果很低；最后，高积累挤了消费基金，低效率虚耗了社会财富，消费水平也就不可能提高。

产生不良循环有多方面的原因，总根子是急于求成，片面追求高速度的指导思想。在此指导思想下，不讲比例关系，不讲经济效果，成为经济工作中的两大积弊。片面追求高指标带来的比例失调、效果不好，其结果只能是欲速则不达。于是，不良循环进一步表现为高速度—低速度的循环，即大起大落的循环，以及高投入—低产出的循环。一时的大起，往往以加倍的大落为代价。在这方面，第二个五年计划时期的"大跃进"接着带来的"大跃退"，具有典型的意义。1958年国民收入的增长速度一下子从1957年的4.5％提高到22％；但是，与我们欲快的愿望相反，从1957年起增长速度就开始急剧下降，"二五"时期国民收入平均每年下降3.1％。总之，不良循环大多以片面追求高速度开始，以比例失调、效果不好而变为低速度甚至负速度告终。

当前国民经济正在从不良循环向良性循环转化

继三中全会提出以调整为中心的八字方针后，去年（1980年）年底党中央、国务院又确定在经济上实行进一步调整的方针。调整方针实施的成绩是显著的，表现在"两高""两低"的不良循环开始有了变化。

1. 高指标取消了。制订计划开始注意实事求是，量力而行，留有余地。这是很久以来没有做到的事，为扭转不良循环创造了先决条件。今年（1981年）工业增长幅度下降较大，引起了不少议论，有人甚至以速度下降而对调整产生怀疑。其实，在国民经济的调整中，降低速度不是坏事而是好事，要理直气壮地给予肯定。因为只有降低过高的速度，才能调整比例，提高效果；这也是争取时间，创造条件，求得今后良性循环必须付出的代价。

2. 高积累开始下来了。缩短基本建设战线，投资总额有所减少，也是几年来的一大转变。积累率，1978年为36.5％，1979年为34.6％，1980年为32.6％，今年将进一步降低。目前积累率虽然仍旧偏高，但是毕竟开始有所降低。

3. 低消费有所改善。调整农副产品收购价和调整工资等措施，使城乡人民收入有了较大幅度的增加。居民货币收入，1977年以来每年平均增加305.7亿元，相当于前十年每年平均增加68.8亿元的4.4倍；1980年共达2498亿元，每人平均254元，比1977年167元增长52％。虽然，其中用于商品购买力部分不能全部兑现，但是兑现部分扣去物价因素后还是增长的，使绝大多数城乡人民的生活有所提高。

在调整积累、消费比例的同时，国民经济其他几个主要比例关系也有所改善。在工、农业生产都有增长的情况下，农业在工农业总产值中的比重，1978年为27.8％，1980年上升为30％；农业内部，经济作物增长更快，逐步改变着农业内部的结构。在轻、重工业的关系上，轻工业的比重，1978年为43.1％，1980年上升为47.1％，1981年进一步上升到50％以上。

4. 低效果的状况还未改变。表现国民经济综合效果的每百元积累新增国民收入，1978年是34元，1979年是29元，1980年是23元，1981年还会有所降低，比第一个五年计划时期平均35元少10元以上。很多技术经济指标没有恢复到历史最好水平。产品质量低、成本高，资金占用多，投资利用差等依然普遍。这是影响当前转向良性循环的最大症结。

总的看来，过去国民经济中反复出现的"两高""两低"中，已经有"两高""一低"朝着好转的方向起了不同程度的变化。可以认为，长期以来形成的不良循环已经得到遏止，正在向良性循环转化。当然，这仅仅是开始，还不能说是已经完全走出了不良循环的困境，更不能说是已经实现了良性循环的要求。除了上述积累率还偏高和消费基金不能全部兑现以及经济效果未有好转外，距离经济结构合理化的要求还很远，突出的是能源和交通的紧张卡住了脖子。同时，农业情况虽然好转，但还很落后，不能适应各方面的需要，也是很大的制约。我们应当珍惜已经取得的成绩，但是不能估计过高，忽视当前还有困难。

同时，在调整的过程中，还出现了一些新的问题。特别值得注意的有两点：一是重工业生产下降。1981年1—9月，工业总产值比1980年同期增长的主要是轻工业，而重工业却下降了，尤其是机械、冶金工业下降幅度更大。二是财政收入没有增加。1981年1—9月，虽然税收增加，但是企业上缴利润减少较大，使整个财政收入比1980年同期减少。重工业固然减产减收，轻工业因原料价格上升，则是增产而减收。财政在大量紧缩开支后，1—9月有结余，但是全年只能做到基本平衡。

针对重工业生产下降和财政收入减少，有些同志提出，现在是否出现了以经济萎缩为特征的不良循环？还有人甚至认为，这是1981年进一步调整带来的后果。对当前经济生活中的问题，究竟应当怎样看？

首先，有些现象是调整中难以避免的，本来也在预料之中。调整就是有进有退，退是为了更好的进。为了发展消费品生产，把一部分能源和耗能较多的原材料从重工业中腾出来让给轻工业，势必要使重工业生产有所压缩。占工业总产值1/4的机械工业，过去主要为基本建设和重工业服务，发展超过正常需要，属于长线，调整中会有一部分要关停并转。当前，机床利用率很低，一部分设备十分落后，必须淘汰，不可能也不应当全部运转起来。这部分反映了不良循环的形成有其长期的原因，带来经济结构不合理，绝非一朝一夕所能改变的。调整有个过程，也会有些损失，我们只能尽量减少些损失，但却不能完全避免损失。

其次，调整的大方向是不能否定的，并且认真的调整只是开了一个头，绝不是已经调整好了，更不是调整过了头。实际上，前两年调整工作没有落实下去，基本建设战线缩短不了，关停并转贯彻不力。只是1981年以来，采取坚决措施，在减少财政赤字、回笼货币和稳定物价上才见成效；否则，财政从前两年的大量赤字减少到1981年预计可望基本平衡、物价基本稳定的局面，是绝对不会出现的。现在，必须巩固和扩大这个成果。在当前压缩的基建项目中，停建的少、缓建的多，有的以其他名目还在继续施工。据21个省、直辖市、自治区统计，1981年头五个月关停了4588个小企业，同时又冒出了3740个小企业，相抵后只减少848个，占现有企业总数的0.2%。另一方面，1981年采取急刹车的办法进行调整，难免因考虑不周、准备不够而造成某些损失。例如，某些短线产品、技术改造的在建项目，已有设备，继续花少量投资就能利用，但限于控制数字，不得不下马。再如改善人民生活，扩大消费基金的步子可能大了一些，农副产品降低征购基数、扩大议价范围，以及奖金、津贴都失去控制（1981年1—8月比1980年同期，工资总额增长7.9%，奖金增长38%，而劳动生产率下降5.2%）。这些都要在进一步调整中继续解决，才有利于走向良性循环。

再者，近年来，实行在计划指导下发挥市场调节的辅助作用，开展扩大企业自主权的试点，特别是从农业到工商业各业推广多种形式的责任制，以及计划、财政、银行、商业各部门的若干改革，对于改变过去集中过多、管得过死和吃"大锅饭"，对于调动企业和群众的积极性，都有好处。当前的难题：一是没有打破部门所有制和地方所有制，使企业改组等难以进行；"分灶吃饭"把财政权和企业管辖权结合起来，进一步助长了重复建设和盲目生产。二是没有改革价格体系，价格不合理越来越严重，使企业扩权后苦乐不均；并在生产上大利大干、小利不干，使长线产品越来越长，短线产品不易增产。这些，既妨碍了调整，又造成低效果，是影响财政收入和阻碍良性循环的重大因素。

当前是否已经出现了经济萎缩的不良循环？应当看到，农业在前三年丰收的基础上，1981年有可能继续全面增产；轻工业增产幅度很大；国内外贸易进一步发展，物价也基本上稳住了。整个国民经济确实出现了新中国成立以来少有的好形势。从全面看，绝不能说是经济萎缩，也不是正在向另一种不良循环逆转。当然，重工业生产和财政收入的问题，是在形势好转中有待解决的问题。如果这个问题解决得不好，到一定程度，就会阻碍整个国民经济向良性循环的转化，也不是不可能出现萎缩型的不良循环。为什么呢？

首先，整个经济和工业生产要有一定的增长速度。经济增长有上限，超过了客观可能，就是高指标；也有下限，太低了，不适应各方面最低限度的需要，对财政收支、人民生活都有不利影响，并使原有生产资料和劳动力得不到充分利用。当前必须防止由于精神不振、管理不善、计划不周等主观因素而造成的减产，尽快地使工业生产和整个经济能够在调整时期获得一定的增长速度。

其次，财政收入也要有一定的增长速度。如果财政收入长期停留在较低水平，就不能适应各方面不断增长的需要，并会产生一系列的连锁反应：财政收入不增长—财政支出不增长—生产建设增长受限制—财政收入更难增长。单纯靠压缩支出求得平衡，当前是必要的，但不是长久之计。

再次，基本建设也要有一定的规模。基本建设有上限，主要是积累不能挤人民消费和当前生产的需要，投资不能超过投资性生产资料（设备、建材等）的供应。也有下限，低于下限会影响一部分固定资产的简单再生产，即现有企业的设备更新和技术改造；使生产性固定资产的增长和劳动力的增长不适应，从而影响就业；还减少对投资性生产资料的需求，从而限制它们的生产，造成这些部门生产能力、劳动力的闲置和产品积压。缩短基本建设战线是必要的，不能动摇。但是当前出现设备、钢材积压和建筑安装力量窝工，如何把它们利用起来，有利生产，又不重蹈投资超过物质供应的覆辙，也需要研究解决。

最后，农、轻、重要保持一定的比例。为了纠正过去片面强调优先发展重工业而造成农、轻、重比例失调的恶果，当前通过农业、轻工业的增产和重工业的减产，调整了相互比例，在一定限度内，是合理的。但是，重工业减产只是一种暂时的措施，轻工业增产快于重工业增产也不能作为一种长久的方针。从长远看，尤其是像我们这样一个技术落后的国家，为了逐步提高国民经济的有机构成，必须保证生产资料的优先增长。否则，长此以往，重工业减产或轻工业增产快于重工业增产的趋势继续下去，就会出现某种"剪刀差"，到一定程度，重工业将束缚轻工业和农业的增产。因为农业、轻工业的发展有赖于重工业提供越来越多的生产资料，包括能源、化肥、轻工原料和各种技术装备等。

总之，目前我国国民经济正处于不良循环向良性循环过渡的转折点，虽然在过渡阶段产生了一些问题，但从全面看，经济形势是好的，绝不能认为已经出现了新的萎缩型的不良循环。当然，对于当前存在和新出现的一些问题，必须认真对待，采取正确的方针和有力的措施，才能促使国民经济尽快地走上良性循环的轨道。

怎样尽快实现向良性循环的转化

"六五"时期，怎样尽快地把整个经济从不良循环转向良性循环？总的来说，要靠全面贯彻以调整为中心的八字方针。这是非常复杂艰巨的任务。这里只就几个问题谈点意见。

1. 强调速度还是强调效果

在经济建设中，正确处理速度和效果的关系，是有关指导思想的一个重要问题。一般来讲，两者是统一的。全面的、良好的经济效果，一定要体现在按比例的、稳定的增长速度上，例如"一五"时期，速度和效果就是一致的。但是在某种情况下，两者之间会有矛盾。短期的、局部的高速度，往往花了很大的代价，不但不能表现好的经济效果，而且往往给国民经济带来很大损失，例如"二五"时期的"大跃进"中，速度和效果就显著背离。

当前面临重工业生产下降和由于速度下降、效果提不高而带来的财政困难。针对这个问题，我们应当强调什么？强调提高速度还是强调提高效果？鉴于过去我们吃片面追求高速度的亏太多，不良循环就是从这里开始的；又鉴于目前我们摆脱"两高""两低"不良循环主要卡在"低效果"不能上去；所以今后摆脱不良循环，走向良性循环，也要从这里入手。首要的前提就是不能在速度上着急，而要在效果上下功夫。

克服速度上的急性病，不是很容易的。看到我们这样落后，大家都想快一点把经济搞上去。看到调整过程中速度降低了，不少同志也很着急。一些同志强调速度，是从政治上着眼，看到三中全会以来的平均速度似乎比"文化大革命"十年的平均速度低，就坐不住了。这是可以理解的。但是，两者之间是不可比的。首先，那十年的速度"水分"较多，现在的速度是比较实的。这不仅表现在统计质量上，更表现在实际效果上，就是到底有多少最终产品，能否提高人民生活。显然，那十年的人民生活没有什么改善，而现在群众是比较满意的。其次，现在的降速正是由于过去的"超速"造成的恶果，逼得我们不得不调整。降速是暂时的，经过适当调整之后，可以有个正常的较快速度。这点，向群众讲清楚，群众也会懂得，并提高信心。再者，速度的高低，不决定于政治上的需要，而决定于经济上的可能。当前比例失调，结构不合理，能源制约大，加上效果不好，速度要快也快不起来。如果勉强提高速度，也只能是短时间的，不久还要慢下来，在政治上反而得不偿失。

过去的经验表明，短期内要把速度搞上去，不是办不到的，而是不难办到。只要一号召，就能很快地把各部门、各地区的注意力集中到搞速度上来。追求速度和产值的办法多得很。例如，多搞一些价钱大、产值高的产品，速度也能出来；增产一大堆销不掉的东西，让它积压在仓库里，速度也能出来；拼设备，打乱正常的生产秩序，速度也能出来；甚至弄虚作假，速度也能出来。这样的速度是一时的或虚假的，长不了。同时带来的后果则是质量下降、品种减少、消耗增加、成本提高和设备失修、采掘失调等，很不实惠。所以，"六五"期间与其强调速度，不如强调效果。这是把我们工作引向哪里的方向问题。

我们说在当前不宜强调提高速度而应强调提高效果，这当然不是说速度越低越好。每个时期都必须有一个适合当时情况的经过综合平衡的、一定的增长速度。但是，求得一定的速度，不能光靠强调提高速度自身，而要靠强调提高经济效果。长期以来，我们习惯于抓速度，不会抓效果。实践却告诉我们，光强调速度会忽视效果，而强调效果就能出速度。所以，绝不可以用任何方式把产值速度当作评价考核各部门、各地区、各企业工作成果的指令性指标。这种指标只能作为综合平衡、计划预测和宏观指导之用，要通过调整结构、提高效果的各项政策措施来实现和超额完成这个指标。因此，在确定经济发展速度时，必须留有充分的余地。大体说来，五年计划应留有一年的余地，十年计划应留有两年的余地，以便国家手中有比较充实的后备，各级计划经过努力都有超额完成、提前完成的可能。"六五"计划把工农业生产和国民收入的增长速度订得留有余地，就使我们有可能调整结构、提高效果，经过努力可以超额完成，为"七五"和20世纪90年代的发展蓄积力量。这样，到20世纪末就能大体实现"两个倍增"和"小康社会"的远景设想。

2. "六五"期间怎样提高经济效果

经济效果有宏观、微观之分。提高宏观经济效果，主要靠调整比例关系和建立合理的产业结构，使经济循环顺畅。提高微观经济效果，主要靠改革经济管理体制以调动人们的积极性和提高企业的生产技术、经营管理水平。同时，还要实行组织结构的合理化，按照专业化协作和经济合理的原则改组企业，这对提高宏观和微观的经济效果都是必要的。

调整比例关系进而建立合理的产业结构，归根结底取决于我国的社会需要和资源两方面的状况。从社会需要看，我国的特点是人口多，生活水平低，改善人民物质文化生活的需要量大，不仅要考虑当前需要，还要考虑将来进一步的需要，包括扩大再生产和发展科学技术等需要。从资源看，我国的特点是劳动力资源丰富而文化技术质量不高，自然资源不少而按人口平均不算很多，资金不足，底子很薄。因此，调整产业结构的方向，应当是以满足人民的吃、穿、用、住和文化教育的需要为中心，多发展劳动密集型的、适合我国资源特点的、节约能源和原材料的、加工价值大的产品和产业；当前要把发展包括农业在内的消费品生产放在首位，近几年要使轻工业的增长速度继续超过重工业；要使重工业从主要为自己服务转向更多地为农业、轻工业服务，为各部门的技术改造服务；要加强能源、交通和地质勘探、建筑业，还要发展为生产、生活服务的科研、文教、商业等，建立适合我国情况的高效型的产业结构。各产业部门在产品结构、服务方向上相互协调、相互促进，就能实现良性循环、推动整个经济稳定增长。

调整比例关系和建立合理的产业结构，需要投入一定的财力和物力。"六五"期间，有限的力量往哪里使？发展的重点如何摆？这是有关提高国民经济宏观效果的一个战略问题。由于过去不良循环形成的薄弱环节和短线部门很多，百废待兴，近年来我们先后提出了不同的发展重点，有农业和消费品生产，能源开发和能源节约，交通运输，设备更新和技术改造，人力开发和人力投资（科教）等，从每个方面看，都很重要。但是"六五"期间资金、物资只有那么多，都列为重点，势必如撒胡椒面，一样也干不好；样样都满足，又会走高积累的老路，造成比例失调。从提高国民经济的效果出发，当前发展重点不能太多。[①]这里我们着重讲讲现有企业的设备更新和技术改造对提高国民经济效益的重要意义。

现有企业的设备更新和技术改造是一种以内涵为主的扩大再生产方式，比起外延性的投资来说，这是一条花钱少、收益大、见效快的建设道路，是提高宏观和微观的经济效果的十分重要的途径。据调查，70年代先后建成的大部分企业，每百元投资提供的税利只有13.2元，比老企业低56%；投资回收期长达9年4个月，比老企业3年7个月延长2.6倍。当前，着重把现有企业的更新改造搞上去，好处很多：一是我国工业已有一定规模，但是多数企业的设备陈旧落后，年久失修，带病运转。"一五"期间建设的156项重点企业已经运转二十多年，建成时也只是外国20世纪四五十年代的技术水平，多年变化不大。即使是1970年以后新增的固定资产，有不少设备质量很差，需要进行技术改造。对现有企业进行更新改造，花钱比新建、扩建至少节省一半，就能很快把潜力发挥出来，逐步提高国民经济面上的经济效率。二是不仅直接与节能有关的技术改造如锅炉改造、余热利用、集中供热，而且节约原材料、提高劳动生产率的更新改造也能间接节约能源，都将大大减轻对能源的压力，使我们在"六五"期间有可能通过以节能为主的途径解决当前能源问题，从节能中增产增收。

---

① 党的十二大已决定把农业、能源交通、科学教育作为到20世纪末20年内我国经济发展的战略重点。

三是由于外延性基本建设投资压缩而生产下降的机械工业和整个重工业，将会从内涵型的扩大再生产和简单再生产的补偿任务的落实而获得广大的市场，把闲置的设备和人力利用起来。四是现有企业得到更新改造带来重工业生产的回升和国民经济各部门经济效率的提高，也将促进财政收入有较大增长。

根据以上的道理，"六五"期间应当把现有企业的设备更新和技术改造放在很重要的地位。看来，五至十年内使现有企业更新改造将是使国民经济向良性循环的一个主要的环节。无论从较近时期还是从较远时期的经济效果来看，狠抓现有企业的更新改造都是极其重要的。从近期看，它可以较快地见效，对增加"六五"时期的财政收入、缓和财政紧张做出贡献；从远期看，经过更新改造的现有企业将在比较长的时间内发挥效益，提供更多适销对路的高质量产品和更多的利润，实际上是真正为"七五"和90年代的更大发展蓄积可靠的力量。所以，把"向前看"理解为仅仅是加强能源和交通等骨干工程的投资，是不够的。当然，能源和交通是制约整个工业和国民经济发展的两个重要环节，这方面以及其他方面某些关系长远发展的重点骨干工程项目，是要花些钱的。这些项目的投资周期长、收效缓，却是保证"七五"及以后的发展所必需的，所以确实需要尽可能集中一些资金，并利用期长、息低的外资做些准备。如果对这些方面不给予足够的注意，将影响"七五"及以后的效果和速度。但是，如果这方面占用国内投资过多，比重过大，以致影响现有企业的更新改造，那么，不论对近期的或远期的经济效果，都不一定有利，从而对近期和远期的发展速度带来与我们的愿望相反的结果。因此，明确现有企业的更新改造是转向良性循环的一个主要的环节，把它同某些必要的重点新建项目一起放在"六五"投资计划的优先地位，是非常必要的。

我们现在已经拥有国营工交企业40万个，固定资产原值约四千多亿元，即使把近年新建投产的或经过改造的技术比较先进的一部分除外，需要进行更新改造的面还是很大，而能用于这方面的财力、物力总是有限的，因此，技术改造本身也要有重点、有次序、分步骤地进行，要讲究经济效果。当前应以节能为中心。技术改造的重点，从设备上说，首先应摆在能耗高、产品质量差、生产能力低的设备上；从地区上说，首先应摆在老工业基地；从行业上说，首先应摆在机械制造和轻纺工业等。技术改造当然是要用先进的技术代替落后的技术，但是不能只讲最新技术，而应以适合我国国情的适用技术为标准。那种不顾我国国情和国力，认为什么都要引进或者什么都要用最新技术来重新装备，摒弃现有的在用设备和库存设备的观点和做法，都是不对的。现有企业的更新改造要同引进技术和国内研制结合起来考虑；要同清理和利用可以改造利用的库存设备结合起来考虑；还要同工业改组和企业联合起来考虑。在行业联合和改组的基础上，拟订各行各业技术改造的政策和规划，确定改造的方向和步骤，将有助于现有企业的更新改造有计划地实施，并提高更新改造的经济效果。

3. 坚持财政信贷的平衡是实现良性循环的重要条件

现有企业的更新改造，大力发展消费品生产，进行能源交通等一批骨干工程的必要建设，还有别的开支，都需要大量资金。这些资金从哪里来？在当前财政收入不足的情况下，这是一个难题。从经济循环的原理看，资金的运动是整个国民经济循环中属于价值形态的循环，它和使用价值形态的循环即物资的运动密切结合，既是物资运动的货币表现，又与后者相互制约、相互促进。国家财政是动员和分配资金的重要渠道，但不是唯一的渠道。因此，我们在重视财政收支的同时，还必须扩大视野，研究整个社会资金运动，搞好综合财政平衡即宏观的财政平衡，动员各方面的资金为实现良性循环出力。

当前资金运动的一个新问题是，随着体制改革和财权下放，资金分配的渠道起了变化，财政在国民收入再分配中的份额下降，国家的、中央的、预算内的资金相对减少，地方的、企业的、社会的预算外资金相对增多。为了解决中央财政困难，能不能走回头路，把下放的财权都收回来，把预算外的资金都拿上来？不能。根据过去的经验，1981年把企业、部门的资金拿上来，1982年它就可能没有了。应当把资金渠道的增多和预算外资金的增加看作一个积极的因素。它改变了过去集中过多的弊病，有利于调动各级增收节支的积极性，有利于生财，而生财是聚财、用财的前提。当然，财权下放有个限度，不能是下面钱多了，而国家财政、中央财政却靠赤字过日子。过去的财政体制是高度集中、统收统支，现在把"统收"改为分收，这是合理的。问题出在"统支"虽有改变，但变得不多，中央财政背了一大堆包袱，地方、部门、企业受益的某些开支还仍由中央负担，还在吃"大锅饭"，造成中央财政入不敷出，难以保证必不可少的重点建设的需要，那是不对的。中央财政负担的各项补贴，仅粮、棉、油、副食、煤炭等消费品价格补贴，农副产品超购加价和"议进平出"补贴，农业生产资料和支农工业品价格补贴三项，1980年大体占国家财政收入的20％以上。据北京市统计局对十个利改税企业的调查材料，企业增收部分上缴少、留用多，企业留用的钱花不了，上级主管部门仍在通过各种渠道和各种名目下拨大量的基建和其他投资。这种情况不能再继续下去了。随着收入下放，支出也要下放，把一些补贴和其他开支包干下去，如基本消费品和农用生产资料价格补贴全部纳入地方预算；改变外贸亏损向财政报销的体制，实行谁经营谁核算谁负盈亏的办法，等等。同时，调整各项收入分成比例，以保证中央必不可少的开支。这样，中央和地方通力合作，共赴时艰，有利于实行财力的统一平衡。

关于实现国民经济良性循环的几个问题

随着财政资金的相对减少和社会资金的增多，大家逐渐明确了一个观点，就是搞经济建设不能光靠国家财政，特别是光着眼于中央财政，而更要注意充分利用社会资金，即地方、企业和个人手里的钱，发挥银行筹集资金的作用。现在，社会资金有很大潜力，这是调整、改革以来出现的新情况。据估算，预算外资金和预算内资金相比，"一五"时期只占7％，"二五"到"三五"时期在20％左右，近两年几乎提高到50％。1980年年底，银行有企业存款573亿元，城镇储蓄存款282.9亿元，农村存款239.8亿元；另外，城乡居民手存现金还有二三百亿元。这是一笔很大的数字。但是，这些钱能不能都动用来进行新的投资？应当看到，这些资金，不论以储蓄或存款形式存在银行或以现金形式留在手里，都已作为银行的负债成为信贷资金的来源，给各种形式的贷款和财政透支、借支等所占用。如再作为新的投资，就会发生"一女两嫁"，导致信用膨胀。看来，社会资金中真正能够利用来进行新的投资的，主要是每年存款中的增长部分和流通中货币（包括居民手存现金）的增长部分。当然，这些资金的利用还必须有相对应的物资保证。这一部分新增信贷资金，还要补充流动资金正常增长的需要，也不是全部可以用于更新改造，解决能源、交通等固定资产的投资。所以，对于社会资金的潜力，一方面要有足够的估计，另一方面要看到它的限度，否则就有可能造成信用膨胀。

我们说利用社会资金有一定限度，不是说银行没有用武之地，而是正有赖于银行做更多的工作，起更大的作用。银行可以用各种方式的金融信贷手段把闲散的社会资金集中起来，把未能兑现的消费资金变为生产建设资金，把短期资金变为长期资金，把不稳定的信贷资金来源变为稳定的资金来源。银行还可以通过对资金利用的监督，提高资金的利用效果，促进已经占用的资金加速周转，从而节约和腾出更多的资金，供更新改造、发展消费品生产和其他建设之用。组织和运用社会资金的办法很多，例如，实行中央和地方合资，全民和集体联营，兴办信托业务，开展国内补偿贸易，调剂折旧基金的使用，等等。所有这些，都离不开银行的积极参与。银行自己也要在吸收定期储蓄和存款的基础上，发放各种中短期贷款、能源开发和节能贷款、设备更新和改造贷款，等等，把轻重工业搞上去，把国民经济搞活。

　　运用各种资金搞活经济以促进良性循环的一个重要问题是，要不要坚持财政信贷收支平衡？能不能用财政赤字和信用膨胀的办法来搞经济建设？允不允许搞点通货膨胀？有些同志认为，财政上不要再坚守"收支平衡、略有节余"的原则了，而可以采用"基本平衡、略有赤字"的政策，并且主张用"缓缓的"通货膨胀来刺激经济的发展。我们认为，陈云同志提出的"财政收支平衡、略有节余""不搞赤字建设"的意见仍然是促使社会主义经济良性循环的唯一正确的意见。社会主义国家财政长期靠赤字过日子在原则上是行不通的。西方国家按照凯恩斯理论搞赤字财政和通货膨胀，是由于资本主义经济矛盾的特点一般表现为社会生产过剩、总的需求不足，要靠赤字扩大社会需求，可以暂时刺激生产，但也不能真正找到出路，以致现在出现"滞胀"的难题而束手无策。我国当前总的情况是社会需求超过社会生产（1981年因调整，对一部分生产资料需求减少，是局部的、暂时的），这与资本主义国家情况不同，不能学它们的办法。我们说社会主义国家的财政不应搞赤字建设，是就政策原则来说的，不是说在任何情况之下都不能允许出现赤字。例如，当前我们的财政赤字一下子还消灭不了。应该看到，财政赤字、信用膨胀、货币发行、通货膨胀这四者之间有密切关系，大量的、持续的财政赤字往往伴随着信用膨胀，引起增发票子和物价上涨。但是，也不能把四者完全等同起来，误认为有多少财政赤字就一定会有多少通货膨胀。前两年，我国连续发生大量财政赤字，1979年是170亿元，

1980年是120亿元，经过银行的调度，用来自社会储蓄和存款的新增信贷资金弥补了一部分财政借支，最后增加的货币发行量，1979年是56亿元，1980年是78.5亿元，大大低于财政赤字数，使通货膨胀得到部分缓解。另一方面，1981年财政赤字将大大减少，可能实现基本平衡，但是由于把原来由财政负担的增拨流动资金、增拨信贷资金和中短期设备贷款的任务转给银行负担等原因，为了弥补信贷收支差额，1981年增加的货币发行量可能仍然相当可观。这个情况，与前两年恰好相反。如果说前两年货币的增加主要是由于财政赤字，那么，1981年货币增发的直接原因则在信贷收支的不平衡。因此，不能光看财政收支，必须把财政收支同信贷收支结合起来，看它们最终对增发通货的影响。我们不能因为1981年财政赤字减少而高枕无忧，而要密切注意可能发生的信用膨胀和通货膨胀的危险。

当然，增发货币并不等于信用膨胀或通货膨胀，因为每年生产和流通的发展要相应增加对货币的需要，特别是近年来由于农村实行了各种形式的责任制，农业副业和集市贸易的大发展，农产品商品率的提高，以及城镇居民的工资、奖金收入增长等因素，货币流通的渠道增多，流量增大，对货币的需要量大大增加，超过了生产发展的速度。因此，过去以历史经验为依据提出的货币流通量对社会商品零售总额要保持1∶8的比例，现在需要重新研究。但是，不管具体比例如何变化，客观的限度还是存在的，说到底就是要以不引起物价总水平的上涨为度。1980年年底货币流通量与商品流通量之比为1∶6.2，就发生了零售物价总指数上升6%。其中消费品价格上升7.1%，如果把各种变相涨价因素也算进去，物价水平的上涨远不止此。因此，当时提出了通货膨胀临界点的警告，采取了进一步调整的紧急措施，非常必要。在新的情况下，对货币需要量的增加幅度超过社会主义生产和商品流通的增长幅度，也是有一定限制的。货币需要量与生产流通量相比的超前趋势，也不是无止境的。必须把这些问题研究好、处理好，才能遏止可能出现的通货膨胀的势头，以利于国民经济向良性循环的转化。

怎样实现国民经济的良性循环？除了上面讲的几个主要问题，还有一些很重要的问题，例如经济体制的改革，价格体系的改革，企业的整顿与改组，以及农业问题，利用国际市场和外资问题等，需要另行专门讨论。所有这些问题逐步解决好了，八字方针得到全面贯彻之日，也就是国民经济的良性循环基本实现之时。

研究改革经验　探索改革模式[*]

——在经济研究中心一次座谈会上的发言
（1981年11月21日）

党的十一届三中全会以来，我们在经济管理体制上进行了一系列的改革。这些改革包括：扩大基层经营单位的自主权和实行各种形式的经济责任制，开展部分的市场调节，实行工业企业的改组和联合，推行基本建设投资由财政拨款改为银行贷款，以及鼓励与扶持集体经营和一定范围的个体经营，等等。这些改革开始调动了基层企业和劳动者的积极性，活跃了城乡的经济生活，使我国经济在当前的大调整中还能够继续稳步前进。收效是明显的，这是应该充分肯定的。

从改革中产生的问题看探索目标模式的重要意义

同时，在改革的过程中，也遇到了一些问题。在实行企业扩权、市场调节等改革措施后，盲目生产、重复建设、互争原料、以小挤大、利大大干、利小不干、工商矛盾、农商矛盾等现象有所增长；企业之间出现了苦乐不均；自销、议价和奖金的发放往往失去控制；等等。产生这些现象的原因是什么？有的同志认为，这是改革本身带来的结果，不改就不会有这样的后果。实际

---

*　本文主要内容曾在《经济学周报》1982年第1期、《经济研究参考资料》1982年第15期等处发表。

上是想回到老路上去。这种看法当然是不对的。这两三年来的改革仅仅是一个开端，现在还处在局部的摸索试验的阶段，产生一些问题是难免的，暴露出来的问题，对于我们考虑如何进一步改革，也是有好处的。我认为，产生上述现象的原因有三：一是已经改革的部分同尚未改革的部分发生矛盾，例如企业利润分成同原来的价格体系有矛盾；二是已经采取的各项改革措施互相之间发生矛盾，例如企业的改组和联合同财政的"分灶吃饭"之间就有矛盾；三是改革与调整、整顿没有配合好，特别是前几年企业整顿的工作没有抓紧，经济监督、经济立法的工作也没有紧紧跟上，这也影响了改革的效果。

总之，改革过程中产生的一些问题，并不是改革本身必然带来的后果，而是由于改革措施不配套、不系统产生的。改革措施的不配套，主要表现在偏重于单项的局部的改革，首先是在分配领域和流通领域的单项局部改革，而从国民经济总体和社会再生产全过程出发，抓相关环节的同步改革则注意不够。并且这些单项的局部的改革主要限于微观领域搞活经济，而在宏观经济领域则没有注意相应地加强计划管理，特别是如何运用价格、税收、信贷等经济杠杆，以及如何运用经济监督和经济立法手段来指导企业的活动，使之符合国家计划的要求，这方面的改革没有相应地跟上去，这是当前体制改革的进展不够理想的主要根源。

以上是从改革的实际工作来说的。再从理论工作来说，应该承认，我们的理论研究工作，是落后于体制改革工作的需要的。经济体制改革是生产关系在社会主义改造后的又一次伟大的变革，确实迫切需要有密切结合实际的理论来鸣锣开道。但我们的经济理论研究远远没有做到这一点。许多与经济体制改革有关的重大理论问题还没有研究清楚。其中一个重要问题，就是对改革的目标模式研究得还很不够。

关于研究我国经济体制改革采取什么样的模式的问题，1979

年就已经提出来了。近来，越来越多的中外经济学者在谈到我国体制改革时，都强调要有一个目标模式。大家认识到，必须制定出一个目标模式，才能综合地协调改革的步骤，向这一目标前进。否则，今天这样改，明天那样改，没有明确的目标，没有实现这个模式的总体规划，就不容易改好。因此，我觉得，强调改革的目标模式和总体规划的重要意义，无疑是十分必要的。实际上，近几年来，也有过一些关于改革目标和方向的设想。

例如，在五届人大三次会议的《政府工作报告》中，就分别从决策体系、调节体系和管理组织、管理方法几个方面，对我国经济体制改革的总原则作了描绘，指出在决策体系上，要把原来高度集中的单一的国家决策，改为国家、经济单位和劳动者个人的多层次决策；在调节体系上，要把原来单一的计划调节，改为在计划指导下充分发挥市场调节的作用；在管理组织、管理方法方面，提出要把原来主要靠党政机构和行政办法管理经济，改为主要靠经济组织、经济办法和经济法规管理经济。这几条改革方向设想，实际上也可以说是一种体制模式的轮廓构思。当然这些初步的构思确实比较粗糙，不很完整、不很精确。但是，要求我们在开始着手进行一些局部改革的试验的时候，就拿出完整严密的目标模式和总体规划，我觉得那也是不现实的。这里可以看看匈牙利改革准备工作的一些经验。

匈牙利的经济体制的改革，是从1957年开始的，若干年中陆陆续续进行了一些局部的改革，如减少给企业下达指令性的计划指标和计划调拨的物资品种，实行利润分成、资金税，工业企业改组和工业批发价格改革等措施。特别是在农业方面，把妨碍农业生产的两大积弊即指令性生产指标和农产品的低价义务缴售制取消了，收到了很大效果，对工业和整个经济体制的改革推动很大。这样经过了七八年，到1964年12月匈牙利党中央才提出了总结经验和研究全面大改的设想和方案的任务。再经过一年多的大辩论和研究，1966年5月匈牙利党中央才通过新体制的总体设想和全面改革的方案。又经过一年半细致的准备，包括各方面实施细则的拟订、培训干部、宣传教育、物资储备和外汇储备的准备等，然后才在1968年1月1日开始全面配套的改革。所以，匈牙利为进行全面改革，从1957年算起做了12年的准备；为了提出改革的总体设想（也就是新体制的模式，尽管匈牙利人自己并没有这样叫），也经过了七八年的摸索，同时参考了别国改革的经验教训，吸收了国外经济学家的理论成果，这样才逐渐形成了自己的、比较成熟的新体制模式。

我们国家的情况比匈牙利复杂得多，而我们搞局部的试验性的小改刚刚开始才两年多，有些好心的外国人士和我们自己的一些同志就要求先拿出一个完整的目标模式和全面配套的改革方案，然后再进行改革，不然的话就会出岔子。我以为提出这种要求未免有点太急。我们只能在不断总结我们自己的经验的基础上，并且参考外国的经验，把我们已经有的不那么成熟不那么完整的目标模式和总体设想逐步地精确化、完善化，经过一段时候拿出一个比较成熟的模式和设想来，并且在此基础上制定出体制改革的总体规划。这就要求我们对社会主义经济体制的模式问题进行进一步的研究。

我国经济体制改革要采取的模式，当然应当是中国式的模式，即具有中国特色的社会主义经济体制，在细节上尤其要切合中国的具体情况。但不论是我国原来的旧体制还是将要改成的新体制，在原则上都逃脱不出理论概括的几种模式。十月革命以来历史上存在过的、现在存在着的或者可能出现的社会主义经济的各种模式，就像太阳光谱里面的赤、橙、黄、绿、青、蓝、紫那样客观地排列在那里，我们原来的体制在那个光谱里面处在什么色位上，我们将要改成的新体制又处在什么色位上，那是可以科学地鉴定出来的。有的同志说：过去我们建设社会主义也没有想到什么经济模式，人家在搞经济改革时也未必想到这个问题，这是理论家事后分类的东西。这话讲得不错，但是我觉得，这种理论概括可以帮助我们更加自觉地选择改革的方向和设计改革的方案，把我们的改革工作放在更加科学的基础上，避免重复人家走过的弯路，还自以为是新的发明创造。所以，研究社会主义经济究竟有哪几种模式或类型，确实是很重要的。

社会主义经济体制的几种基本模式

对于社会主义经济有哪些模式或类型，国内外经济学者有各种不同的分析，有的从集权与分权的角度来分类，有的从计划与市场的角度来分类，有的从行政手段与经济手段的角度来分类，有的从几个决策层次（国民经济的宏观决策、企业的微观决策、家庭和个人的经济决策）的情况来划分，还有的从所有制形式、信息传递方式来考虑，等等。其实这些不同的角度都是可以互相贯通的或互相结合的。在这方面的研究具有代表性的是波兰经济学家布鲁斯。布鲁斯在1972年出版的《社会主义经济中的市场》一书中，把社会主义经济模式分为两种：（1）集权型模式；（2）分权型模式。1980年年初来我国讲学时，他把苏联和东欧各国的经济体制分为三种模式：（1）以苏联为代表的模式；（2）匈牙利模式；（3）南斯拉夫模式。1980年秋冬世界银行考察小组来我国进行经济考察前，布鲁斯特为他们写了一个有关中国经济体制的背景材料，这里他又把社会主义经济体制分为四种模式：（1）军事共产主义模式；（2）集权型模式；（3）带有被规制的市场机制的集中计划经济模式；（4）市场社会主义模式。其他经济学者各有自己的划分法。综合各家学说，我把社会主义经济体制划分为以下五种类型：

第一种是军事共产主义的供给制类型　其特点是所有三层经

济活动，即宏观经济活动、企业日常经济活动和家庭（个人）经济活动的决策（如职业的选择、劳动与闲暇的选择、消费品的选择等）都集中在国家手中，是一种基于平均主义的、排斥商品货币关系的实物分配型的经济。整个经济的运转要靠行政强制和精神动员来推动。控制经济活动的信息采取命令形式垂直地传递。这种模式的典型代表是战时共产主义时期的苏联经济管理体制。它在长时期中对一些国家的经济体制产生不同程度的影响。

第二种是传统的集中计划经济类型　其特点是宏观经济活动和企业日常经济活动这两层的决策权集中于国家手中；个人或家庭经济活动的决策基本上是分散化的。在这种体制下，以行政权力等级结构为基础的国家对经济的指令性计划管理很广很细。在国家和集体两种所有制之间以及个人与国家之间存在商品货币关系，但在国家行政力量控制下，市场的作用是微小的，计划外的市场交易很少或者是不合法的。经济的运转基本上是靠上级对下级的行政命令和下级对上级的行政责任来推动。经济信息则主要采取指令和报告的形式，在行政系统的各级层次之间上下传递，横向联系较少并处于从属地位。20世纪30年代到50年代的苏联，和第二次世界大战后的一些国家都实行过这种体制。

第三种是改良的集中计划经济类型　其特点是宏观经济决策权和企业日常经济活动的大部分决策权集中在国家手中，小部分决策权下放给企业，家庭和个人经济活动的决策权基本上分散化。在这种体制下，国家计划的指令性指标有所减少，价值指标的意义有所扩大，但对重要产品的生产和分配仍然保留实物指标，社会经济活动基本上是由国家指令性计划规定的，市场机制在一定范围内起着外部的补充作用，并已开始注意运用经济杠杆，把行政手段与经济手段结合起来。某些原来实行传统的集中计划经济模式的国家，60年代以来陆续采取了这种改良模式。

第四种是含有市场机制的计划经济类型 其特点是只有宏观经济活动的决策是集中的，国家主要管有战略意义的经济活动（包括具有全国意义的投资项目等特别重要的任务）。企业的日常经济活动基本上是由企业自行决策，家庭（个人）经济活动的决策权也是分散化的。这种模式在坚持对整个经济实行计划管理的前提下，改变了实现计划的调节方式和手段，国家计划虽然也包括微观经济活动的内容，但一般不作为命令下达企业，而主要通过利用经济杠杆和市场机制来诱导企业完成国家计划，使国家的宏观计划决策通过微观经济里的市场机制来实现，从而计划调节与市场调节形成更紧密的结合。主要用经济手段管理经济，行政手段作为经济手段的补充。物质利益原则和市场竞争在推动整个经济运转中发挥较大的作用，企业之间、生产者和消费者之间的横向经济联系和信息传递得到广泛的发展，并同国家与企业之间的纵向联系和信息传递交织成为国民经济的信息网络。目前在某种程度上，实行这种模式的只有个别的国家。

第五种是"市场社会主义"类型 其特点是宏观经济、企业微观经济和家庭个人经济这三层决策都分散化、市场化。在这种模式下，国家所有制取消了，公有制的企业成为完全独立的商品生产者，市场调节在整个国民经济中起着普遍的主导的作用。国家既不直接管理微观经济，又缺乏必要的宏观经济控制手段，虽然编制计划，但计划控制的力量是不显著的。目前实行这种体制的也只有个别的国家。

以上极其概括地描述了五种模式的特点。这五种模式都是历史地产生的，它们各自适合于不同的条件，各有其不同的优点和缺点，这些问题都需要进一步专门的比较研究。还要指出，这几种模式都是理论的抽象，实际生活中并不是那么纯粹的，同时存在着中间的、过渡型的或混合型的其他模式。这是在运用理论模式于实际问题的分析时应当注意的。

探索适合于我国情况的改革模式

为了探索适合于我国情况的改革模式，需要弄清楚我国原来的经济体制属于什么类型。国内外有一种比较普遍的看法，认为我国原来的经济体制属于上述传统的集中计划经济类型或者传统的"苏式"类型。但是我认为，尽管传统"苏式"的集中计划经济类型对我国原来的体制有很大的影响，但是，我国从来没有实行过地道的传统"苏式"体制，那种模式是我们在新中国成立初期曾经想要实行的"目标模式"。"一五"时期社会主义改造完成前，我国经济中还有不少类似苏联新经济政策时期中存在的市场经济的因素，而苏联新经济政策时期由于带有过渡性，还不能说已经形成某种社会主义的经济模式。我国社会主义改造完成后直到1978年这一长时期中，也没有实行过纯粹的传统"苏式"体制，因为在这段时期由于"左"的影响，我们在排斥多种经济形式上，在排斥商品货币关系上，在排斥按劳分配原则上，都比一些国家走得更远。我国经济生活中的集中化、实物化和平均主义化的程度更大。家庭和个人经济活动的决策也与传统的集中计划经济体制不同，在相当大的程度上由国家集中支配。因此，如果说我们原来的经济体制是处在第二种类型和第一种类型之间，或者说基本上是第二种即传统的集中计划经济类型但同时带有第一种即军事共产主义供给制的因素，可能比较切合实际。

从上面的分析可知，由于我国生产力水平较低和"左"的错误的长期干扰，我国改革的起点与别的一些国家是不同的。他们改革前的体制属于传统的集中计划经济型体制；家庭和个人经济活动决策权的分散化，一些国家基本上已经不是什么问题。现在个人经济活动的决策权（如自由择业、人员流动等）在我国还是一个很难解决的问题。由于经济调整需要较长的时间，而且改革的起点比较低，因此改革必须逐步进行，不能指望在一个很短时间内有很大的改变。当然，这与我们选择目标模式的高低有关。如果选择较低标准的模式，比如说恢复"一五"时期的体制，也许不需要那么长的时间。但是"一五"之后，我们又经过了二十多年的发展，尽管几经折腾，现在的生产力水平和生产关系的形式已经大大不同于"一五"时期，比如，现在经济发展的战略目标更多样化了；内涵扩大再生产的要求日益提到议事日程上来；等等。所以，我们应当探索适合于更高发展阶段的和运行更为有效的目标模式，而不应满足于"一五"的水平。

选择目标模式是要解决体制改革的战略方向问题，必须把改革目标同战术性的过渡措施加以区别。例如，对于关系国计民生的重要产品，国家给企业下达指令性的生产指标和对供不应求的重要物资实行计划分配和调拨，这在当前和今后较长一段时期内，看来是难以取消的。但是在目标模式中是不是应该原则上继续保留这种做法，还是只在特殊例外的场合才可以暂时运用这种做法？有的经济学家认为，不取消这种做法，就不是一种新的模式，例如有些人不承认改良"苏式"体制是一种新的模式，就是因为那里还保留着指令性计划的传统做法。但也有经济学家认为，减少指令性生产指标和按实物分配物资的品种和数量，而保留重要指标的指令性和稀缺物资的实物分配，与传统的集中计划经济体制相比，仍不失为一种独立的模式。又如，在价格体制的改革上，许多人都把国家固定价格、浮动价格和自由价格这三种价格体系，既看作近期的过渡措施，又看作长期的改革方向。但是有的经济学家把三种价格仅仅作为过渡措施，认为自由价格才是改革目标。类似这样一些问题，究竟怎样看待，怎样把目标模式与过渡措施区分清楚，都是在探索和选择改革的目标模式时必须研究解决的问题。

从这几年的讨论情况来看，上面讲的五种模式，除了第一种军事共产主义的供给制模式没有什么现实意义外，在选择中，其他几种模式都有所涉及。拿第五种即市场社会主义模式来说，讨论中有的同志主张取消生产资料的国有制，有的同志主张把全民所有制企业从"相对独立的"商品生产者变为"完全独立的"商品生产者，这类主张实际上都接近于市场社会主义模式。但是多数同志认为，这种模式由于事实上计划控制的作用较弱，往往易于造成严重的比例失调和宏观经济的失控，在我国这样一个人口众多、情况复杂的大国进行社会主义建设，这种模式是不宜采用的。再拿第二种模式即传统的集中计划经济模式来说，这种模式虽然在集中资源解决重点建设任务上有其优点，但国家对经济管得过死的重大缺陷越来越清楚地为人们所认识，因此，明确提出这种主张是鲜见的。但是有些同志主张恢复"一五"体制，这种主张与第二种模式有某些相似之处但又不等同于这种模式。看来，在目标模式的选择中，现在多数同志自觉或不自觉地注目于第三种模式和第四种模式。前一种模式即改良的集中计划经济模式，允许企业和个人经济活动的自主权有所扩大，但仍保留国家对产品的生产、流通和分配等主要经济活动的指令性计划的控制，同时也允许存在一些市场调节作为补充。后一种模式即含有市场机制的集中计划经济模式，国家只保留对宏观经济的集中计划管理，而微观经济活动则在计划指导下运用市场机制来进行调节和控制。这两种模式都是坚持计划经济为主的模式，并在不同程度上克服传统模式对经济管得过死的弊病而保留国家对经济的集中计划控制，因此这两种目标模式的主张都有其一定的道理。如果是这样，那么对改革目标的选择就可以缩小范围，着重比较研究这两种模式的优劣和实行的条件。有一种意见即根据我国的改革起点低而又不应降低改革的目标这一要求，可以把这两种设想结合起来，在第三、第四种模式之间考虑一个取长补短的中间型方案。还有一种也是把两者结合起来的意见，即大体上以第三种模式（改良的集中计划经济模式）作为中期改革的目标，而以第四种模式（含有市场机制的计划经济模式）作为长期改革的目标。我以为这些意见都是值得探讨的。这个问题的解决，必须结合我国的国情做深入的研究，并要符合"计划经济为主，市场调节为辅"的原则。只有这样，才能切合我国的实际，也才能有所创造。

应当看到，目标模式的选择，既有客观条件因素的制约，又有主观价值判断的取舍。客观条件，如不少经济学者指出的当生产力的发展是以外延的因素为主时，宜于采用集中计划型的体制，但过渡到内涵型为主时，就要增加分散性市场性的成分，等等。所谓主观价值的判断，是指参与经济体制改革的研讨和决策的各方人士对这种模式那种模式的偏好，这种偏好受着各人的经历、地位等因素的决定，是比较难以说清楚的。比如匈牙利同它的东欧邻国相比，在生产力发展水平上相差并不悬殊，它并不是注定了只能采取第四种类型的体制而不能采取第三种类型的体制。但匈牙利为什么采取了与其他国家不同的体制，这主要取决于党政领导的抉择。匈牙利的改革是从上面主动发动的，鉴于1956年事件的教训，后来改革的决心和步子都比较大。其他各国的改革往往是迫于下面的压力，因此顾虑重重，进进退退，收效不很明显，有的国家改来改去越搞越糟，出了很大的问题。所以，选择什么样的目标模式，除了深入研究国情条件外，正确的政治抉择是非常重要的。在这方面我们的情况是很好的，因为我国的体制改革是党中央主动发动的，改革的决心很大。问题是我们经济界和经济学界对改革的研究没有跟上去，比如说过去提出过的改革的总体设想，虽然粗线条地勾画了改革的轮廓目标，但没有比较各种模式的优劣从而提出不同的方案供讨论和选择，而只是提出一种设想，这就大大限制了我们自己的眼界，也不利于统一实际上存在着的分歧认识。所以我建议推动并组织各方面的力量，广泛研究体制改革的目标模式问题。当然这种研究必须在总结我们自己的经验教训的基础上进行，同时参考吸取外国的经验教训，经过深入的比较研究和广泛的实事求是的讨论，就可以考虑设计几个不同的目标模式方案，包括近期的和比较远期的目标模式方案，供选择参考。有了改革的目标模式，就可以着手研究和设计总体的改革规划和全面的改革方案了。

社会主义扩大再生产中的两个关系[*]

（1981年）

简单再生产和扩大再生产的关系，外延的扩大再生产和内涵的扩大再生产的关系，是马克思再生产理论中的重要问题。它同社会主义建设实践中的问题极为密切。这篇文章打算就这个问题谈谈自己的一些理解和体会。

简单再生产与扩大再生产的关系

马克思提出简单再生产和扩大再生产的范畴，首先是就划分社会再生产的类型来说的。所谓简单再生产，是指生产过程基本上是在原有规模上不断重复的社会再生产，它的特点是没有积累发生，全部剩余产品都用于非生产性的消费。所谓扩大再生产，是指生产过程不断在扩大的规模上再现的社会再生产，它的特点是剩余产品不能全部用于非生产性的消费，而必须有一部分用于积累。任何社会再生产虽然都是简单再生产和扩大再生产的统一，它既包含着重复原有规模的简单再生产，也或多或少地包含着比原有生产规模扩大的部分，但是，每个社会经济形态的再生产都各有其主要特征，而从属于不同的再生产类型。例如，前

---

[*]　本文写于1981年，前两部分曾在《财贸经济》1982年第1期上刊载。这里发表的是全文。

资本主义社会再生产是以简单再生产为主要特征的，它属于简单再生产的类型，当然这并不排除那里也存在着缓慢的、间歇的、规模狭小的扩大再生产，否则人类社会就不可能前进。资本主义再生产是以扩大再生产为主要特征的，它从属于扩大再生产的类型，虽然这里周期性的经济危机会把扩大再生产打断，从而也会出现简单的甚至萎缩的再生产。

社会主义社会再生产也是以扩大再生产为特征的，属于扩大再生产的类型。社会主义社会不可能把全部剩余产品用于非生产性的消费而不进行任何积累，否则就不可能以不断发展生产的手段来满足人民日益增长的需要，这是同社会主义生产的本质不相容的。当然，社会主义经济在个别时候也可能出现生产的停滞甚至倒退，例如我国第二个五年计划时期和十年内乱时期中的一些年份。但这往往是经济建设指导方针的重大失误造成的，是经济工作严重违背了客观经济规律的结果，因而不是一种正常的情况；在正常情况下，社会主义再生产总是以不断扩大的规模进行的。这是与资本主义再生产的周期性经济危机根本的不同。

在扩大再生产类型的社会再生产中，简单再生产是扩大再生产的一个现实因素。马克思说："只要有积累，简单再生产总是积累的一部分，所以，可以就简单再生产本身进行考察，它是积累的一个现实因素。"[①]马克思常常把积累当作扩大再生产的同义语，他说："积累就是资本的规模不断扩大的再生产。"[②]这里讲的"积累"，也是这个意思。这里讲的简单再生产是指扩大再生产总体中相当于上期原有规模的部分，它作为"积累的一个现实因素"，客观地存在于扩大再生产总体之中。这对社会主义扩大再生产也是适用的。

作为扩大再生产的一个现实因素，简单再生产在社会主义扩

① 《马克思恩格斯全集》第24卷，第438页。

② 《马克思恩格斯全集》第23卷，第637页。

大再生产的总体当中，占有十分重要的地位。第一，在扩大再生产的总体中，简单再生产是最大、"最重要的一部分"，特别就年再生产来看是如此。例如我国1980年工业生产总值比上年增长8.7％，达到近5000亿元，其中，相当于上年生产规模的部分占了90％以上。这样，原有生产规模的维持情况如何，在很大程度上影响着整个扩大再生产的情况。第二，生产建设规模的扩大，要靠原有生产作为物质基础，靠它提供扩大生产所需追加的生产资料和生活资料。原有生产能力和生产规模的维持，是生产建设规模扩大的前提。只有在原有生产能力和生产规模获得维持的前提下，才有可能使生产建设的规模进一步扩大，使后者获得坚实的基地。第三，原有生产能力的维持、更新和利用，往往同生产技术和生产组织的改进和革新是分不开的，这里蕴藏着扩大再生产的巨大潜力，特别是我国在遭受十年动乱的破坏，许多企业的技术经济指标仍低于历史最好水平的情况下，原有企业蕴藏的增产节约的潜力更大。这种扩大再生产的潜力同积累结合在一起，能够共同促进再生产规模的扩大，从而对整个扩大再生产起着极其重要的作用。

从以上的分析可以看出，简单再生产和扩大再生产之间有着紧密的内在联系，简单再生产作为扩大再生产的一个现实的因素，构成扩大再生产的基础和出发点；而再生产的扩大则是在保持简单再生产基础上的进一步发展。这种客观的内在联系，要求我们在计划安排社会主义扩大再生产所需的人力、物力、财力资源时，首先要满足简单再生产的需要，然后根据剩余产品的多少和积累与消费的比例，满足再生产规模扩大部分的需要，而不能凭主观愿望强行安排扩大再生产的规模和速度。这是我们处理简单再生产和扩大再生产的关系的一条基本原则。正是本着这条原则，陈云同志精辟地提出了国民经济财力、物力分配的次序，应该是"首先要保证生活必需品的生产部门最低限度的需要，其次要保证必要的生产资料生产的需要，剩余的部分用于基本建设"；又说，"满足了当年生产方面的需要，再搞基本建设。有多大余力，搞多少基本建设"。这就是我们大家熟知的"先生产、后基建"的正确方针。

简单再生产和扩大再生产之间的相互联系，在现实经济生活中，比在抽象的理论上，表现得更为复杂。首先，随着生产技术的进步和社会劳动生产率的提高，产品价值量和使用价值量之间，固定资产价值量和生产能力之间，都会出现再生产规模不一致的情况，产品价值量的简单再生产会伴随着产品使用价值量的扩大再生产，固定资产价值量的简单再生产也会伴随着生产能力的扩大再生产。其次，现实经济生活中表现简单再生产的范畴和表现扩大再生产的范畴，往往是"你中有我、我中有你"，互相交错，互相渗透，不是那么容易划分得十分清楚的。比如我们经常遇到的：当前生产同基本建设的关系，固定资产的重置更新和固定资产的增添扩大的关系，等等，在一般的印象中，往往把前项（当前生产、固定资产的重置更新）等同于简单再生产，把后项（基本建设、固定资产的增添扩大）等同于扩大的再生产。但是稍加分析就可以看到，所谓当前生产，既包括相当于上期原有生产规模即属于简单再生产范围的部分，又包括本期新投产的生产能力以及对原有生产能力进行改进挖掘潜力而扩大规模的部分。所以"当前生产"不仅限于简单再生产，而且包括再生产规模扩大的部分。固定资产的重置更新虽然基本上是简单再生产性质的补偿，但是在技术进步的条件下，这种重置更新同或大或小的改良、改造是分不开的，因此也包含有再生产的扩大因素。至于基本建设和固定资产的增添新置，也不能同扩大再生产等同起来。因为，从微观经济看的新增固定资产和新增生产能力，从宏观经济看则很可能是补偿现有企业的报废了的固定资产和生产能力，仍不过是维持原有规模的再生产。例如，我国今后几年新建的油井，大都是弥补现有油井的报废和递减的能力，因此虽然有油井建设和采油设施设备的增添和新置，但今后几年我们的采油能力暂时不能有多少增加。所以，上述一些范畴，往往是简单再生产和扩大再生产互相渗透、兼而有之。但是一般说来，基本建设、固定资产的增添和新置往往同扩大再生产的联系比较密切，而当前生产、固定资产的重置更新与简单再生产的关系则比较密切。所以在计划安排简单再生产和扩大再生产的关系时，我们不妨以当前生产、固定资产的重置更新等大体上代表着前者，以基本建设、固定资产的增添新置等大体上代表后者。在实际经济工作中，要本着先简单再生产后扩大再生产的原则，先安排当前生产，后安排基本建设；先安排固定资产的重置更新，后安排固定资产的增添新置；先安排辅机配件的生产和设备维修，后安排主机的制造；等等。只有这样，才能使现有生产能力充分发挥出来，为进一步扩大再生产奠定坚实的基础和切实的保证。

外延的扩大再生产与内涵的扩大再生产的关系

在马克思的社会再生产理论中，扩大再生产又进一步划分为两种类型：外延的扩大再生产和内涵的扩大再生产。马克思指出，再生产规模的扩大"从外延方面表现为在旧工厂之外添设新工厂"，"从内涵方面表现为扩充原有的生产规模"。[①]在论述固定资本的局部更新也会使生产的规模扩大时，他又说："如果生产场所扩大了，就是在外延上扩大；如果生产资料效率提高了，就是在内涵上扩大。"[②]

从马克思的这些论述，可以得到以下认识：所谓外延的扩大再生产，是指依靠增加生产要素的数量，即依靠增人、增投资、

---

① 《马克思恩格斯全集》第24卷，第356页。
② 同上书，第192页。

增材料、扩大再生产场所来扩大生产规模，而不是依靠生产技术的进步、生产要素质量的改善和社会生产效率的提高来扩大生产。所谓内涵的扩大再生产，是指生产规模的扩大，不是依靠增人、增投资、增投料、增加场地，而是依靠技术进步，依靠改善生产要素的质量，依靠提高社会生产效率而取得的。扩大再生产是外延的还是内涵的，可以分别就各种生产要素去看。例如，从生产资金方面看，马克思说过，生产是由于两个原因才逐年扩大的，第一，因为投入生产的资本不断地增加；第二，因为它的利用的生产效率越来越大了[1]，前种情况就是外延的扩大再生产，后种情况就是内涵的扩大再生产。从劳动力方面看，凡因增加劳动力数量而扩大的生产就是外延的扩大再生产，凡因提高劳动生产率而扩大的生产就是内涵的扩大再生产。从土地方面看，凡因扩大土地面积而增加生产就是外延的扩大再生产，凡因提高单位面积的产量而增加生产就是内涵的扩大再生产，等等。如果不是分别就各个生产要素去看，而是综合所有生产要素就整个扩大再生产来看，那么，严格科学的定义应以什么生产要素作为划分的标准，还需要进一步探讨[2]。不论从何种生产要素来看，内涵的扩大再生产是一种向生产的深度进军，向集约化方向发展的扩大再生产，所以有时人们也把它叫作"集约的"扩大再生产，而把外延的扩大再生产叫作"粗放的"扩大再生产，后者是以向生产的广度进军为特征的。

　　扩大再生产的类型也是随着社会生产力的发展而发展的。从历史上看，外延的扩大再生产作为经济发展的主要方式，是以手工劳动方式为基础的前资本主义社会和产业革命时期以机器生产代替手工劳动的初期机械化阶段的情况。在社会生产过渡到以大

---

① 《马克思恩格斯全集》第26卷（Ⅱ），第598页。
② 刘国光：《社会主义再生产问题》，三联书店1980年版，第16—26页。

机器生产为基础，并且低效率的机器体系越来越被高效率的机器体系所代替的全面机械化、自动化阶段，生产技术和生产社会化的高度发展，就使得扩大再生产逐步过渡到主要以内涵的方式来进行。

对于社会主义社会来说，扩大再生产中的外延因素同内涵因素的关系，比之简单再生产同扩大再生产的关系，具有更重要的意义。社会主义社会应当并且能够充分利用新增人力、物力、财力等外延的因素来扩大生产规模。但是，为了在社会劳动生产率和整个社会生产效率上最终战胜资本主义，大大地提高人民的物质文化生活水平，社会主义社会更应该注意依靠提高劳动效率和资金效率等内涵的因素来扩大生产。我们搞现代化建设，就是要在充分利用我国现有人力、物力、财力和自然资源的基础上，使以提高经济效果为特征的集约化生产方式，在我国的经济发展中逐渐成为起主导作用的扩大再生产方式。

在现实经济生活中，外延的扩大再生产和内涵的扩大再生产往往是结合在一起的。如何把扩大再生产的外延因素和内涵因素很好地结合起来，以保证我国经济稳定持续地和有效率地发展，这是社会主义现代化建设中的一个极其重要的问题。为了正确地解决这个问题，我们必须本着实事求是的精神，认真弄清我国的基本国情，从我国国情的实际出发。

我国是一个具有十亿人口、八亿农民的大国，同时经济技术水平低，底子薄。由于人口多，我国劳动力资源很丰富，但同时就业问题也比较大。由于人口多，水平低，底子薄，每年创造出来的财富很大部分要保证人民消费的需要，因此所能提供的积累资金很有限。还要看到，我国经过三十多年的建设，已经有了40万个工业交通企业，几千亿元的固定资产和流动资产，但由于不合理的经济结构和经济体制，它们不能充分发挥其作用并且存在着很大的浪费。这些基本情况，是我们在处理扩大再生产的外延和内涵两种方式的关系时，不能一刻忘记的。我们应当从我国当前的这些基本国情出发，要考虑如何充分利用我国丰富的劳动资源和已经建立的物质基础，来弥补我国建设资金不足和技术水平落后的缺陷，制定出适合我国国情的发展战略和政策。

例如，为了实现现代化，我们必须在提高技术水平的基础上提高社会劳动生产率和整个社会生产效率，就是说要着重内涵的扩大再生产方式。但是为了安排大量人口的就业，我们也不能忽视外延的扩大再生产方式。要解决这两重任务的矛盾，我们在技术政策上，就不能样样都搞最新最先进的技术，而必须从我们原有的基础和可能出发，实行先进技术、中间技术和手工劳动相结合的适用技术政策，在一个相当长时期内要以那些花钱少、提供就业机会多、经济效果大的中间技术为主。与此相适应，在产业结构上，我们不能搞很多耗费资金、装备精良和技术密集的产业，而要大力发展轻纺和某些机械加工等劳动密集型的产业，以及在我国过去被人们忽视的"基础设施"（交通、港口、市政建设等）、商业服务和文化教育科学卫生等事业。这些领域的发展对于解决劳动就业、对于提高社会生产效率和改善人民物质文化生活，都有重要意义。

又如，为了充分利用和发挥现有的物质基础的作用，以弥补建设资金不足，一个十分重要的问题是正确处理新的建设同现有企业的挖潜、革新、改造的关系。这个问题，既同正确处理简单再生产和扩大再生产的关系有关，又同正确处理外延的扩大再生产同内涵的扩大再生产的关系有关。现有企业的挖潜革新改造既包含有简单再生产的因素（固定资产的补偿更新部分），也包含着再生产的扩大因素（在原有场地增加生产能力、节约能源材料消耗、改进产品质量、增加品种规格等），一般来说，通过这条途径实现的扩大再生产，往往是内涵型的扩大再生产。而新建和扩建如果是按原有的平均技术水平甚至较低的技术水平进行的，那就是纯粹外延的扩大再生产；如果是按高于平均技术装备的水平来进行的，那就同时也包含内涵扩大再生产的因素。

从经济效果上看，通过现有企业挖潜、革新、改造来增加生产能力，比通过新建企业来增加生产能力，具有明显的优点。一是单位生产能力投资额少，二是形成新的生产能力快，三是可以利用原有企业在技术力量、经营管理、物资供应、协作关系等方面的基础，较快地达到产量指标和经济技术指标的要求。据粗略估计，现有企业的挖潜革新改造比建设新的企业，在投资上一般可以节约2/3，在材料上一般可以少用3/5，在建设时间上一般可以缩短一半以上。因此，凡是有可能通过现有企业的挖潜革新改造来完成的增产任务，我们必须首先通过这个办法来完成。只有那些通过现有企业的挖潜革新改造解决不了的任务，如地区布局的改进、空白缺门的填补、新的产业领域的开辟等，在建设资金和物资有余力的情况下，才可以考虑新的建设。这就是陈云同志提出的"先挖潜、革新、改造，后新建"的正确方针。这个方针的基本精神，就是要把现代化建设的重点放在充分利用已经建立起来的企业上面，用最少的投资和消耗来取得最大限度的经济效果。

现在，经过了30年的建设，尽管我们走了不少弯路，但是毕竟已经建立了一定的物质基础。1979年国营企业的固定资产，包括工业、建筑业、交通业、商业、城市公用事业，相当于1952年的20倍，其中工业固定资产相当于1952年的30倍。这是我们进行现代化建设的可靠的前进基地。我们必须按照陈云同志提出的正确方针，下大力量把现有企业一个一个地、一批一批地通过挖潜、革新、改造，逐步地改造成为先进的企业，在我国社会主义现代化建设事业中发挥其巨大的作用。

正确处理扩大再生产中的两个关系端正经济发展的指导思想

以上，我们扼要地阐述了马克思的简单再生产和扩大再生产的原理及其在社会主义经济建设中的运用，并在此基础上说明了"先生产，后基建""先挖潜、革新、改造，后新建"这一方针的重要意义。遗憾的是，这一正确方针，多年来在我们的经济工作中并没有得到真正的贯彻。这与我们对马克思的再生产理论学习和运用不够，不能不说有一定的关系。过去，我们不少同志，片面理解社会主义经济的优越性，以为既然社会主义再生产的特点是不断扩大的再生产，那么，简单再生产就不会成为什么问题，从而忽视了简单再生产是扩大再生产的出发点和基础，忘记了如果简单再生产这个基础得不到维护甚至受到削弱，那么，扩大再生产也就不能正常进行下去这一真理。因此，在生产和建设的关系上，往往重视基本建设而忽视当前生产，不注意当前生产中消耗的物资和资金的补偿更新；在建设工作上，往往喜新厌旧，贪大压小，崇洋贬中，热衷于上新项目、大项目，铺新摊子，而轻视现有企业的挖潜、革新、改造。无论在资金的分配使用上，还是在物资的分配使用上，都有这种偏颇的情况。

从资金分配上看，用于简单再生产性质和带有内涵扩大再生产性质的补偿更新资金和挖潜革新改造资金，按照我国现行计划制度和财政制度，主要来自国家财政的各项技术措施拨款、银行的技术措施贷款和企业留用的折旧基金。这几项更新改造资金从数量上看增长不算很慢，其对基本建设投资的比例从第一个五年计划时期的2%上升为近年的40%左右。但是，这些资金很大部分并没有用于现有企业的更新改造，而被各种用途挤占，其中特别是用来搞基本建设，建设新工厂、新车间。例如1978年中央主管部门集中的企业折旧基金24亿元，就有20亿元搞了基本建设，地方主管部门掌握的更新改造资金，有三分之二以上用于基本建设，其中属于老厂革新改造部分所占比重甚小。由于上级安排的基建投资缺口很大，企业自留的折旧基金也有相当一部分被挪用于弥补基建缺口。据有关部门估算，全国将近有一半的更新改造资金被挪用于带有基建性质的项目，有些部门和地区，被挪用的比重还要大。

从物资分配上看，我们过去的做法，也是往往把现有企业正常的生产维修特别是更新改造所必需的材料、设备，挤去搞基本建设。由于资金管理和物资管理的互相脱节，现有企业的更新改造即使有了资金，但却缺乏相应的物资来实现。在物资分配上，形成了"一基建，二生产，更新改造无人管"的局面。一些条件较好的地区，每年分给挖、革、改技术措施项目的物资，也只能满足需要量的30%左右。因为在物资和施工力量等方面没有可靠的保证，用于更新补偿和挖潜革新改造方面的折旧基金和各项技术措施拨款，很多花不出去，每年在银行结存的余额都有几十亿元。

在财力、物力分配上，重基本建设轻当前生产，重铺新摊子轻现有企业的挖潜革新改造，这种偏颇严重地影响了我国社会再生产的顺利进行，给经济建设事业带来不良的后果。一方面，基本建设战线越拉越长，加剧了生产与需要之间、生产与基建之间、积累与消费之间的矛盾。靠挤当前生产和人民消费来扩大基建规模，其结果必然大大降低投资效果。从1950年到1979年30年来，我国基建投资总额约为6500亿元，形成的固定资产只有4500亿元，新增固定资产中交付使用的只有2/3，交付使用率从第一个五年计划时期的83.7%降到第四个五年计划时期的61.9%。投资效果降低的结果，现在两元钱能办的事，只相当于过去一元钱，建设工期比过去延长了一倍，形成了大批半拉子工程和"胡子"工程,严重浪费了建设资金和物资。另一方面,由于基建工程特别是重复建设及其带来的重复生产你挤我占的结果,现有企业因缺乏能源和材料而停三开四或停四开三,使生产能力不能充分发挥。现有工业企业机器设备,绝大部分是20世纪四五十年代的老设备,就是"一五"时期以156项重点项目为中心建设的674项新建扩建项目,也已经是二十多年的老厂,五六十年代以后的先进设备所占比重不大。虽然这些年来有些老机器设备的革新改造较好,但还有不少老厂没能得到很好的更新改造,许多机器设备陈旧破损,带病运转;即使一部分经过改造的机器设备,也跟不上时代的工艺要求,不能适应现代化生产技术发展的需要。这就不能不对生产效能和经济效果产生消极的影响:多耗能源,多耗原材料,劳动生产率低,成本高,产品质量差,等等。还有不少老厂厂房年久失修,劳动条件恶化,环境污染严重。所有这些,使现有企业不能保证其正常生产的物质技术条件,从而削弱了他们作为实现现代化建设的基础作用。现有企业经济效果的下降,也是加剧国民经济比例失调、影响人民生活不能迅速提高的一个重要原因。

　　为什么多年来我们老是不能摆正生产和建设的关系,现有企业的更新改造和新的建设的关系?归根结底,是由于经济工作中"左"的错误思想造成的。为了达到一些不切实际的发展目标,我们往往把基本建设规模扩大到超过我国财力、物力所能承担的程度。陈云同志曾经指出,"建设规模的大小必须和国家的财力物力相适应。适应不适应,这是经济稳定或不稳定的界限"。建设规模怎样才算是与国家财力、物力相适应,从而保证经济的稳定发展呢?其界限究竟在哪里?马克思说过:"有些事业在较长时间内取走劳动力和生产资料,而在这个时间内不提供任何有效用的产品;而另一些生产部门不仅在一年间不断地或者多次地取走劳动力和生产资料,而且也提供生活资料和生产资料。在社会公有制的生产的基础上，必须确定前者按什么规模进行，才不致有损于后者。"①大体上说，基本建设就是前一种事业，当前生产（包括生活资料的生产和生产资料的生产）就是后一种事业，前者不能有损于后者，就是说，建设的规模不能在劳动力和生产资料上挤占当前生产的需要，首先是生活资料生产的需要，其次是生产资料生产的需要。如果从社会总产品和国民收入的最终分配和使用上看，这大体上相当于说，积累基金安排的规模，不应挤占必要的消费基金和补偿基金的需要。过去经济工作中"左"的错误，恰恰集中表现在社会总产品和国民收入的分配和使用中，往往片面地突出安排以基本建设投资为中心的积累基金，使之一方面挤占人民生活所必需的消费基金，另一方面挤占当前生产所必需的补偿基金。前者使劳动力的再生产和人的积极性受到不利的影响，后者又使社会生产的物质基础受到削弱。这样，社会主义扩大再生产的人和物两个方面的前提条件都受到了损害，整个扩大再生产由于失去了牢靠的基础而不能顺利进行下去，结果是欲速则不达，想快反而慢。我们的经济发展经过多次折腾，受到重大的挫折，就是这么来的。

所以，要改变过去在生产与建设的关系上的错误摆法，光是就事论事地就生产和建设本身采取一些措施，是不能奏效的。我们知道，近几年来编制国民经济发展计划时，在文字上，几乎无一次不提压缩基本建设战线，无一次不强调现有企业的挖潜革新改造，然而基建战线长和忽视现有企业更新改造的问题始终未能从根本上得到解决，就是因为这个问题不是个局部问题，而是一个有关整个经济的发展战略或者发展道路的问题。过去在急于求成的思想指导下，发展经济的路子是片面追求数量和速度，不顾质量和效果，并且经济的发展与人民生活的改善相脱节。这种

　① 《马克思恩格斯全集》第24卷，第396—397页。

发展路子在生产与建设的关系上必然导致重基本建设而轻当前生产，在建设工作中重新的建设而轻现有企业的利用和改造。如果不从根本上改变这条发展路子，再发多少压缩基建战线的口号和强调挖革改的号召，也是无济于事的。当前，我们在党中央和国务院的领导下，对国民经济自觉地进行全面的调整，就是要使我们的经济工作从根本上摆脱上述"左"的思想和做法的束缚，真正从我国的实际情况出发，量力而行，循序渐进，讲求实效，使经济的发展同适当改善人民生活密切结合，走出一条发展经济的新路子来。只有从指导思想上解决了经济发展的战略和道路问题，我们才能在社会总产品和国民收入的分配和使用上，正确处理补偿、消费、积累三大社会基金的关系，才能真正落实陈云同志提出的"先生产，后基建""先挖潜、革新、改造，后基建"的正确原则，在今后相当长的一个时期，主要不是靠多上基建、多铺新摊子、大量增加能源和原材料消耗等外延方式，而是更多地靠发挥现有企业的作用，进行合理的技术改造、降低消耗、提高质量、提高效率等内涵方式来发展社会生产。

当然，端正经济发展的指导思想，只是为正确处理简单再生产和扩大再生产的关系奠定前提条件。要在实际工作中真正摆好生产和建设的关系，现有企业的利用改造和新的建设的关系，还必须在计划平衡上和管理体制上采取一系列必要的改进和改革的措施。所有这些问题的解决，都迫切要求我们在理论与实践相结合的基础上，进一步加强学习和掌握马克思关于社会再生产的科学原理。

关于马克思的生产劳动理论的
几个问题 *

（1982年1月）

近一两年来，我国经济学界对于社会主义经济中生产劳动和非生产劳动的划分问题重新进行了讨论。这次讨论有多方面的意义：一是这个问题与如何更好地实现社会主义生产目的有关；二是它与如何正确计量国民经济总量指标，从而合理安排国民经济结构有关；三是它与如何克服经济生活中的浪费，提高社会劳动的生产性即经济效率有关。因此，讨论受到各个方面的注意，是很自然的。

在这次讨论中，对于生产劳动究竟应该包括多大的范围和哪些范围，出现了窄、宽、中三派观点。窄派严守只有生产物质资料的劳动才是生产劳动的界限，宽派则主张把各种服务包括在生产劳动之内。不论宽派窄派，都说自己是以马克思的生产劳动理论为依据的。这里就发生了一个问题，究竟马克思在生产劳动的理论问题上主张什么，反对什么？我们应当怎样全面地、正确地理解马克思的生产劳动理论？

本文不打算全面探讨马克思关于生产劳动的理论，只拟就几个重要问题讲讲个人的理解。

---

* 原载《中国社会科学》1982年第1期。

对亚当·斯密的生产劳动定义特别是第二个定义的评价问题

马克思的生产劳动理论，是他的伟大发现——剩余价值理论的一个重要组成部分，是他对资产阶级古典政治经济学，特别是对亚当·斯密批判地继承的成果之一。马克思在研究剩余价值理论的时候，曾经着力研究了生产劳动与非生产劳动的划分问题，因为他认为这个问题是"理解资本主义生产过程的基础"。[①]他说："生产劳动不过是对劳动能力出现在资本主义生产过程中所具有的整个关系和方式的简称。"[②]这就是说，马克思是从揭示资本主义生产关系的本质这个根本点出发，来研究生产劳动和非生产劳动划分问题的。也正是从这一点出发，他对亚当·斯密关于生产劳动的两个定义作了科学的评价。

马克思指出："亚当·斯密对一切问题的见解都具有二重性，他在区分生产劳动和非生产劳动时给生产劳动所下的定义也是如此。"[③]我们知道，斯密给生产劳动下了两个定义。第一个定义是：直接同资本相交换、为资本家提供剩余价值的劳动就是生产性劳动；不同资本相交换而直接同收入相交换的劳动就是非生产劳动。第二个定义是：固定或者物化在一个特定的对象或可以出卖的商品中的劳动，就是生产劳动；不固定或者不物化在这种商品中的劳动，就是非生产劳动。

马克思对斯密的第一个定义给予了很高的评价，说："这里，从资本主义生产的观点给生产劳动下了定义，亚当·斯密在这里触及了问题的本质，抓住了要领。他的巨大科学功绩之

关于马克思的生产劳动理论的几个问题

---

① 《马克思恩格斯全集》第26卷（Ⅰ），第306页。
② 同上书，第426页。
③ 同上书，第142页。

一……就在于，他下了生产劳动是直接同资本交换的劳动这样一个定义。"①马克思之所以这样高度评价斯密的这一定义，是因为它不是从劳动和劳动产品的物质规定性本身得出来的定义，而是"从一定的社会形式，从这个劳动借以实现的社会生产关系得出来的"。②这个定义揭示了资本主义生产关系的实质。

在这次讨论生产劳动问题的过程中，一些持宽派观点的同志特别强调马克思对斯密第一定义的高度评价，据此认为，马克思是不赞成用是否生产物质产品作为划分生产劳动与非生产劳动的标志的，并且认为物质产品的标志实际上是斯密第二定义的标志，它是以劳动和劳动产品的物质规定性为依据的。他们说，斯密的第二定义是马克思一再批判否定了的。还有的同志指出，以物质生产领域为范围来统计国民收入的现行做法，是"倒退到亚当·斯密的第二个定义那里去了"。③我觉得这个问题有弄清的必要。

的确，马克思对斯密的第二个定义，进行过反复的深入的分析批判，曾经称它是一种"错误的见解"，一种"比较浅薄的见解"，一种"粗浅看法"。④因为它"越出了和社会形式有关的那个定义的范围，越出了从资本主义生产的观点来给'生产劳动者'下定义的范围"。⑤按照斯密第二定义，一种劳动只要是固定在或物化在"可以出卖的商品"中，不管它是否与资本相交换和为资本家带来剩余价值，它都是生产劳动；那么，"叫到家里来缝制衬衣的女裁缝"，⑥或者"只要他用自己的劳动把他的工

① 《马克思恩格斯全集》第26卷（Ⅰ），第148页。
② 同上。
③ 《中国经济问题》1981年第1期，第9页。
④ 《马克思恩格斯全集》第26卷（Ⅰ），第146、308页；《马克思恩格斯全集》第46卷（上），第291页。
⑤ 《马克思恩格斯全集》第26卷（Ⅰ），第154页。
⑥ 《马克思恩格斯全集》第26卷（Ⅰ），第156页。

资所包含的那样多的价值量加到某种材料上，提供一个等价来代替已消费的价值"①的劳动者，就都是生产的劳动者了。而这是不符合从资本主义生产关系来看的生产劳动的含义的，是不能揭示资本主义生产关系的实质的。

但是我认为，马克思尽管从研究资本主义生产关系的角度批判了斯密的第二定义，但并非如我们有些宽派的同志所想象的那样，一般地全盘否定斯密的第二定义。马克思深刻地分析了斯密第二定义的思想来源，在指出它的错误方面的同时肯定了它的某些积极意义，并在批判改造这一定义的基础上，提出了自己的从一般劳动过程来看的生产劳动的概念。为马克思所肯定和发展了的斯密第二定义的某些积极方面，过去很少为人们所注意，有必要加以重新认识。

首先，马克思指出，斯密的第二定义是"在重农学派的影响下，同时在反对重农学派的情况下"②产生的。重农学派错误地认为只有农业劳动才是生产的，而制造业的劳动则是"不生产的"和"不结果实的"。斯密反对重农学派，提出制造业劳动也是生产的，进而认为，凡是表现在一种有用产品中的劳动，或者体现在使用价值和交换价值合并在一起的商品中的劳动，都是生产的。斯密这一见解，比起重农主义把剩余价值的生产局限在农业部门来说，是一种进步。这里斯密的错误在于，他以为不从事农业的工业工人只能把自己的工资再生产出来，而农业工人则除此之外还能再生产一个纯产品，这样他在反对重农学派的同时又作了让步，重新回到重农学派的观点上去了。尽管如此，对于一般意义的生产劳动概念的发展来说，斯密第二定义的历史贡献是不能否定的。

其次，从资本主义生产的观点来看的生产劳动，不但不排除

关于马克思的生产劳动理论的几个问题

---

① 《马克思恩格斯全集》第26卷（Ⅰ），第153页。

② 同上书，第154页。

斯密的第二定义，而且要以它为"补充定义"。马克思在分析斯密提出第二定义的时代背景时说："随着资本掌握全部生产——因而一切商品的生产都是为了出卖，而不是为了直接消费，劳动生产率也相应地增长——生产劳动者和非生产劳动者之间的物质差别也就愈来愈明显地表现出来，因为前一种人，除极少数以外，将仅仅生产商品，而后一种人，也是除极少数以外，将仅仅从事个人服务。因此，第一种人将生产直接的、物质的、由商品构成的财富，生产一切不是由劳动能力本身构成的商品。这就是促使亚当·斯密除了作为基本定义的第一种特征以外，又加上另一些特征的理由之一。"①马克思在不是评论斯密的观点而是正面阐述自己的观点时，也明确地指出："生产劳动，除了它那个与劳动内容完全无关、不以劳动内容为转移的具有决定意义的特征之外，又得到了与这个特征不同的第二个定义，补充的定义。"②这个补充的定义就是在假定整个物质生产领域都从属于资本主义生产方式的情况下，"生产工人即生产资本的工人的特点，是他们的劳动物化在商品中，物化在物质财富中。"③

再次，在资本主义生产方式占统治地位的社会中，财富表现为商品的堆集，一个个商品是资本主义社会财富的最基本元素形式，所以，马克思认为，斯密"把'生产劳动'解释为生产'商品'的劳动，比起把生产劳动解释为生产资本的劳动来，符合更基本得多的观点"。④斯密这一观点的合理性，只要把它同后来庸俗资产阶级经济学的观点加以比较，就可以更加明白。庸俗经济学者在生产劳动问题上，撇开斯密的第一定义，抓住第二定义，加以攻击。他们把那些不生产任何物质财富的国家官吏、军

---

① 《马克思恩格斯全集》第26卷（Ⅰ），第152页。
② 同上书，第442页。
③ 同上书。
④ 同上书，第165—166页。

人、艺术家、医生、牧师、法官、律师等都归入生产劳动者的行列，认为一切活动领域都是同物质生产"联系着"的，因而都是物质生产的手段，宣称对资产阶级有用的一切职能都是生产的，把一切得到报酬的劳动都纳入生产劳动的概念，等等。总之，正如马克思所指出的那样，所有后来的庸俗经济学家对斯密的见解提出的反驳，"要么纯属胡说八道，……要么就是现代经济学家向资产者大献殷勤"①。与庸俗经济学的辩护性形成尖锐对照的是，"政治经济学在其古典时期，就像资产阶级本身在其发家时期一样，曾以严格的批判态度对待国家机器等等"。②正是本着这种精神，亚当·斯密在阐述生产劳动的第二个定义时说了以下一段话："某些最受尊敬的社会阶层的劳动，像家仆的劳动一样，不生产任何价值，……不固定或不物化在任何耐久的对象或可以出卖的商品中……例如，君主和他的全部文武官员、全体陆海军，都是非生产劳动者。……应当列入这一类的，还有……教士、律师、医生、各种文人；演员、丑角、音乐家、歌唱家、舞蹈家等等。"③马克思对斯密的这一段话十分赞扬，说："这是还具有革命性的资产阶级说的话。"④所以，斯密给生产劳动下的第二个定义虽然是一种"粗浅的看法"，但比起庸俗资产阶级经济学的"胡说八道"和"阿谀奉承"来说，毕竟还是高明得多。

最后，斯密给生产劳动下的两个定义，在马克思手中经过批判和改造，后来发展成为马克思自己的两种不同的生产劳动的概念，即从一般（简单）劳动过程来看的生产劳动和作为资本主义生产关系的生产劳动。斯密第一定义同马克思的作为资本主义

---

① 《马克思恩格斯全集》第46卷（上），第230页。
② 《马克思恩格斯全集》第26卷（Ⅰ），第168页。
③ 《马克思恩格斯全集》，第314页。
④ 《马克思恩格斯全集》第26卷（Ⅰ），第314页。

生产关系的生产劳动概念的渊源关系是比较清楚的，这里不再详述。但是斯密的第二定义与马克思从一般劳动过程的观点来考察的生产劳动概念的渊源关系，则并不是为人们所注意的，下面着重对这个问题作一简短的考察。

斯密的生产劳动的两个定义同马克思的生产劳动的两个概念的关系问题

马克思在研究生产劳动问题时，并不是从一开始就明确地区分了两种不同的生产劳动的概念。如果我们翻一下马克思经济学手稿中有关生产劳动问题的论述，可以看到他在开始接触这个问题以后的一个相当长的时期中，没有涉及从一般（简单）劳动过程的角度来观察的生产劳动，而专注于资本主义的生产劳动。例如，1857—1858年《经济学手稿》中最初谈到什么是生产劳动和非生产劳动的问题时，马克思就说，这个问题"必须从对资本本身的不同各方的分析中得出结论。生产劳动只是生产资本的劳动"。[①]虽然在1857年至1858年《经济学手稿》的《导言》部分已经提出了"生产一般"的抽象，但却没有涉及类似一般意义的生产劳动的概念。又如在1861年至1863年《经济学手稿》里比较早期的第6稿本中"关于生产劳动和非生产劳动的理论"的长篇论述中，也没有涉及从一般劳动过程的角度来看的生产劳动概念。就笔者印象所及，马克思著作中类似一般意义的即不受历史形式规定的生产劳动的概念，最早是在1861至1863年手稿里比较晚期的稿本（第21稿本）中出现的[②]，以后又在1863至1865年间写的《直接生产过程的结果》稿本中出现过[③]，最后才在正式出

---

① 《马克思恩格斯全集》第46卷（上），第264页。
② 《马克思恩格斯全集》第26卷（Ⅰ），第422页。
③ 马克思：《直接生产过程的结果》，人民出版社1964年版，第105页。

版的《资本论》第1卷第五章以经典式的语言表述出来①。

马克思关于从一般劳动过程来看的生产劳动的概念，是通过对斯密第二定义的分析批判逐渐形成的。斯密的第二定义简单说来就是生产物质产品（更确切点说生产商品）的劳动是生产劳动，不生产物质产品或商品的劳动是非生产劳动。如前所述，马克思虽然曾经把斯密的这个见解说成是"粗浅的"甚至是"错误的"，但是又从另一个角度承认它"符合更基本得多的观点"。这里，所谓"符合更基本得多的观点"，就是说斯密第二定义不仅适用于资本主义的商品生产，而且适用于其他的商品生产。后来马克思还指出，按是否生产商品来区别生产劳动和非生产劳动"这种区分绝不可忽视，而这样一种情况，即其他一切种类的活动都对物质生产发生影响，物质生产也为其他一切种类的活动发生影响，——也丝毫不能改变这种区分的必要性"。②

在这里，马克思朝着生产劳动一般的概念又接近了一步，这是在1861年至1863年手稿里比较后期的稿本（第18稿本）中讲的。以后，到了第21稿本，同时出现了两对生产劳动的概念。

一对是：③

"不以劳动内容为转移的具有决定意义的特征"的生产劳动（即斯密第一定义）

"与这个特征不同的第二个定义，补充的定义"（即斯密第二定义）

另一对是：④

"从资本的观点来看什么是生产劳动"

"一般来说……什么是生产劳动"

① 《马克思恩格斯全集》第23卷，第205页。
② 《马克思恩格斯全集》第26卷（Ⅲ），第476—477页。
③ 《马克思恩格斯全集》第26卷（Ⅰ），第442页。
④ 同上书，第422页。

这两对概念的同时出现，十分清楚地表明了斯密的两个生产劳动定义向着马克思的两种生产劳动概念过渡发展的过程。而到了1863年至1865年《经济学手稿》中的《直接生产过程的结果》稿本中，上述前一对概念不见了，后一对概念则得到更明确的表述：

"从一般劳动过程的单纯观点出发，实现在产品中的劳动，更切近些说，实现在商品中的劳动，对我们就表现为生产劳动。但从资本主义生产过程的观点出发则要加上更切近的规定：生产劳动是直接增值资本的劳动或直接生产剩余价值的劳动。"①

《资本论》中关于从资本主义生产过程的观点来看的生产劳动的定义，同原打算用作《资本论》第六章的《直接生产过程的结果》手稿中的叙述没有多大的差异。而对生产劳动一般所下的定义，则比以前有了进一步的发展。马克思说：

"劳动首先是人和自然之间的过程，是人以自身的活动来引起、调整和控制人和自然之间的物质变换的过程。""在劳动过程中，人的活动借助劳动资料使劳动对象发生预定的变化。过程消失在产品中。它的产品是使用价值，是经过形式变化而适合人的需要的自然物质。劳动与劳动对象结合在一起。劳动物化了，而对象被加工了。在劳动者方面曾以动的形式表现出来的东西，现在在产品方面作为静的属性，以存在的形式表现出来。""如果整个过程从其结果的角度，从产品的角度加以考察，那么劳动资料和劳动对象表现为生产资料，劳动本身则表现为生产劳动。"②

这一段话与以前的论述的一个明显不同之处，就是生产劳动的成果在这个定义中摆脱了"商品"的形式，剩下来的是："作为静的属性，以存在的形式表现出来的""产品"了。因此，这

---

① 马克思：《直接生产过程的结果》，人民出版社1964年版，第105页。
② 《马克思恩格斯全集》第23卷，第201—202、205页。

个定义是更加撇开了劳动的社会历史形式，抽象程度更高的一般生产劳动的定义。亚当·斯密第二定义中的历史局限性（局限于商品生产）在这里完全看不到了。

从以上的叙述中，我们看到了马克思对斯密第二定义的批判地吸收的科学态度，以及斯密的第二定义同马克思的一般生产劳动概念的渊源关系。这种关系，还可以在马克思讲的"生产劳动"和"生产工人"概念的扩大上看到。我们知道，马克思在《资本论》中阐述从简单劳动过程的观点来看的生产劳动时曾经讲过，随着劳动过程的协作性质的发展，生产劳动和生产工人的概念也要扩大[1]。这一思想，也是斯密观点的继承和发展。马克思在分析斯密的第二个定义时，就提到过斯密的这一观点，指出："亚当·斯密自然把直接耗费在物质生产中的各类脑力劳动，算作'固定和物化在可以出卖或交换的商品中'的劳动。斯密在这里不仅指直接的手工工人或机器工人的劳动，而且指监工、工程师、经理、伙计等等的劳动，总之，指在一定物质生产领域内为生产某一商品所需要的一切人员的劳动"[2]；还指出，"'服务'只要是直接加入生产的，亚当·斯密就把它看做是物化在产品中的，不管这是体力劳动者的劳动，还是经理、店员、工程师的劳动，甚至学者的劳动（只要这个学者是个发明家，是在工场内或在工场外劳动的工场劳动者）。斯密在谈到分工的时候，曾说明这些业务如何在各种人员之间分配，并指出产品、商品是他们共同劳动的结果，不是其中某一个人劳动的结果"。[3]斯密的这些观点，马克思在讲生产劳动一般的概念的扩大时，吸收了进去并加以发展，提出"工场的总劳动者""总体工人"的概念，并且指出，生产劳动一般的定义，虽然对于单个工人不再

---

① 《马克思恩格斯全集》第23卷，第556页。
② 《马克思恩格斯全集》第26卷（Ⅰ），第155—156页。
③ 同上书，第307—308页。

适用，但对于作为整体来看的总体工人始终是正确的。[①]

以上我们之所以着重考察了马克思对斯密关于生产劳动的第二个定义所采取的批判地吸收的科学态度，以及斯密这一观点同马克思的生产劳动一般概念的渊源关系，除了因为这方面学说史上的联系过去很少为人们所注意外，还为了澄清一些同志以为马克思关于生产劳动的两个概念同斯密的两个定义没有关系，甚至把它们对立起来的理解。例如，前面提到有的同志认为按物质生产领域的口径计算社会产品与国民收入是"不符合马克思主义"的，是"倒退到亚当·斯密的第二定义去了"，就是把斯密的第二定义同马克思关于生产劳动一般的概念决然对立起来的一种表现。实际上以物质生产领域为范围计算社会产品与国民收入，在理论基础上还是以马克思关于生产劳动一般的概念为依据的。后面我们还要讲到，为什么马克思的生产劳动一般的概念应该是我们进行社会生产总量统计的唯一正确的理论依据。当然，对于马克思的一般意义的生产劳动包括的确切范围，还有不同的理解，我们在后面还要讨论到这个问题。这里要指出的是，考察社会主义社会的生产劳动，不仅要考虑从一般劳动过程的观点来看的生产劳动概念，还要考虑作为社会主义生产关系的生产劳动概念。在这方面，马克思对于作为资本主义生产关系的生产劳动概念的分析，对我们研究社会主义生产劳动来说，在方法论上具有十分重要的意义。

怎样理解作为一定的社会生产关系的生产劳动

在研究作为社会主义生产关系的生产劳动时，一般是从社会主义生产的目的来接触这一问题的。人们认为，由于社会主义生

① 马克恩：《直接生产过程的结果》，人民出版社1964年版，第106页。

产的目的是满足整个社会日益增长的物质和文化生活的需要，因此，凡是为满足这些需要而创造某种使用价值（包括体现在物质商品中的使用价值和体现在服务中的特殊使用价值）的劳动都是生产劳动。但是讨论中也有同志对于用社会主义生产目的来规定生产劳动的观点持不同意见[①]，认为按照这种观点，则社会主义社会由于消灭了剥削阶级，就很难找到什么活动不是直接间接满足某种社会需要的，这就等于取消了社会主义社会中非生产劳动的存在和划分生产劳动与非生产劳动的必要，从而导致经济基础与上层建筑的混淆、收入的创造与再分配的混淆；因此，主张用劳动性质的分析代替生产目的作为研究生产劳动的出发点。

关于马克思的生产劳动理论的几个问题

我是赞成从社会主义生产目的出发来研究社会主义的生产劳动问题的。因为生产目的反映了社会生产关系最本质的东西，而且离开了生产目的，劳动的社会性质也无从分析清楚。从生产目的出发来研究这个问题也是符合马克思的方法的。马克思正是从资本主义生产的目的出发来研究资本主义的生产劳动的。他说："因为资本主义生产的直接目的和固有的产物是剩余价值，所以只有直接生产剩余价值的劳动是生产劳动，只有直接生产剩余价值的劳动能力使用者是生产的劳动者。"[②]

因此，按照马克思的观点，生产目的同具有一定社会性质的生产劳动有着直接的关系。这也是我们研究作为社会主义生产关系的生产劳动的出发点。问题在于，在用社会主义生产的目的来规定社会主义的生产劳动的外延和内涵时，我们一些同志注意的不是劳动借以实现的社会形式和劳动成果的交换价值方面，而仅仅是其使用价值方面，即劳动及其成果的物质特性方面，对诸如非物质产品的服务是否包括在生产劳动的成果中以及包括哪些服务等问题，有特别大的兴趣。我认为，这是不符合马克思对资本

---

① 《经济研究》1981年第9期，第22页。
② 马克思：《直接生产过程的结果》，人民出版社1964年版，第105页。

主义的生产劳动的考察方法和精神的。

马克思在考察资本主义的生产劳动概念时，如同他对斯密的第一定义所作的分析那样，注意的不是劳动和劳动产品的物质特性方面，而是劳动借以实现的社会形式特别是其交换价值方面。"不是劳动的这种具体性质，不是劳动的使用价值本身……不是这一点使劳动在资本主义生产体系中打上**生产劳动**的印记。……劳动对资本的使用价值，是由这种劳动作为创造交换价值的因素的性质决定的，是由这种劳动固有的抽象劳动的性质决定的；但是，问题不在于劳动一般地代表着这种一般劳动的一定量，而在于劳动代表着一个比劳动价格即**劳动能力的价值所包含的**抽象劳动量**大的**抽象劳动量"。①因此在考察资本主义的生产劳动时（不像在考察生产劳动一般时那样），就不必去考虑某种劳动的物质特性，不必去问它的成果是体现为物质产品还是某种服务，而只要看它所提供的交换价值是否超过资本家偿付的可变资本价值从而为他带来一个"剩余价值"。"如果一个工作日只够维持一个劳动者的生活，也就是说，只够把他的劳动能力再生产出来，那么，绝对地说（即撇开具体的社会生产关系来说——引者注）这一劳动是生产的，因为它能够再生产即不断补偿它所消费的价值。……但是，从资本主义意义上来说，这种劳动就不是生产的，因为它不生产任何剩余价值。"②

以上所述马克思在研究资本主义性质的生产劳动时，撇开劳动的物质规定性即其使用价值方面，而专注于劳动借以实现的社会形式即其交换价值方面，这种研究方法也是我们研究社会主义性质的生产劳动时所应遵循的。当然，社会主义生产目的即满足社会日益增长的物质文化生活需要的实现，是离不开各种使用价值（包括物质产品和各种服务）的生产和提供的。但是，能不能

① 《马克思恩格斯全集》第26卷（Ⅰ），第431页。
② 同上书，第143页。

刘国光

经济论著全集

第

4

卷

说，凡是为满足社会物质和文化生活需要而生产物质产品和提供服务的劳动都是社会主义的生产性劳动呢？如果不考察这些劳动借以实现的社会形式，不考虑劳动和劳动成果的交换价值方面，我们是不能简单地作肯定的回答的。因为我们不知道生产出来的物质和非物质的使用价值中体现的交换价值，是否足以抵偿为生产这种使用价值而消耗的各种费用价值，并为社会提供一个剩余。如果一个企业由于经营差、劳动生产率低、物质消耗高，其产品的销售收入仅足以补偿其成本费用，或者甚至不足以补偿其成本费用而发生亏损（本文不考虑由于价格不合理等因素造成的"政策性亏损"），老是靠国家补贴来维持，对于社会主义社会来说，这样的企业能够算是生产性的企业吗？这种企业消耗的劳动能够算是生产性的劳动吗？

　　社会主义生产的目的不是一般地满足水平不变的社会需要，而是要满足日益增长的社会需要。所谓日益增长的需要，归根到底，包括人口增长的需要和每人平均消费水平增长的需要。要满足这种日益增长的需要，不进行扩大再生产的投资是不行的。提供各项服务的非物质生产领域也要相应扩大。所有这些，都要求社会主义的生产性劳动必须是在补偿自身消费的价值外，还要向社会提供一个纯收入或"剩余产品价值"。每个社会主义企业和每个劳动者，不管从事的是物质生产还是服务性劳动，只要能为社会提供纯收入，这个企业就是生产性企业，这个劳动者就是生产性劳动者。他向社会提供的纯收入越多，他对实现社会主义生产目的的贡献越大，他的生产性就越高；反过来说，那些不向社会提供任何纯收入的企业和劳动者，他的劳动引起的收入仅足以补偿自己的消费支出或者甚至不足以补偿自己的消费支出而要靠补贴和吃"大锅饭"过日子，那他就不能叫作真正的社会主义的生产性企业或生产性劳动者。

　　有的同志认为，劳动者为补偿自己消费的价值而付出的劳动也应当算作生产性劳动，因为马克思说过，绝对地说这种劳动是生产的。但这是抽象了社会生产关系来说的。如果说的是社会主义的生产劳动，那么，只有当劳动者同时也为社会提供纯收入，他的整个劳动（包括为补偿自己消费的价值部分）才是生产的；如果他不为社会提供任何纯收入，只能再生产他自己的劳动报酬，那么，他的劳动只是对他个人来说才是生产的，但对社会主义社会来说则是非生产的，因为他的劳动成果无助于满足日益增长的社会需要这一社会主义生产目的的实现。

上述从价值的创造方面来规定社会主义的生产劳动的含义，并不是什么创新之见，马克思在《剩余价值理论》中早已说过。他说："假定不存在任何资本，而工人自己占有自己的剩余劳动，即他创造的价值超过他消费的价值的余额。只有在这种情况下才可以说，这种工人的劳动是真正生产的，也就是说，他创造新价值。"①当然，这里讲的工人自己占有剩余产品价值，是指工人集体自己或代表工人集体的社会或国家的占有，而不是工人个人占有。

用是否提供纯收入来区别社会主义的生产性劳动和非生产性劳动，生产性企业和非生产性企业，这样理解的社会主义的生产劳动的概念，对于分析和处理企业、劳动者个人与国家三者关系，对于观察和促进社会主义企业的经济效率，都是一种很有用的工具，具有重要的实践意义。尤其在当前国民经济的调整过程中，对于那些效率低、浪费大的亏损企业，我们就是要如实地当作"非生产性的企业"来对待，根据不同情况实行关、停、并、转，进行整顿改组，使之扭亏为盈，转变成为真正的"生产性企业"。这不仅适用于物质生产领域的工业、农业、建筑业、交通运输业和商业部门的企业单位，而且也适用于非物质生产领域如

① 《马克思恩格斯全集》第26卷（Ⅰ），第143页。

服务行业的企业单位。此外，在非物质生产领域现在还有不少靠国家财政拨款或社会辅助的单位（如某些科研单位、设计单位、文艺单位等），他们不提供纯收入而靠吃国家吃社会来维持其活动，因而尽管他们执行的职能对社会对国家非常必要非常重要，但他们的劳动在经济意义上是非生产的。今后经济体制改革中的一项任务，就是对这些单位应当按照不同情况，尽可能创造条件实行企业化，使他们从非生产单位转变成为向国家提供纯收入的生产性企业，使这些单位消耗的劳动对于社会主义社会来说从经济意义上的非生产性的劳动转变成为"生产性的劳动"。这将大大有利于提高整个社会主义经济的效率，增加社会和集体占有的剩余产品价值，从而使满足社会日益增长的需要这一社会主义生产的目的得以更好地实现。

计量一国的社会产品和国民收入的依据是生产劳动特殊还是生产劳动一般

一个国家的社会生产总量（社会总产品、国民收入等），应该用马克思的哪一种意义的生产劳动作为计量的依据呢？是用反映一定社会性质的生产劳动的概念，还是用一般意义的生产劳动的概念？

马克思曾说过，"资本主义劳动过程并不能消除劳动过程的一般规定"。[①]就是说，两种意义的生产劳动的基本内涵应该是一致的。但是，由于一般意义的生产劳动的概念着眼于人同自然的关系，是从生产力的角度来考察的生产劳动；而具有一定社会性质的生产劳动的概念则着眼于人与人的关系，是从生产关系的角度来考察的生产劳动，因此两种意义的生产劳动的概念的范

① 马克思：《直接生产过程的结果》，人民出版社1964年版，第105页。

围又不尽相同。从简单劳动过程的观点来看的生产劳动，从资本主义生产的观点来看却不一定是生产劳动，如资本主义社会里不在资本家企业中劳动的独立手工业者和农民就是如此①。另一方面，那些在按资本主义经营方式办的企事业单位（学校、医院、剧院等）中为资本家发财致富而劳碌的职工（教员、医生、演员等）的劳动，从资本主义生产的观点来看是生产劳动，但从简单劳动过程的观点来看却不一定是生产劳动②。那么，在计量一个国家的社会生产总量时，究竟应该选择哪种口径呢？

　　一个国家的社会生产总量，表现这个国家经济发展的总规模、经济实力和经济水平，是反映一个国家总的生产能力的指标，基本上是属于生产力范畴下面的统计概念。在计量一国的社会生产总量时，不仅要包括这个国家占统治地位的生产方式的生产，也要包括其他经济成分的生产；不但要从时间上考虑不同年份对比的需要，也要从空间上考虑具有不同的社会经济制度的国家之间对比的需要。因此，一个国家社会生产总量的计量口径，应该具有一定的稳定性与可比性，而不宜受占统治地位的社会生产关系和劳动的社会形式变化的影响。基于这一认识，我认为：作为一国社会生产总量计量的依据，应该是一般意义的生产劳动概念而不是具有一定社会性质的生产劳动概念。

　　如果以具有一定社会性质的生产劳动概念作为计量一国的社会生产总量的依据，那样计量出来的结果就会是不完整、不稳定的，不能进行历史对比和国际对比的。拿一个资本主义国家来

---

① 马克思指出，按照劳动是否同资本相交换来确定它是否是生产劳动，那么，"农民和手工业者虽然也是商品生产者，却既不属于生产劳动者的范畴，又不属于非生产劳动者的范畴"。（《马克思恩格斯全集》第26卷（Ⅰ），第439页）

② 从简单劳动过程来看，从事纯粹买卖活动的商业劳动不是生产劳动，但对于商业资本家来说，这种劳动是他的利润的源泉。因此，"对商业资本来说……它所购买的商业劳动，对它来说，也是一种直接的生产劳动"。（《马克思恩格斯全集》第25卷，第337页）

刘国光

经济论著全集

第

4

卷

说，如果严格按照从资本主义生产的观点来看的生产劳动定义去统计，那么，将有一大批不在资本主义企业而在不雇佣工人的个体经营、家庭经营、合伙经营等企业中劳动的劳动者会被排除在社会生产总量统计之外。再者，按照资本主义的生产劳动的定义，同一劳动看它是同资本交换还是同收入交换，可以是生产劳动也可以是非生产的劳动，在这方面马克思不知举了多少例子。不但交换形式的变化会改变同一劳动的性质，而且企业经营状况的变化也会带来同样的结果，例如一个资本主义企业由于各种原因一时不能赚取利润，但仍能支付部分工资，这个企业中消耗的劳动如果严格按照定义就不能算是生产性劳动，它创造的用以弥补一部分工资的价值，也要从国民收入的计算中勾销。按照资本主义的生产劳动定义去计量资本主义国家的社会生产总量时所发生的类似上述问题，在按照社会主义的生产劳动定义去计量社会主义国家的社会生产总量时，同样也会发生的。这个问题，只有在运用一般意义的生产劳动的概念时才能解决。因为后一种概念不受占统治地位的社会生产关系性质和劳动的社会形式的变化的影响，能够保证社会产品和国民收入计量的全面性和稳定性，从而有利于历史对比和国际对比。所以，马克思提出的从一般劳动过程的观点来看的生产劳动的概念，应当是我们计量一个国家的社会生产总量指标的唯一正确的依据。因此，在最近的讨论中有些同志主张用具有一定社会性质的生产劳动的概念作为计量社会产品和国民收入的依据，固然是不妥的；另一些同志主张同时采用两种意义的生产劳动概念为依据，也未必是妥当的。有的同志主张作为计量社会主义国家的社会生产成果依据的生产劳动，除了物质生产这一标志外，还要加上能为社会提供纯收入这一标志。但是如果照此办理，那么，一些一时不能向社会提供剩余产品的个体劳动者的劳动，以及虽然发生亏损但仍能自己支付部分劳动报酬的社会主义企业的劳动，就都不能算作生产劳动，从而他们生产的弥补自己消费的一部分价值就要统统排除到国民收入的统计之外，这显然是不合理的。

生产劳动一般是否包括非物质生产劳动

作为统计社会生产总量的依据的一般意义的生产劳动，从劳动和劳动产品的物质规定性来看，究竟包括什么范围？哪些内容？我们在前面指出了马克思是以物质生产领域作为一般意义的生产劳动的范围的。但是，也有的同志不同意这种观点，认为马克思所讲的一般意义的生产劳动，不仅包括物质生产领域的劳动，而且也包括非物质生产领域提供的服务。换句话说，国民收入是这两个领域的劳动共同创造的。

这些同志用以证明马克思是这样主张的论据，最主要的，一是马克思不止一次地讲过服务有使用价值和价值，还讲过服务是消费品总额的一部分；二是马克思之所以没有强调服务劳动的生产性，是因为当时服务劳动与物质生产领域的劳动相比很小，"可以置之度外"。

这两点论据究竟能不能站得住脚？我们应当怎样正确理解马克思在这些问题上的立场呢？

先看前一点论据，经常被引用的是马克思的下面一段话：

"这些服务本身有使用价值，由于它们的生产费用，也有交换价值。任何时候，在消费品中，除了以商品形式存在的消费品以外，还包括一定量的以服务形式存在的消费品。"①

这一段话往往被孤立地抽出来，脱离了前后文的脉络，因而受到了误解和不正确的引用。实际上，它是一段较长文字中间的一部分，那段较长的文字是针对亚当·斯密关于生产劳动的第二个定义所进行的分析批判的继续。我们知道，按照斯密的这一定义，凡是固定在可以出卖的商品中的劳动，就是生产性的劳动。

---

① 《马克思恩格斯全集》第26卷（Ⅰ），第160页。

据此斯密认为：不属于农业劳动的手工业者、制造业者都是生产劳动者，而把家仆以及"某些最受尊敬的社会阶层"（如国家官吏、军人、艺术家、医生、律师、学者等）都作为非生产的劳动者。斯密在为手工业者、制造业者等的劳动的生产性做解释时，说"……即使假定手工业者生产的价值从来没有超过他消费的价值，但在任何时候市场上现有的商品的总价值，都会由于有他的劳动而比没有他的劳动时要大"。①正是针对斯密的这一解释，马克思写了一大段文字，这段文字是用反问的口气开始的：

"难道任何时候市场上现有的商品的总价值，不是由于有'非生产劳动'而比没有这种劳动时要大吗？难道任何时候市场上除了小麦、肉类等等之外，不是还有妓女、律师、布道、歌舞场、剧院、士兵、政治家等等吗？这帮人得到谷物和其他生存资料或享乐并不是无代价的。为了得到这些东西，他们把自己的服务提供给或强加给别人，这些服务本身有使用价值，由于它们的生产费用，也有交换价值。任何时候，在消费品中，除了以商品形式存在的消费品以外，还包括一定量的以服务形式存在的消费品。因此，消费品的总额，任何时候都比没有可消费的服务存在时要大。其次，价值也大了，因为它等于维持这些服务的商品的价值和这些服务本身的价值。要知道，在这里就像每次商品和商品相交换一样，是等价物换等价物。"②

对于这一段文字，我觉得要作以下的理解：

第一，按照斯密的前引解释（得到的收入足以弥补自己消费的价值，并使市场交换总量有所增加的劳动，都是生产劳动），他原来认为是非生产性的劳动（各种服务），也都要变成生产性劳动了。因为这些劳动也是以自己的服务取得自己消费的价值，同时使市场交易总量增加。因此，马克思认为斯密的解释是自相

---

① 《马克思恩格斯全集》第26卷（Ⅰ），第160页。

② 《马克思恩格斯全集》第26卷（Ⅰ），第160—161页。

矛盾的。

第二，从这里作为例子举的一些角色（妓女、布道、士兵、政治家等）来看，说这些人提供的服务本身有使用价值也有价值，并且能够使市场消费品总量增加，显然是马克思的一种辛讽的口吻。姑且不论妓女、布道之流纯粹寄生性的职业，就拿"士兵""政治家"等来说，马克思不止一次地指出他们的费用是"生产上的非生产费用"，根本谈不上是创造价值的生产劳动。

第三，在这里和别处，马克思确曾几次讲过服务"有交换价值""有价值"，但这是指提供这些服务的劳动者有一定的"生产费用"，他们要从提供的服务中取得自己支付消费价值的报酬。（马克思还在好几处提到服务价值的确定同工资规律、同雇佣劳动价格规律的关系问题。）但这并不是说，这些劳动本身能够创造价值，从而是生产劳动。"有价值"不等于"创造价值"。马克思在引用斯密讲到某些最受尊敬的社会阶层的劳动不生产任何价值的时候，曾指出："它有价值，因而值一个等价，但不生产任何价值。"①

第四，正如斯密讲服务有价值"因而值一个等价"那样，马克思也说道"在这里就像每次商品和商品相交换一样，是等价物换等价物"。这是不是说，提供服务的劳动者是以自己创造的价值来换取他所消费的生活资料形态上的等价物，从而，是这个提供服务的劳动者自己创造了用来支付自己的报酬基金或生活基金呢？马克思不是这样看的，他同斯密一样认为非物质生产的服务劳动是不创造价值的，不管这些服务是必要的还是不必要的，是由消费者自由选择的还是强加于人的（如政治家），是有益的还是有害的，提供这些服务的劳动者都"不直接创造用来支付他们报酬的基金"②，他们报酬的基金"只能由生产工人的工资或

① 《马克思恩格斯全集》第26卷（Ⅰ），第314页。
② 《马克思恩格斯全集》第26卷（Ⅰ），第159页。

他们的雇主（和分享利润的人）的利润来支付"①。"这些非生产劳动者，（马克思列举了：家仆、士兵、水手、警察、下级官吏、马夫、丑角、艺术家、音乐家、律师、医生、学者、教师、发明家等等——引者注）帮助前者（指生产工人和利润、地租的占有者——引者注）把收入吃掉，并且把服务当作等价提供给前者或者（例如政治的非生产劳动者）强加给前者"。②这里马克思说得再明白不过了：不管是采取"等价"交换的形式，还是强加的形式（通过资产阶级国家赋税等形式），这些提供服务的人都要靠物质生产劳动者创造的收入（一部分通过利润地租的再分配）来生活。这里发生的"等价"交换只是一个形式，实际上存在的是收入和产品的再分配关系，即"服务领域"人员的收入实际上是"由（生产工人的）工资、利润和地租派生出来的，……表现为派生的收入"。③

有的同志认为，虽然马克思提出过"派生收入"的概念，但这并不能否定非物质生产劳动的生产性，因为马克思在"派生收入"概念的前面加上了"在物质上"的限制词。就是说，如果不是从物质上看，而是从价值上看，那么，非物质生产领域的劳动收入就不是从物质生产领域那里派生出来的收入，而是自己创造的收入了。不然的话，如何解释非物质生产领域里的企业收入除了补偿已消耗掉的物质的价值和支付给劳动者的工资之外，还能提供一个纯收入？其实，按照马克思对纯粹商业劳动的性质的说明，这个问题是不难解决的。我们知道，马克思认为纯粹商业劳动是不创造价值的非生产劳动，但这种劳动却为商业资本家提供商业利润，因而对商业资本家来说，纯粹商业工人的劳动是生产劳动。其实纯粹商业工人的工资报酬和他们为商业资本家提供的

① 《马克思恩格斯全集》第26卷（Ⅰ），第181页。
② 同上书，第219页。
③ 《马克思恩格斯全集》第24卷，第413页。

利润，都是产业工人创造的纯收入再分配的结果。非物质生产领域的其他营业性单位所提供的纯收入的最终来源，也是这样的。

应当指出，有许多服务（如政府官员的服务、基础科学研究人员的服务等），一般不是通过"等价"交换的方式提供给消费者的。另有许多服务（如医疗、教育等），虽然不是不可以采用"等价"交换的方式提供，但在一些实行"福利主义"以缓和阶级矛盾的资本主义国家，越来越多地采取低费或免费供应的方式；在社会主义国家则有更多的社会服务是免费或低费供应的。在这些场合，不但说不上有什么纯收入，而且需要国家财政补贴或社会捐赠的支持。另一方面，如前所述，在我国当前的经济体制改革中，为了改变吃"大锅饭"的弊病，消除非生产领域的浪费现象和提高服务部门的工作效率，有些非物质生产部门和单位要根据情况尽可能实行企业化，从国家财政拨款维持的单位改变为经济核算的营利性企业。所有这些情况，无论是从原来自己提供纯收入改变为靠外界补贴支持，还是由原来靠外界补贴支持变为自己能够提供纯收入，都属于收入再分配的形式变化问题（再分配形式变化有很重要的经济意义，这里不去详论），但是不管收入再分配的形式如何变化，都不能改变收入再分配本身的实质，不能改变这些服务劳动的非生产性质。

现在再看第二个论据，即认为马克思之所以没有强调非物质生产的服务劳动的生产性，是因为当时服务劳动在总劳动中所占比重微不足道，如果他看到今天服务劳动所占比重越来越大，就不会那样忽视服务劳动。我认为这种看法也是不确切的。

马克思在讲到非物质生产领域的劳动如医生、教师等在资本主义生产方式内的利用时，确曾讲过这种被资本主义生产方式利用的非物质生产劳动在当时的数量很小，因而可以"置之度外""不必注意"之类的话。但这只是就资本主义性质的生产劳动内部比较来说，提供服务的劳动比生产物质产品的劳动在那时确实居于"微不足道"的地位，因为许多非物质生产劳动不仅在实质上而且在形式上还没有真正从属于资本主义方式而是处于向资本主义过渡的阶段。如果不是限于资本主义生产方式利用的劳动而讲的是全社会的劳动，那么，非物质生产领域的劳动所占的份额，即使在马克思那时可能也已经不是很小而是相当的大；并且随着社会劳动生产率的提高这个份额有越来越大的趋势。难道马克思没有看到这一点？不是的。他非常清楚地看到了并且指出了这种情况和趋势。

马克思不止一次地讨论过非生产工人与生产工人的人数比例问题，明确地认为随着社会劳动生产率的提高，非生产劳动者在总劳动者人数中的比重要增大"根据最近的（1861年或1862年）工厂报告，联合王国真正在工厂工作的总人数（包括管理人员）只有775 534人，而女仆单是英格兰一处就有100万"。[①]不仅"家仆、士兵、水手、警察、下级官吏……娼妇、马夫、小丑和丑角"等，而且"艺术家、音乐家、律师、医生、学者、教师、发明家等等的人数将会增加"。[②]不仅非生产劳动者的人数增加，而且"由于机器（一般由于劳动生产力的发展），……由于纯产品的增加，为非生产劳动者开辟了更多的活动领域"[③]。这些话足以证明，马克思并非如我们某些同志所想象的那样没有看到非物质生产人员在社会总劳动中比重增大的现象从而忽略讨论到他们，而是充分地注意到这一趋势。即使如此，马克思并没有把这一部分劳动者划为一般意义的生产劳动者，而是仍然如实地把他们看作靠生产工人的产品生活的非生产劳动者。对于这一部分人数不小而且比重不断增大的非物质生产领域的劳动者，马克思并没有完全"置之度外"，而是作了相当充分的讨论的。但也不是

①　《马克思恩格斯全集》第26卷（Ⅰ），第197—198页。

②　《马克思恩格斯全集》第26卷（Ⅰ），第219页。

③　《马克思恩格斯全集》第26卷（Ⅱ），第615页。

如我们有的同志所说"在研究生产劳动这个范畴时"[①]讨论到他们，而是在研究"不同时是生产劳动的雇佣劳动的范畴下，才能讨论到它们"[②]的。所以，按照马克思的观点，从一般劳动过程的角度来看，从事非物质生产的劳动一般不属于生产性劳动，这是十分清楚的。

物质生产劳动是否只限于生产物体形态的产品的劳动

上面我们已经弄清楚了马克思讲的一般意义的生产劳动，基本上是指从事物质生产的劳动，一般不包括非物质生产的劳动。现在要进一步弄清楚，所谓从事物质生产的劳动，其含义又是指的什么？从前面第二节引述的马克思关于生产劳动一般的解释来看，这是指体现在产品中或物化在商品中的劳动，而这种劳动的产品，是劳动者用劳动手段对劳动对象进行加工改造以适应人的需要的自然物质，是脱离了生产过程而独立存在的新的物质产品。

我们已经知道，马克思对生产劳动一般的解释，同亚当·斯密的生产劳动第二个定义有着渊源的关系。但与斯密不同，马克思明确地提出了不能狭隘地理解上述解释。他说，"对劳动的物化等，不应当像亚当·斯密那样按苏格兰方式去理解。如果我们从商品的交换价值来看，说商品是劳动的化身，那仅仅是指商品的一个想象的即纯粹社会的存在形式，这种存在形式和商品的物体实在性毫无关系"。[③]为了说明产品的"物体实在性"同物质生产没有必然的联系，马克思举了运输业的例子。运输业是不

---

① 《中国经济问题》1981年第1期，第4页。
② 马克思：《直接生产过程的结果》，人民出版社1964年版，第112页。
③ 《马克思恩格斯全集》第26卷（Ⅰ），第163—164页。

生产具有物体实在性的商品的，它生产和出售的是"场所的移动"，它产生的效用是和运输的生产过程不可分离地结合在一起的。马克思还把旅客运输和货物运输合并在一起，作为一个独立的产业部门，称它为"除了采掘工业、农业和加工工业以外"的"第四个物质生产领域"。①在《资本论》第2卷，又把物质生产领域的范围扩大到包括邮电在内的整个交通工业，说："有一些独立的产业部门，那里的生产过程的产品不是新的物质的产品，不是商品。在这些产业部门中，经济上重要的，只有交通工业，它或者是真正的货客运输业，或者只是消息、书信、电报等等的传递。"②

　　这样看来，马克思并不认为物质生产劳动的结果一定是具有物质实体形态的产品，它也可能是非物体形态的产品，这种产品的效用只能在生产过程的同时被消费，而不能离开生产过程作为交易品来流通。对物质生产的这种较宽的理解，应用于货物运输是易于被人们所接受的，但在旅客运输的性质上，则长期争论不休，直到最近的讨论中，还有持窄派观点的同志仍坚持把客运排除在国民收入的计算之外。他们的根据是马克思说过：客运中的位置变化不过是"企业主向乘客提供的服务"③，而他们又认为一切服务都是非生产的。

　　但是，马克思从来没有一般地否定一切服务的生产性（这里讨论的是在生产劳动一般意义上的生产性，而不是在特殊社会性质意义上的生产性），他只否定非物质生产的服务的生产性，而对于某些能够提供物质产品的服务（如直接为顾客缝制衣服的裁缝等），对于虽不提供物体形态的产品但其生产过程同物质生产过程基本一样的服务，则并不否认它们的生产性。旅客运输就

---

① 《马克思恩格斯全集》第26卷（Ⅰ），第444页。
② 《马克思恩格斯全集》第24卷，第65页。
③ 《马克思恩格斯全集》第26页（Ⅰ），第445页。

是这样一种服务。客运中"场所的移动"的生产过程同货运一样是人与自然之间的物质变换过程，不过在这个生产过程中发生的不是一种形式的物质资料（生产资料）转变为另一种形式的物质资料（新的物质的产品），而是物质资料（生产资料）转变为适应人的需要的一种能量。运输业（不论货运、客运）提供的产品就是这样一种场所移动的机械能或运输能。类此物质转变为能量或一种形式的能量转变为另一种形式的能量的物质生产过程，不但在交通运输业中可以看到，还可以在供电供热等生产部门中看到。这些部门的产品都不是能够离开生产过程而独立存在的新的物质的商品，它们产生的效用都同生产过程不可分离地结合在一起，并且只能在生产过程的同时被消费。这些产品的交换价值，和任何其他的物质商品的交换价值一样，都是由其中消耗的生产要素（劳动方和生产资料）的价值加上生产工人所创造的剩余产品价值构成的。

对物质生产领域的较宽的理解，还可以从马克思在讨论生产劳动就是一切加入物质财富（商品）生产的劳动时说过的一句话得到启发。他说："这里所说的生产，包括商品从首要生产者到消费者所必须经过的一切行为。"①当然，这里所说商品从首要生产者到消费者中间必经的一切行为，是把纯粹的买卖行为（即与商品的价值形态的变化有关的行为）排除在外了的，因为马克思是把纯粹的买卖行为看成是非生产的。这里讲的一切行为是指与商品的使用价值的实现有关的行为，它包括商品从直接生产过程出来以后所经历的包装、分类、运输、保管、计量，以及到达消费或再消费过程以前的整理、组配、加工等行为，即一切在流通过程中继续的生产过程。除了上面说过的货物运输业外，这里还包括商业以及饮食业、旅馆业、裁缝业、修理业等物质性的生

① 《马克思恩格斯全集》第26卷（Ⅲ），第476页。

活服务部门。所有这些与消费者的食、衣、住、行等物质消费有关的生活服务，均应包括在物质生产的范围之内而视为生产性劳动[①]。当然这是指那些在社会分工系统中专业化独立化的那一部分物质性服务来说的。至于个人消费或家庭消费中的自我服务和佣工服务，则属于直接的消费过程而不属生产过程。除了生活服务，还有一种生产服务，即为物质生产提供的服务，这种服务劳动的生产性应当是没有争论的。例如一个企业向另一个企业提供设备修理的服务，或喷漆、电镀等服务，这些都不是新的物质的产品，但作为"工业性作业"，它们都被统计在工业生产的产值之中。但是我们在讨论中碰到另一个问题，就是如何理解马克思提出的"总体工人"的范围，特别是那些不直接而间接作用于劳动对象加工过程的劳动者的范围，有的同志主张从直接在机器旁边对毛坯从事加工劳动的车工、铣工算起，把送毛坯到加工场地的搬运工、管理和发送材料的保管员等，一层一层地推下去，直至研究基础理论的经济学家、研究车床的基础原理的专家、一切教育者和受教育者，等等，都要包括到"总体工人"的范围里来。照这个办法推下去，如果在逻辑上一贯到底，那么，一切劳动就都是生产劳动了，因为任何一种劳动都可以这样或那样"间接地"与物质生产发生联系。马克思早已洞察到这一点，他在批判资产阶级经济学者西尼耳等人宣称对资产阶级有用的一切职能都是生产的时候，指出他们"连那些同财富的生产毫不相干的职能和活动，也加以承认，而且他们之所以加以承认，是因为这些活动会'间接地'使他们的财富增加"。马克思指出，"确实可以证明，所有人的关系和职能，不管它们以什么形式和在什么地

关于马克思的生产劳动理论的几个问题

---

① 按照上述的理解，旅游业是否属于物质生产领域并计算国民收入的问题也可以迎刃而解。因为旅游收入的内容，分解来看，主要是干线交通、市内交通和邮电收费、住宿收费、饮食收费、出售商品（工艺品、纪念品、土特产等）的收入等，这些都是可以通过前述有关行业分别加以处理的。

方表现出来，都会影响物质生产，并对物质生产发生或多或少是决定的作用"。①但是，正如我们在前面已经引述过的，马克思仍然认为，尽管其他一切种类的活动都对物质生产发生影响，物质生产也对其他一切种类的活动发生影响，这种情况丝毫不能改变区分物质生产劳动和非物质生产劳动的必要性。②

另一方面，讨论中有的窄派同志认为，马克思讲的"总体工人"和"较直接地或者较间接地作用于劳动对象"的职工，指的是一个工厂、一个生产单位，而不是整个社会。的确，马克思在好几处讲的是这个意思，例如，在《直接生产过程的结果》手稿中，当他讲到"结合起来的劳动能力"的时候，他指的是"工场的总劳动者"③。又如，在《剩余价值理论》中，当他讲到学者（发明家）的劳动直接加入生产的劳动的时候，他特别指出这个学者是"在工场内或在工场外劳动的工场劳动者"。④但是，我们也应当看到，随着劳动过程本身在社会规模上的协作与分工的发展，原来在一个企业内实行的生产服务（包括工程技术人员、科研设计人员等的服务），也日益社会化而成为独立经营的企事业单位，同时为更多的生产企业服务。因此，把"总体工人"的概念继续局限在一个企业的范围内，看来是不够的。我认为，那些直接向生产过程提供的，应当由真正的生产费用来支付的服务劳动，不论这些服务是在一个企业内部进行的还是由一个专业化的单位提供的，都应属于结合起来的总体劳动的范围。这些服务包括可以直接应用于生产的发明、设计、专利、咨询等，他们都应包括在物质生产领域内并视为生产性的劳动。而那些不能直接应用于生产的，不是由真正的生产费用而只能由剩余产品价值的

---

① 《马克思恩格斯全集》第26卷（Ⅰ），第300页。
② 《马克思恩格斯全集》第26卷（Ⅲ），第476—477页。
③ 马克思：《直接生产过程的结果》，人民出版社1964年版，第106页。
④ 《马克思恩格斯全集》第26卷（Ⅰ），第307页。

再分配来支付的科研（如基础理论研究）等活动，则不应包括在这个范围之内。

　　上面说到的一些情况，都是虽不生产新的物质的产品，但却生产某种能量，或者提供某种物质性的服务或生产性的服务，因而应当把它们包括在物质生产领域内，作为生产劳动来看待。与这些属于物质生产领域但并不直接提供物质的产品的活动相反，有一些属于非物质生产（如精神生产）的活动却能提供物质形式的产品，如书籍、绘画、雕塑等。马克思把这类劳动同时也称作生产物质产品的劳动，把它们当作一般意义的生产劳动来看待。他说："如果我们把劳动能力本身撇开不谈，生产劳动就可以归结为生产商品、生产物质产品的劳动，而商品、物质产品的生产，要花费一定量的劳动或劳动时间。一切艺术和科学的产品，书籍、绘画、雕塑等等，只要它们表现为物，就都包括在这些物质产品中。"[①]由于这类产品具有的两重性，即一方面是非物质生产（精神生产）的结果，而另一方面又具有物质产品的特征，因此它们的"价值决定"也有两重性质，各受不同的规律支配。作为物质产品，他们的经济价值，是由生产它们所花费的一定的劳动时间决定的。作为精神生产的成果，它们的"价值"是"非物质的价值"，即非经济的价值，是不能由生产它们所花费的劳动时间来决定，而要由其他许多复杂的非经济的因素来决定。一方面，"对脑力劳动的产物——科学——的估价，总是比它的价值低得多"。[②]另一方面，一件艺术珍品或者一件赢得时尚趣味的艺术品，却能得到远远大于生产它所花费的劳动时间的估价（价格）。马克思在以赞同的口气引述昂利·施拖尔希的一段话中，实际上提示我们要区分清楚"非物质价值"和"财富"（即物质的价值），并且指出，支配"非物质劳动的产品"和支配

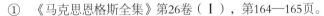

① 《马克思恩格斯全集》第26卷（Ⅰ），第164—165页。

② 同上书，第377页。

关于马克思的生产劳动理论的几个问题

"物质劳动的产品"①的原则，是不相同的。因此，笼统地把精神生产的劳动看成与物质生产劳动一样是一般意义的生产劳动，这种观点是不妥当的。前种劳动只有在其产品的价值是由支配"物质劳动的产品"的价值规律所决定的限度内，才能作为一般意义的生产劳动来考虑，从而加入社会生产和国民收入的计量。至于其非物质的精神价值本身，则不属一般意义的生产劳动概念的范围，是不能加入社会生产和国民收入的计量的。

刘国光

经济论著全集

第
4
卷

① 《马克思恩格斯全集》第26卷（Ⅰ），第297页。

要提高计划的权威性首先要加强计划的科学性*

——在孙冶方同志主持的学习陈云同志春节
重要讲话的座谈会上的发言
（1982年1月29日）

陈云同志最近再次提出坚持计划经济为主的问题，这个问题是很重要的。社会主义在任何时候都应该强调计划经济。马克思、恩格斯从理论上早就讲了社会主义要实行计划经济，也就是在公有制基础上、在社会范围内对经济进行有意识的调节。在实践上，这几年要搞活经济，微观上采取了一些改革措施，但宏观上的计划管理却没有相应跟上去，因此在经济领域中，一方面取得了一些成绩，另一方面也出了一些问题。比如，大城市的吃菜问题，经济作物与粮食作物争面积问题，利大大干、利小不干问题，等等。所以，无论从理论上和实践上都需要强调社会主义的计划经济。

如何正确处理计划与市场的关系，这个问题，陈云同志早在社会主义改造完成时就提出来了。为什么陈云同志的正确意见这么长的时间没能实现？原因是很多的，其中一个原因，是理论上的禁锢没有打碎，对社会主义的性质、商品经济、价值规律等这一套，理论上没有弄清楚。十一届三中全会以来，在党中央决心

＊　原载《财贸经济》1982年第4期。

要改革经济体制的推动下，理论界在打破禁区方面起了一点点披荆斩棘的作用。我在另一个座谈会上概括了四条。[①]其中一条是说打破了过去的迷信，就是认为社会主义经济中计划与市场的关系只能是苏联20世纪30年代到50年代那样一种模式。经过这几年的讨论，感觉到社会主义经济在坚持公有制的前提下，在坚持计划经济为主的前提下，可能有不同的模式。现在至少可以举出有三种以计划经济为主的模式：传统的集中计划经济模式，改良的集中计划经济模式，含有市场机制的计划经济模式。我国在今后的体制改革中究竟要以哪种计划经济模式作为我们的目标模式，这是一个要认真研究的问题。

在讨论计划与市场的关系中，有些同志说，现在不必提两者的结合了。我认为，在学术探讨上，这个问题不是不可以讨论的。并非半斤八两才叫结合，有主有辅也是一种结合。实际上计划与市场的板块结合是存在的，在目前情况下，这种板块结合也是需要的。国民经济主要的关键的那一块，要以计划为主，次要的地方搞一些市场调节，这样的板块结合现在还不能否定。有些人否认板块结合，我是不同意的。问题在于我们在看到板块结合的同时，不能把目光局限于板块结合。从理论上、模式上讲，还可以有种种不同的结合。例如，计划调节那一块要利用市场机制，就是利用价值规律；自由市场那一块也要受到国家收购计划、价格政策的间接影响，确实有这种互相渗透式的结合。一种"板块式"，一种"互相渗透式"，还有一种像匈牙利的"胶体式"的结合，计划与市场不是两块互相渗透，而是汇成一整块，这一块就是国家计划指导下的市场调节。国家计划主要管宏观经济领域，宏观的计划通过微观里的市场机制来实现。所以，社会主义经济领域中计划与市场的关系是很复杂的。理论上讲复杂，

---

① 《财贸经济》1982年第2期。

实际工作中就更复杂了。重要的是按陈云同志讲的强调计划经济为主，至于怎样实行计划经济是可以而且应该展开讨论的。

所以，这几年关于计划与市场问题的研究和讨论，成绩还是主要的。但是，确实也有过头的地方。比如，有的同志"计划调节为主"就不提了，还有的同志否定现在社会主义经济是计划经济，等等。至于社会主义是不是还存在商品经济，我认为这个问题也是可以讨论的。但是把社会主义经济的本质定义为商品经济，还待斟酌。近两年来，有不少同志，其中包括一些权威人士，都认为社会主义经济就是有计划的商品经济。这样一个定义，我觉得是把社会主义经济的重点放在商品经济上，而不是放在计划经济上；"有计划"就变成了商品经济的一个属性。所以，六中全会决议以及最近陈云同志再次强调计划经济，我认为是有道理的。社会主义经济，首先是计划经济，其次才是商品经济。当然社会主义经济不是一般的计划经济，不是自然经济条件下的计划经济，也不是共产主义产品经济条件下的计划经济，而是存在着商品经济条件下的计划经济。因此，我们的体制改革要考虑到这一点。我们30年来，在体制上搞得很死，吃"大锅饭"，把全民所有制内部相互关系看得很简单，像一个企业一样。实际上，社会主义经济比一个企业要复杂得多，不考虑商品与货币关系，计划经济就不好办。过去两年的讨论，正是针对30年来忽视商品经济这个毛病，因此强调了一下市场调节和商品经济，我认为这是必要的。

怎样加强计划性、加强计划经济？我们应该恢复计划经济的名誉，不能因为过去在计划工作上有些缺陷，就否定了计划经济。但是有些同志在强调计划经济的时候，往往只强调计划的权威性，而不强调它的科学性。我认为计划的权威性应该建立在计划的科学性的基础上。最近在一次计划与市场问题的座谈会上，有一位同志谈到要加强计划性的问题时，突出强调了计划的约束性和指令性，认为不能把计划搞成"天气预报"，如果是"天气预报"就等于没有计划。这句话看起来好像是有道理的，但是它只强调了计划的权威性，而轻视了计划的科学性。好像把计划变成"天气预报"就贬低了计划。天气预报是什么呢？是科学。我们过去的计划究竟比天气预报准确了多少？除了第一个五年计划以外，以后没有一个五年计划是完成的。而我们的天气预报，尤其是大范围的天气预报基本上却是准确的。天气预报如果准确，具有科学性，各个部门，诸如农业、交通、海运、航空等部门都听它的话，那才是真正的权威。计划也是这样。首先要讲究科学性，然后在此基础上树立它的权威性。我赞成计划应该有权威。我们现在计划定了，许多人不听，这当然是与党风、与管理体制上的弊病等都有些关系，顺从我的利益的我就听，不顺从我的利益的我就不听，地方、企业都有这个情况。这种风气要改，我们一定要加强政策、计划的权威。党的威信，社会主义的威信一定要恢复。但同时，做计划工作的同志，搞经济工作的同志，不要单纯在强调计划的权威性上下功夫，而要在加强计划的科学性上下功夫，使我们的计划符合实际，符合客观经济规律，真正把我们的计划建立在科学的基础上。

中国的经济体制改革*

（1982年2月）

随着社会主义革命的胜利，中国逐步建立了以生产资料公有制为基础的社会主义经济制度。社会主义经济制度为中国的社会主义建设和人民的幸福开辟了广阔的道路。三十多年来，中国经济发展的成就，已经反复证明了这一点。但是，社会主义经济制度的优越性的充分发挥，有赖于各项具体管理制度的完善，而如何根据中国的实际情况，建立和完善适应社会主义经济制度的要求的经济体制（有时人们又称作经济管理体制），需要一个摸索和实践的过程。当前，中国正在进行的经济体制改革，就是这样一次进一步发挥社会主义经济制度优越性的伟大实践。

中国现行的经济体制，基本上是一种高度集中的，以行政管理为主的，忽视市场调节的体制，这种体制存在着许多问题，需要有步骤地进行认真的改革。早在20世纪50年代中期，人们就已经提出经济体制改革的问题，并且在此后的一段历史时期中，进行过多次改革的尝试。但是都没有取得预期的效果。打倒"四人帮"以后，中国人民面对实现四个现代化的伟大任务，就必然要求多方面地改变同生产力发展不适应的生产关系和上层建筑，改变一切不适应的管理方式、活动方式和思想方式。中国共产党

---

* 原载刘国光、王瑞荪：《中国的经济体制改革》，人民出版社1982年版。

第十一届中央委员会第三次全体会议、五届人大二次会议和三次会议，都明确地提出了改革中国经济体制的任务。并且，在党中央和国务院提出的以国民经济的调整为中心的"调整、改革、整顿、提高"新八字方针中，改革这一项任务也占有重要的地位。事实上，局部的、试验性的改革已经开始。两年多来，一些省市在扩大企业自主权方面的试点，在计划的指导下实行市场调节的试验，以及在调整中央、地方权限上的措施，等等，都是局部改革的起步。与此同时，对于如何进行全面的改革，各经济部门、科研单位也都在积极地进行探索和研究。由于经济体制的改革，牵涉到各方面权、利和责任的调整，关系着中央部门、地方、企业和劳动者个人四者积极性的发挥，因此，它是中国人民上上下下非常关心的事情。另外，也由于中国是一个幅员辽阔、人口众多的大国，经济体制的改革，必然要影响到与世界各国的交往关系，因此，它又不能不引起世界各国人民的极大关注。

一、中国经济体制的演变

新中国的经济体制经历了一个建立和演变的过程。

早在抗日战争时期，在农村根据地就已经兴办了一些工厂。抗日战争胜利后，又从日伪手中接管了一批中小型企业。由于当时全国尚未解放，不具备由中央一级对这些企业实行统一集中领导的条件，只是在各解放区内，按照各自实际情况，实行集中领导，有组织地进行财经工作。而各个企业则处于分散经营的状况，由它们独立自主地解决产供销问题。

1949年全国解放后，出现了全国统一的局面。在国民经济恢复时期，没收了官僚资本企业，将其改为国营企业，继续完成了土地改革，但对民族资本的工商业和个体农业尚未及进行改造，国民经济中同时并存着五种经济成分。①为了克服分散的情况，粉碎帝国主义对中国的经济封锁，制止通货膨胀，争取财政经济的根本好转，在全国范围内开始贯彻实行由中央统一管理、统一领导的方针。规定各地区、各部门的财经工作都要置于中央的统一管理之下，不得各自为政；要求各种经济成分在国营经济的领导之下，分工合作，各得其所。在这一时期中，各个企业，仍然是分散经营，实行自主管理。

第一个五年计划时期（1953—1957年），为了适应政治和经济形势发展的需要，进一步加强了中央的集中统一。在这一时期中，中国逐步形成了一套以当时苏联为模式的中央集权的经济管理体制。1953年以前，工业企业除华北地区以外，基本上是由各大行政区管理的。②1954年撤销了大行政区，大型国营企业陆续收归中央各工业部直接领导。1957年，中央各部门直接管理的工业企业达9300多个（1953年为2800多个）；国营工业、交通和基本建设计划，基本上采取指令形式自上而下地下达；农业、手工业和资本主义工商业，随着社会主义改造的完成，国家计划的直接控制也逐步加强；国家计委和中央各部统一分配的物资，1957年达到532种（1953年为227种）③，基本建设投资90％左右由中央部门安排。在这种高度集中的经济体制下，地方和企业权益很少，企业的人财物、产供销都是上级部门说了算，甚至基本折旧

---

① 这五种经济成分是：国营经济、国家资本主义经济、资本主义经济、半社会主义性质的合作社经济和个体经济。

② 当时全国划分为：华北、东北、西北、华东、中南、西南六个大行政区。

③ 中央统一分配的生产资料中，按照其重要程度，又划分为国家计委统一分配的物资即统配物资（如钢材，铜、铝、铅等几种有色金属，木材，水泥，煤炭，汽车，金属切削机床，工业锅炉等），和各中央部门主管分配的物资即部管物资。1953年，中央统一分配的物资为227种（统配112种，部管115种），1957年增加到532种（统配231种，部管301种）。

基金也全部上缴中央，纳入国家预算。

实践表明，在当时经济发展水平不高，经济结构比较简单的情况下，适当强调集中统一，以便把有限的资金、物力和技术力量集中起来保证重点建设，是有一定积极意义的。第一个五年计划期间，总的来看，国民经济发展情况比较好，速度比较快，这在一定程度上是由于集中力量保重点的结果。[①]但是问题在于，这种高度集中的经济体制，片面强调集中统一，中央管得过多、过死，束缚了地方特别是企业的积极性和主动性，对生产的进一步发展是很不利的。随着经济的发展，它与生产力发展的要求日益发生矛盾，这种集中过多的弊病便逐渐暴露并突出起来。

针对中央过分集中的情况，毛泽东同志在1956年《论十大关系》一文中就指出，"把什么东西统统都集中在中央或省市，不给工厂一点权力，一点机动的余地，一点利益，恐怕不妥。"[②]1958年前后，提出了对经济体制进行改革的问题，并且开始进行某些改革的尝试。当时改革的中心内容是扩大地方权限。具体做法是，将中央各部直属企业大部分下放给地方管理。1958年3月到年底，中央直属企业下放了87%，由1957年的9300多个减少到1200多个；减少国家统一分配的物资，1958年归中央统一分配的物资比1957年减少了75%，由532种减少到132种；扩大地方的计划权，确定在保证完成国家规定的生产和基本建设任务与原材料、设备、消费品的调拨计划的前提下，可以对本地区的工农业生产指标进行调整，允许地方计划在"必成数"之外另搞第二本账即"期成数"，基本建设项目的审批权也相应下放，国

---

① 应该看到，第一个五年计划时期中国经济发展比较顺利，还由于当时的计划工作比较注意综合平衡，以及当时对生产资料所有制的社会主义改造尚未基本完成，对资本主义工商业、个体手工业和农业还实行间接计划并注意利用市场和价值规律的作用。弥补了国家计划统得过死的不足之处。

② 《毛泽东选集》第5卷，第273页。

家预算内安排的地方项目投资的比重，由第一个五年计划的10％增加到50％。与此同时，对企业实行了利润留成制度，扩大了企业的财权。

这些措施是有利于调动地方和企业的积极性的。在一段时间里，地方工业发展很快，但是问题也很大。突出表现在：企业原来的产供销关系被打乱了。下放的企业，很多是面向全国、关系国计民生的大企业。在当时那种行政管理体制的情况下，把这些企业下放给一个省、市甚至一个县，他们一不了解全国情况，二无管理现代化企业的经验，结果协作关系被中断，产品方向随便被改变、生产任务随便追加的现象大量出现，妨碍了这些企业生产正常的进行。同时，中央计划部门和各部在权力下放以后，没有相应地加强统一计划，加强综合平衡。计划"两本账"制度，造成层层加码，等于没有计划，基本建设随便上马，职工人数随便增加，大家各搞各的，不仅分散了有限的财力和物力，而且由于盲目建设，有些地方什么都想自己搞，造成很大浪费。由于经济权力下放过急过猛，同时加上当时整个经济工作中犯了高指标、瞎指挥和"共产风"的错误，冲垮了合理的管理制度，放松了综合平衡，造成国民经济比例严重失调，经济秩序紊乱，工农业生产大幅度下降。

为了扭转这种经济紊乱的局面，1959年下半年中央部门就开始回收企业。到1960年，中央部管理的企业又增加到2000多个，中央统一分配的物资增加到400多种。1961年开始，对国民经济采取"调整、巩固、充实、提高"的八字方针。为了适应调整国民经济、加强综合平衡的需要，党中央重新强调集中统一，重申经济管理大权必须集中到中央、中央局和省、市、自治区，特别是应更多地集中到中央和中央局。过去中央下放给各省、市、自治区和省、市、自治区下放给专区、县（市、区）的人权、财权、物权，重新进行了调整。下放得不适当的，一律收回。通过这些措施，基本上恢复到1957年前的做法，有些方面甚至比那时更要集中。中央部门直属企业，1963年达10 000多个，中央统一分配的物资恢复到500多种，基本建设项目的审批权限也收归中央。同时，按照专业化协作的原则，在中央和地方试办了一批托拉斯。

这些措施，对于克服暂时困难、调整比例关系和迅速恢复经济，在短时期内确实起了积极作用。但是，原来体制中存在的问题并未得到解决。所以，随着经济形势的好转，集中的行政管理的老毛病，即管得过多、过死的问题，又逐渐暴露出来。

于是，从1964年起，又陆续采取了一些下放经济管理权的措施，扩大地方对物资、财政、投资等的机动权。首先是把19个非工业部门（即农牧业、农业机械站和修理网、农垦、林业、水利、气象、水产、交通、商业、银行、高教、普教、卫生、文化、广播、体育、科学、城市建设、供销）的基本建设投资，划归地方安排。就是说，每年由国家按照一定的基数，不分行业，不定用途，不定项目，按切块的办法分给各省、市、自治区，由他们负责统筹这些部门的投资。接着，在1966年，将地方小型企业的产品，主要是小钢铁、小水泥、小化肥、小煤炭、小农机等企业的产品，基本划归地方支配。例如，年产一万吨以下的钢厂，生产的钢材全部归地方分配，等等。财政管理方面，把地方企业的固定资产基本折旧基金全部留给地方支配，适当扩大地方的机动财力，并增加省、市、自治区的预备费数额。物资分配方面，在保证完成国家计划的条件下，适当扩大各地方、各部门调剂物资的权力。

1970年，进一步采取下放经济权力的措施。这一年，国务院提出《第四个五年计划发展纲要（草案）》，对体制改革提出了一个涉及面比较广的设想。主要是企业下放，试行基本建设、物资分配、财政收支大包干和实行在中央统一领导下，"由下而上，上下结合，块块为主，条块结合"①的拟订计划的方法。根据这个要求，1970年以后，再次将中央各部直属的大部分企事业单位下放给地方。1973年，中央保留的直属企业还不到2000个，像鞍山钢铁公司、大庆油田等也下放给省管理。在物资管理上，把一部分中央下放企业的物资，交由地方供应。中央统一分配的物资，从1966年的579种又减少到1971年的217种。在财政体制上增加地方的机动财力。

通过这些改革，中央与地方的关系有所改善。但是，在"文化大革命"的十年动乱时期，由于林彪、"四人帮"反革命集团的干扰、破坏，过去的一些正确做法，被当作"修正主义"批判，合理的规章制度被当作"条条、框框"砸烂，颠倒了是非，搞乱了思想，无政府主义到处泛滥，使整个经济管理陷于混乱。同时，也由于这些改革并没有触及经济体制本身存在的病根，又把不应该下放的大型骨干企业下放了，而地方又管不了，只好仍由中央各部门代管。1975年，中央已经下放给地方的企业、事业单位，有一半以上仍由中央各部代管，这些单位的生产建设任务的安排和物资供应，都是由中央各部负责。这样又形成了对企业的多头领导，使企业感到办事困难。这一时期，全国的统一计划，生产建设的合理布局，重要产品的供销平衡也失去控制，各部门、各地方自成体系的情况更为严重，重复生产、重复建设的现象十分惊人，给国民经济造成了巨大的损失。

纵观二十多年来中国经济体制的演变，我们看到，它经历了一个经济权力的"收"和"放"的反复过程。尽管作了几次变革的尝试，取得了某些成绩和经验，但是，经济体制中的国家统得过多，企业权力过小，主要用行政办法来管理经济等许多弊病依然存在，根本问题始终得不到解决。为什么会出现这种情况呢？

① 条条——指中央各部自上而下的业务系统。块块——指地方政府。

究其原因，主要在于：

第一，几次改革只是在中央与地方权力的划分上兜圈子，没有注意研究处理国家与企业的关系。而无论是以中央为主管理，还是以地方为主管理，都没有跳出国家行政管理的老圈子，都没有解决给企业以应有的经营管理权力，没有解决调动直接生产者的积极性这一根本问题。

第二，几次改革都是在行政管理办法上兜圈子，没有认真研究如何按经济的内在联系组织经济，用经济办法管理经济的问题。在几次改革的反复中，无论是"收"是"放"，无论中央管地方管，都不注意运用经济组织、经济杠杆和经济法规来管理经济。因此，经济生活既死又乱，经济效果差的问题一直得不到解决。

所以，以往的几次改革，由于没有抓住体制本身的症结所在，未能提出任何根本性的改革方案，只是在原来的老框框里作了一些修修补补的工作，因此，从严格的意义上来说，不能算作"改革"，只能称之为某种改革的尝试。这些尝试，对以高度集中的、以行政管理为主的、忽视市场调节的经济管理体制不可能带来任何实质性的改变。因此，"收"和"放"的交替，就不能不表现为"一统就死，一死就叫，一叫就放，一放就乱，一乱就统"的"团团转"的过程。

中国经济体制要摆脱这样一种恶性循环，就必须进行根本性的改革。问题是怎么改？多次改革尝试的实践经验给人们提供了一个宝贵的、有益的启示，那就是：走老路不行，绝不能再重复过去的老一套做法。只有深入研究中国经济体制弊病的症结所在，总结过去改革尝试中成功和失败的经验教训，并借鉴国外社会主义国家经济改革的经验，创造出一条适合中国情况的经济改革道路，才能取得成功。

刘国光

经济论著全集

第

4

卷

二、现行经济体制存在的主要问题

中国经济界和经济学界为了探索经济体制改革的道路，近两三年来对现行经济体制的特点和弊病，进行了各种剖析。最初，有一部分经济工作者囿于过去的认识，认为现行经济体制的主要问题，仍然是中央集权与地方分权的关系没有处理好。这里面又有两种看法：一种看法认为当前的主要问题是中央集权不够，地方的财权物权过大，经济管理过于分散；另一种看法则相反，认为当前的主要问题仍是中央集权过多，地方权力太小，事事都要跑到北京来解决，地方的积极性受到束缚。

经过广泛的讨论，越来越多的人认识到，现行体制最主要的问题不在中央与地方的关系上，而在国家与企业的关系上。当然，由于中国幅员大，中央和地方的关系也十分重要，并且，这里确实存在不少问题。一方面，有些该由中央管的事，如国家的统一计划、全国的综合平衡、生产力的合理布局等，现在中央还没有很好地管起来；另一方面，有些该由地方管的事，如农业、市场、城市建设、地方各项事业的发展和事业费的安排，等等，中央部门插手太多，没有放手让地方去管。这些问题都要解决。但是，中国经济体制最主要的问题不在这里，而在于没有把国家与企业的关系处理好：国家管得太多，企业权力太小；计划统得太死，利用市场不够以及用行政办法代替用经济办法管理经济。这种经济体制是不符合社会主义经济发展的客观要求的，它主要表现在以下几个方面：

1. 这种体制把企业作为各级行政机构的附属物，否定了它的相对独立地位，与发展社会主义商品经济的要求不相适应。中国的社会主义经济是以生产资料公有制为基础的。生产资料公有制采取两种形式：全民所有制和集体所有制。在中国，全民所有制又采取国有制形式，国家行政机构作为全民的代表，一个企业不管是隶属中央还是隶属地方，其一切活动都要听命于中央或地方的行政机构。再就集体所有制企业来看，本来无论就其起源还是本质来说，都是社会主义社会里劳动者在互利基础上自愿联合组成的合作经济。但实际上无论是城镇集体所有制企业还是农村社、队，也都要听命于上级行政机构。在这种体制下，各级行政部门虽然不直接承担企业的盈亏，却对企业的产供销和人财物有直接处理权，而生产任务的直接组织者和完成者却没有权。

先就国营企业来看，它根本没有自主经营的权力，具体说就是：（1）企业没有计划权，国家（包括中央和地方经济管理部门）自上而下地下达各项指令性指标，企业内部日常生产中的各项具体业务，事无巨细，都由主管部门管得死死的。（2）企业没有产品销售权，国家对企业生产的产品，采取统购包销的制度，企业生产什么，大都由国家的商业部门、物资部门和外贸部门统一收购和销售。（3）企业没有固定资产更新权，企业的固定资产基本折旧基金全部上交国家财政，按现行规定，企业提取的这笔基金还要上缴一半，对于留给企业的部分还规定有种种限制。这样，企业能够用于设备更新的资金微乎其微。（4）企业财权过小，企业利润全部上缴，亏损由国家补贴，企业几乎没有机动财力。以北京第一机床厂为例，企业只有50元的机动权，超过50元必须经过市一级协作办公室批准。（5）企业没有"人权"，企业干部归地方管理，劳动力由劳动部门控制，需要的人分配不到，不适用的又分配进来。如上海第六棉纺织厂需要增加一批挡车工，有关部门分来95名工人，其中10多人因严重病残，不能作挡车工，工厂建议将他们另行分配，主管部门硬要厂里搭配收下，工厂无权拒绝。（6）工厂对闲置的设备也无权处置。

再就城镇集体企业来看，生产资料所有权名义上是集体的，但是支配权实际上掌握在国家的各级地方主管机关手里。国家主管机关对所管辖的集体工业企业，像对待国营企业那样进行调整、改组、合并、转产，并对集体企业下达指令性的经济指标和生产计划，统一分配劳动力。集体工业企业扩大再生产的规模、基本建设等都需经地方主管部门审核批准。各集体企业虽然独立核算，但实际上不是自负盈亏，而由主管机关统负盈亏。集体工业企业的收益分配也背离了集体所有制原则，城镇集体工业在利润（纳税后的净利润）的分配和使用上，"大集体"（指属区以上的集体企业）企业利润需全部上缴，由地方各级主管机关统一支配和运用，利润的使用已经与企业职工没有直接联系；"小集体"（指街道所属企业）企业利润的相当一部分或绝大部分甚至全部要上缴给各级主管机关，不归本企业支配。即使有的地方把大部分利润留在企业，但是企业并没有使用这笔利润的自主权，利润的使用不再从某一个"小集体"企业的需要出发，而是从整个地区的需要出发，实际上也是由国家地方主管机关或其派出机构统一支配使用。所以，城镇集体工业企业，已经在很大程度上脱离了集体所有制的轨道，变成和国营企业差不多的行政机构的附属物。

农村人民公社集体所有制经济也存在类似情况。中国的农村人民公社，实行三级所有、队为基础的制度。本来应该尊重和维护人民公社各级，特别是要尊重和维护生产队的自主权，而实际情况却不是这样。生产队种什么，怎样种，株、行距多少，什么时候播种，什么时候浇水、施肥，什么时候收获，都由上面来定，农民把这种现象形象地概括为："一个县只有一个生产队长（指县委书记）。""我们只有劳动权，没有自主权。"①

企业（包括生产队）作为行政机构的附属物，一方面使企

---

① 江苏省某县的一位县委书记说，他并没有全权指挥全县的农业生产，他还得听上面（省、地区）的指挥，所以实际上"一个县只有'半个生产队长'"。

业不能从市场需要和企业实际出发，及时地实事求是地解决各种问题；另一方面使企业事无大小，都得向上级机关请示，等待他们的指示，而这些行政机构远离生产第一线，不直接承担企业的盈亏，再加上又是多头领导，他们的指令往往脱离实际，互不衔接，使企业无所适从。以四川省成都无缝钢管厂为例，这个厂的各项计划指标，分别来自中央和地方各个不同部门。其中产量指标是由冶金部直接下达，产值、利润、劳动生产率等项指标，则归成都市冶金局、财政局下达，而工厂所需的燃料、动力却由省有关部门掌握分配。这些计划指标互相矛盾，互留缺口，使企业感到很难办。1980年该厂对各项计划指标平衡的结果是：利润指标超过生产指标的12%，而燃料的分配指标则又差32%。一些企业领导人面对这类现象，诙谐地说，现在的企业，活像一个处在夹缝中过日子的"小媳妇"，成天不是如何考虑搞好生产，而是先得考虑如何在众多"婆婆"的领导下，求得平衡，过好日子。

不仅如此，各级行政领导机构还把各种纯属行政性的事务堆到企业的头上，使企业忙于应付。上面布置什么工作，企业就得成立什么办公室。四川省重庆钢铁公司就有20多个这类办公室，有的是部里要求搞的；有的是省、市要求搞的。为此，就有6%的工人抽离生产第一线。许多"婆婆"对企业发号施令的结果，造成企业要管许多本应由地方管的事的怪现象。例如人防工程，计划生育，知青安排，学校教育，民兵训练，商店、医院，有的甚至公安派出所等都得企业管。这样，企业成了一个全面管的"小社会"。据四川省成都量具刃具厂调查，该厂办"小社会"的人数占全厂职工总数的7%，一年的开支相当于该厂利润收入的4%。处于生产第一线的企业既无经营自主的权利，又被各级行政领导部门束缚在各种行政管理和社会工作中，要想搞好生产，改善经营管理，主动地去从事商品经济活动，显然是很困难的。

2. 这种体制按行政系统、行政区划管理经济，各自自成体系，割裂了经济的内在联系，与社会化大生产的要求不相适应。社会化大生产是一个有机的整体，各个部门、各个环节之间存在着密切的分工协作关系。由于社会主义生产仍然是商品生产，社会化大生产中形成的这种分工协作关系，主要表现为在企业产销上的联系，在商品交换上的联系。而在中国，企业是按行政系统、行政区划来进行管理的。以机械行业为例，目前分工交和国防工业两个系统，分别由经委（工交办）、国防工办两个口管，一直到省、市、区都存在着两套机构。企业的隶属关系又分中央部、局辖企业，省、市、自治区辖企业，地区、省辖市辖企业，县辖企业，有些市下面还有区和街道二级。这样，就形成军工一套，民用一套，中央部门一套，地方一套，他们彼此互相割裂，互相封锁，从而使得企业之间、行业之间、地区之间的横向的内在经济联系，即商品货币关系，被这种行政系统、行政区划所切断。

这种按行政系统、行政区划管理经济的体制，给中国的经济带来很多弊病。首先由于这种体制强调垂直领导，造成部门之间、行业之间、地区之间画地为牢，壁垒森严，关卡重重，阻碍了合理的经济联系。以地区与地区之间的相互封锁为例，不仅存在于省与省之间，也存在于省内地区之间，如四川的机械产品在全国具有一定的地位，但却遭到一些省的抵制，不准买四川货；反之，四川省有的城市对上海、天津的一些轻工业品，也以保护本地工业为名，不准举办外地商品展销。四川手扶拖拉机厂，在全省同行业中，成本、质量和产量都名居前列，具有较强的竞争能力。然而，该厂到绵阳、宜宾、达县等地参加展销会和自销产品时却受到了抵制。各地限制的手段多种多样，有的直截了当，宣布不准入境，有的是通知银行不予汇款，有的规定凡不是在本地区、县公司购买的手扶拖拉机不上"户口"，不供应柴油。又以部门与部门之间的联系被割断为例，如安徽省芜湖市一地，有一个生产焦炭的芜湖钢铁厂和一个使用焦炭的芜湖联盟化肥厂，这两个厂彼此相邻，只有一墙之隔。按照最经济的办法，联盟化肥厂应从芜湖钢铁厂进焦炭。但长期以来，由于两个厂分别属于冶金、化工系统，供销渠道自成体系，芜湖钢铁厂的焦炭除供应本厂和江南一些小钢铁厂使用外，要运送到长江以北几百公里外的小钢铁厂使用，而联盟化肥厂却要从长江以北几百公里外的淮南市或淮北市去拉焦炭，造成了大量浪费。再以部门和地区之间界限森严为例，如上海中国纺织机械厂，过去是中央部属企业，下放地方后，产品和生产任务，仍由纺织部管，近年来这个厂翻砂车间任务不足，但由于归口领导，地方不能安排任务。尽管上海轻工、一机系统翻砂任务吃不了，这个厂多余的生产能力也只能任其闲置无事干。

其次，这种按行政系统、行政区划管理经济的体制，由于切断了横向的经济内在联系，迫使各部门、各行业、各地区力求自成体系，搞"大而全""小而全"，不利于搞综合利用和专业化协作。以设备维修为例，现在几乎每个厂都有自己单独的、成套的维修设备和队伍。这是因为目前这种按行政系统的管理体制，使得企业自己不搞维修就无法维持生产。而这些设备的利用率大都很低，如北京市用于设备维修的机床，占全部机床总数的28.4%，另外还有大量的专用维修设备。而多数厂一天只开一班，经常有1/3的设备闲置不用。据北京市电子管厂等7个单位调查，维修车间人员占企业总人数的10%~20%，多数企业维修任务不足，劳动效率很低。而维修力量弱或没有维修机构的企业，设备维修又非常困难。再以不搞综合利用为例，北京地区已有40个制氧厂（车间），70多套设备，制氧能力已经超过全市需要，利用率一般仅60%左右，但一些新建单位又要新建制氧车间。据对北京16个单位调查，有8个生产氧气，放掉氮气，其他8个正好相反，生产氮气，放掉氧气。这说明在现行体制下，都不搞综合利用，必然要造成大量的浪费。

再次，经济生活中横向联系被切断，各自自成体系，还造成各部门、各行业、各地区重复建设，重复生产，浪费人力、物力、财力。以钢铁冶炼为例，各省、市、区以至地、县都想自己解决钢铁的供应，不顾资源、运输条件，分散办了许多小钢铁厂，投资大、效果差。不少大钢厂旁边就有小钢厂。山东省济南市方圆40里内，就有大小钢铁厂4座，分归省、市、县三级管理，互争矿石、煤炭，搞得谁都吃不饱，大家都亏损。再以汽车业为例，据调查，1979年全国有汽车制造厂130个，经过初步调整，还有100个。有26个省市生产汽车，拥有5个厂以上的7个省市，如江苏8个，山东9个。在100个汽车厂中，生产解放牌的31个厂，跃进牌的14个厂，北京130牌的23个厂，黄河牌的9个厂，北京吉普车6个厂。在这100个汽车厂中，年产100辆以下的17个。批量不同的汽车厂成本、价格相差悬殊。如跃进牌2.5吨车，南京汽车厂生产11 811辆，成本9698元，单价11 000元；洛阳汽车修理厂生产100辆，成本17 800元，单价15 500元，仍亏2300元。北京130二吨车，北京第二汽车厂生产7900辆，成本9966元，单价13 000元；哈尔滨汽车厂生产51辆，成本33 000元；单价25 000元，仍亏8000元。

以上只是举了一些个别的例子，类似的现象还很多。这些都说明，企业之间横向经济联系被切断，带来多么大的经济恶果。而且，也增加了企业之间办事的困难。本来，许多事情，如果企业之间直接见面，可以很快解决。但由于被这种不合理的按行政系统、行政区划管理经济的制度割断了横向的内在经济联系，事情便变得难办起来。在这种体制下，许多事情不先由行政主管部门决定之后层层下达，或者不向上面一级一级地请示报批，就什么也办不成。多少道关口，哪一道关口通不过也办不成。而从下

中国的经济体制改革

向上报，再从上向下批，一个圈子兜过来，即便是道道关口顺利通过，也把时间耽误了。显然，这样一种不合理的经济体制，不能不严重地阻碍着企业经营管理的改善和整个国民经济的发展。

3. 这种体制实行自上而下的指令性计划制度，排斥市场机制的作用，与复杂多变的社会需要不相适应。企业生产什么和生产多少，主要按照从上而下的指令性计划指标，不能很好地按照社会的实际需要来安排。而国民经济又是错综复杂的，既有国营企业，又有集体企业，仅工业企业就有几十万个，农村人民公社也有四百几十万个生产队，产品品种、规格更是不计其数；并且，各种生产技术条件和社会需要又经常发生变化。照道理说，按计划生产与按需要生产应当是一致的。但是，在目前条件下，离开了市场机制，一个统一的计划中心，事实上无法精确地反映出社会对千百万种产品的千变万化的需要。这样，按上面布置下来的计划生产出来的东西，往往是货不对路。一方面，社会需要的东西得不到满足；另一方面，社会不需要的东西，按照计划却仍大量生产，造成积压。再加上企业生产的产品，大部分是由国家统购统销；企业需要的生产资料，大部分又由国家统一分配、计划调拨。生产企业同消费者之间不能直接见面，生产者不能及时了解消费者的需要，消费者也不能对生产施加影响，计划指标不符合实际需要的缺陷，不能通过市场机制灵活地反映出来，并得到及时的纠正。于是，企业的产供销脱节的情况，长期得不到解决。在这种计划体制下，即使产品已经出现滞销，企业也无权根据市场的需要来转产。如天津第三棉纺织厂，1978年生产的隐条中长纤维，市场已经不需要，厂里要求改产，报告送上去两个月也没有批下来，厂里又无权调整品种，只好继续生产，造成新的积压。又如锦州市商业部门库存的单开小刀141万把，按市场销售情况，够销30多年，但每年仍安排生产40万把。产需之间不见面，更加剧了生产者与需要者之间的矛盾。可以举广东省机引农具厂和上海轧钢试验厂为例。广东省机引农具厂主要生产犁、耙、水稻联合收割机等农具，每年需要大量的矩形钢管。这种钢管要由上海轧钢试验厂供应。可是，他们申请材料订货，需要把计划逐级上报到广州市农机公司、市机电局、市金属公司、省金属公司，由省金属公司参加全国冶金材料订货会议订货，农机厂同订货会议隔着四道关口，无法见到材料生产厂。而且，农机厂的材料计划要经过层层汇总，层层平衡，往往在平衡中得不到保证。由于这类原因，尽管上海轧钢试验厂有专门生产冷弯矩形钢管的车间，年生产能力两万吨，但每年订货都只有一两千吨。而广东机引农具厂1977年生产需用200多吨矩形钢管，由于产需不见面，只解决了25％，给生产造成很大困难。这样，一方面农具厂苦于分配不到矩形钢管；另一方面生产矩形钢管的工厂又苦于有货卖不出去。由于供需脱节，企业得不到所需物资，不得不靠人事关系或以物易物等不正常办法，到全国各地去找，造成采购人员满天飞。据估计，全国大约每天有300多万人在跑物资。云南省有个天然气工厂为了买个小零件，派出汽车越过半个中国，到湖南岳阳和河北沧州去购买，仅汽油费就超过零件价值许多倍。

4. 这种体制实行大包大揽，捧"铁饭碗"，吃"大锅饭"，搞平均主义，不负经济责任，与用同样的劳动消耗取得最大经济效果的要求不相适应。所谓企业吃"大锅饭"，是指企业的收入，包括企业的纯收入和基本折旧基金，全部或大部上缴，企业发展生产、改进福利等开支，则都伸手向上面要。国家对企业无偿供给全部固定资产和大部分流动资金，企业对资金的使用效果可以不负任何经济责任。所谓职工捧"铁饭碗"，是指职工一经录用，就有了终生职位，不管其表现如何，企业是否需要，都不能辞退；不管企业经营好坏、盈利亏本，工资都得照拿。由于企业既缺乏自主权力，又不负经济责任，经营好坏与物质利益不挂钩，企业的经济核算不能不流于形式，单纯为记账而核算，而不是利用职工对物质利益的关心来促进生产效果的提高。在这种情况下，企业和职工对于节约生产消耗、降低成本、改进产品质量、增加产品品种以适应市场消费者的需要自然缺乏热情。如大连冷冻机厂生产的活塞式冷冻机，是仿照苏联20世纪40年代的产品，结构落后效率低。该厂设计人员设计出一种离心式冷冻机，效率比活塞式冷冻机可提高10%，但厂里有的领导人却认为：生产老产品，质量过关，工艺成熟，年年完成计划，何必搞新产品，自找麻烦。之所以会出现这种状况，除了其他方面的原因，主要是发展新产品，对企业和个人没有好处，不搞新品种也没有坏处。由于不负经济责任，浪费对于企业集体、对于个人都不带来任何损失，浪费国家财产便成了司空见惯的现象。甚至有的企业面对大量浪费国家资财的现象，也是视若不见，听之任之。如陕西韩城有个煤矿和发电厂，只一墙之隔，按原来设计，电厂是煤矿的坑口电厂，煤矿出产的原煤供发电厂使用。只要两厂之间装一条皮带运输机，煤炭就能送电厂发电，既方便，又节省。但是，由于两家闹矛盾，却是先把煤炭用10多辆汽车运到煤矿以东10里的韩城火车站，然后装上火车又跑10里拉回电厂。每天从早到晚，动用汽车、火车和若干劳动力装煤、运煤、卸煤，干着无效劳动，仅一年零五个月，就浪费了230多万元。本地人讽刺说这是"煤炭大游行"，是对吃"大锅饭"的经济体制的莫大讽刺。

现行经济体制的上述问题，有的经济学家还分别从决策体系、调节体系以及管理组织和管理方法三个方面作了进一步的概括。认为现行经济体制的主要特点和弊病在于：首先，在经济活动的决策上，片面强调国家的集中决策，而忽视企业、劳动者个人对于自己的经济活动的自主决策权，基本上是一种单一的国家决策体系。其次，在经济活动的调节上，人力物力财力资源在各个部门之间的分配，不受市场供需变动和价格高低的调节，而主要根据国家计划来安排，基本上是一种单一的计划调节体系。第三，在管理组织和管理方法上，主要依靠党政机构，用行政办法和"长官意志"进行管理，而不是依靠经济组织、用经济办法和经济法规进行管理，是一种纯粹行政的管理体系。这种高度集中的、以行政管理为主的，忽视市场调节的体制，在生产上表现为以产定销，不问需要；在流通上表现为统购统销，独家经营；在分配上表现为统收统支，吃"大锅饭"。这套体制，把整个国民经济管得很死，不能很好地调动各个方面的积极性，造成了人力、物力和财力的极大浪费，阻碍了生产力的发展，这是多年来中国经济之所以发展缓慢、人民生活提高不快的一个十分重要的原因。

中国经济学界对于上述不合理的经济体制之所以形成和长期存在的原因，也进行了分析，认为这里有着深刻的历史和社会背景，以及理论认识等方面的根源。

首先，中国原来是一个长期受封建主义统治的国家。现行体制中不少东西都同封建残余有着渊源关系。例如，封建社会中的家长制和等级制思想、小农经济的自给自足的自然经济思想等残余，在现行体制中表现为把什么都统起来，高度集中、按行政系统和层次用"长官意志"进行管理，以及各自追求封闭式的体系和排斥商品货币关系等方面。

其次，一些老解放区管理经济的传统做法，以及解放后对资本主义工商业改造的办法被沿袭下来。例如革命战争年代特殊历史条件下，在军队和干部中实行的军事共产主义的供给制办法；社会主义改造时期，对资本主义工业企业实行的统购包销的办法；在市场管理方面实行的限制私商采购和贩运，农副产品由供销社或国营商业独家采购的办法等，在当时是行之有效的，却被误认为在任何情况下也是可行的。现行经济管理体制中的很多方面，都可以找到上述一些做法的痕迹。

再次，中国和苏联一样，都是在生产力水平不高的条件下取得革命胜利并开始社会主义建设的，要在较短的时期内克服落后的状态，遇到的问题有很多相似之处。同时，中国在20世纪50年代初期开始进行社会主义经济建设的时候，可以效法的模式，也只有苏联一家。因此，很自然地把苏联那套高度集权的以行政管理为主的体制，当做社会主义国家唯一可行的经济体制照搬过来，并且，很容易地就把它接受了下来。

最后，中国现行经济体制存在的问题，还与对社会主义经济中一系列理论问题的认识有关。长期以来，由于"左"的错误的影响，一直认为，社会主义经济只能是纯而又纯的公有制经济，不承认社会主义现阶段，在保持公有制占优势的条件下，还要存在多种经济成分；一直认为社会主义经济只能是纯而又纯的计划经济，不承认社会主义经济同时仍然是一种商品经济；一直认为，全民所有制企业之间不存在利益上的差别，不能进行商品交换；一直认为，社会主义计划经济只能实行自上而下的指令性计划，不承认价值规律的调节作用；一直认为，全民所有制企业的经济活动，只能由国家行政机构来管理，不能靠经济组织、用经济办法来管理；一直认为，集体所有制没有全民所有制优越，小集体没有大集体优越，忽视集体所有制和个体经济在现阶段的作用，往往急于过渡，追求所有制的"大"和"公"，等等。所有这些对于社会主义经济的错误认识，构成了现行的国家集权的经济体制的理论基础，使得过去一些改革的尝试，只能在高度集权的模式的老框框内，做一些修修补补的工作，不可能取得成效。因此，要改革现行经济体制，一个十分重要的前提就是必须对这些理论问题进行认真研究，重新认识。只有在对什么是社会主义和对中国国情正确认识的基础上，才能够提出正确的改革方向，进而提出改革的具体做法和步骤，把经济体制的改革，胜利推向前进。

三、体制改革的方向和实施步骤的设想

在对现行经济体制存在的主要问题和弊端进行剖析的基础上，近几年来中国经济界和经济学界对体制改革的方向，也进行了热烈的讨论。基于对现行经济体制中存在的主要问题认识不同，在改革方向这个关键问题上，自然会有不同意见和争论。如前所述，在讨论初期，有一些经济工作者认为当前的主要问题是中央集权不够，经济管理过于散乱。另一些经济工作者则认为当前的主要问题是中央集权过多，地方权力过小，经济管理过死。应该看到，由于中国经济体制原有的缺陷，加上十年动乱时期所遭受的破坏，经济生活中确实存在着"乱"且"死"的现象。有些人强调前者，针对国民经济管理中"乱"的现象，从治"乱"出发，认为体制改革方向，应该坚持以中央为主来集中管理，适当扩大地方和企业的权力，并在一定范围内采取一些经济办法，利用一些经济手段。他们的具体主张主要是：重点企业和产供销面向全国的大型企业由中央各部管理，主要的生产建设任务仍采取自上而下的指令形式下达。主要生产资料和消费品由国家分配，基本建设投资由国家统一安排，劳动力、物价和进出口贸易由国家统一管理。在这个基础上，按行业组织一些公司，扩大企业一些自主权，给地方增加一些机动财力。采取这个方案，中央各部需要收回相当一部分企业，国家分配的物资品种也要大大增加，中央各部委的机构需要继续加强。

也有些人针对国民经济管理中中央管得过"死"的现象，认为经济改革的方向应该是，实行在中央统一领导下，以省、市、自治区为主分散管理。他们的具体主张是：中央除管铁路、民航、电信干线、长江航运、海运、跨省电网、输油输气管线、国

防工业和全国重点科学研究及重点大学等以外，其他企事业单位全部交给地方；计划的编制以省为主；财政收入上，对各个地方确定上交中央的数额或上交比例；物资分配上，对各个部门和地区核定基数，固定调出调入量，一定若干年；各部门、各地区发生产品数量、品种不足或多余时，可以在省与省之间、省与中央部之间实行商品交换，也可以通过进出口贸易自行调节，省与省之间可以联营或成立股份公司等。

上述两种意见，各自从不同的角度，针对国民经济中的"死"和"乱"，提出了一些改革办法。这些办法，在一定程度上是具有积极的意义的。但是，不管是第一种意见还是第二种意见，作为体制改革的总体设想来说，它们都存在着一个共同的致命的弱点。这就是它们都未能跳出划分中央、地方权力这个行政管理的老框框。而20多年的实践，已经反复证明，这种办法都会把经济的内在联系割断，都不能充分利用人力、物力、财力和国家资源，而易于造成互相封锁、互相割裂，自成体系；都得主要依靠行政办法，不能落实经济责任；都要设立庞大的行政机构，而不能给企业以应有的权力，解放企业的生产力。有鉴于此，大多数人认为，这两种意见对治理国民经济中的"死"和"乱"，仅仅只是治标，而不是治本，不能从根本上解决国民经济管理中的问题，因此不能作为经济改革的方向。

经过讨论，中国经济界和经济学界人士认识到，中国经济体制改革的方向，不能脱离中国的社会主义实际来谈。怎样认识中国的社会主义实际？从体制改革的角度来看，大家发表的意见，概括起来，主要有以下几点：

第一，中国是一个以公有制为基础的社会主义国家。经过30年的建设，虽然已经初步形成比较完整的工业体系与国民经济体系，但是，目前中国10亿人口中有8亿农民，他们基本上还是从事手工劳动，工业的生产水平与先进国家比还有很大差距，生产社会化程度不高，各个地区、各个部门、各个生产单位之间，生产力水平又很不平衡，与生产力的这种状况相适应，生产资料所有制只能实行以公有制为主的多层次结构。这就是说，在社会主义公有制占绝对优势的情况下，应当允许其他经济成分同时存在。实际上，在目前中国的经济生活中，不仅有公有化程度不同的经济存在，即既有全民所有制经济存在，又有比较高级的和比较低级的集体化经济存在，而且有各种联合经济的存在，有城乡个体经济存在，还有部分其他非社会主义成分的经济（如外商和华侨的投资）存在，而经济体制就其实质来说，就是所有制的具体化。因此，经济体制的改革，首先必须符合多种经济成分同时并存的这种实际情况。

第二，中国革命是在一个生产力落后，商品经济很不发展的国家中取得胜利的。商品经济在社会主义中国仍然要继续存在和发展，不过它不同于资本主义下的商品经济，它是建立在公有制基础上的社会主义商品经济。在今后一个很长的历史时期中，中国不是取消商品经济的问题，而是要努力使社会主义商品经济获得充分发展。经济体制的改革，必须适应社会主义商品经济发展的要求，要改掉那些与商品经济格格不入的如画地为牢、自成体系、"小而全""大而全"等反映封建的、自然经济要求的旧体制、旧办法；要充分利用社会主义商品经济各个经济组织既有相互分离的一面，同时又具有在公有制基础上实行全社会联合的有利条件，把计划调节和市场调节结合起来，由国家自觉地依据价值规律办事，通过价格、税收、信贷、工资等经济杠杆，作用于生产、流通、分配等领域，使各项经济活动的结果达到国家计划预定的目标，为社会主义建设和提高人民生活水平服务。

第三，社会主义经济关系是一种利益关系，具体说，就是国家、集体、个人各方面的物质利益关系。旧的经济体制往往不能正确处理各方面的经济利益关系，特别是对企业（包括生产队）

和劳动者个人的物质利益注意不够，挫伤了他们的积极性，实际上起到了削弱社会主义生产关系，阻碍生产力发展的作用。经济体制改革从一定意义上说，就是要找出一种适当的机制来调整整体的、局部的和个人的物质利益关系。因此，它要体现贯彻物质利益原则的要求。就劳动者的个人物质利益来说，最重要的是要真正贯彻按劳分配，反对平均主义；就一个企业来说，问题在于不仅要给企业以经营管理自主权，承担经济责任，同时还要把企业的经营好坏和企业集体的经济利益联系起来。只有这样，才能把各个方面的积极性都调动起来，最终形成一股推动经济发展的动力，有力地推动社会生产力飞速地向前发展。

在对中国经济体制演变的经验教训进行认真总结和对中国社会主义的实际重新认识的基础上，中国经济界和经济学界对体制改革的原则和方向，逐渐形成了比较一致的看法。这就是，在坚持生产资料公有制占优势的条件下，按照发展商品经济和促进社会化大生产的要求，打破行政框框和自然经济思想的束缚，从以下三个方面进行根本性的改革：

在经济决策体系上，从高度集中的单一的国家决策体系，改变为国家、经济单位和劳动者个人多层次的决策体系；

在经济调节体系上，从单一的计划调节体系，改变为计划与市场相结合的调节体系，在计划指导下，充分发挥市场机制的作用；

在管理组织和方法上，从主要依靠党政机构、行政组织和用行政办法管理经济，改为主要依靠经济组织、经济办法和经济法规管理经济。

通过这些根本性的改革，正确处理国家、经济单位和劳动者个人的经济利益关系，调动各方面的积极性，合理地组织各种经济活动，以同样的劳动消耗取得最大的经济效果，加速社会主义现代化建设。

按照上述改革总的方向，研究体制改革的经济专家们又提出了一系列改革设想，这些设想的主要内容是：

1. 把企业从部门和地方行政的附属物，改为相对独立的经济单位。这是解放社会生产力，让企业充分发挥作用的大改革。就是说，让企业在国家计划指导下，在政策和法令允许的范围内，有权按照社会的需要和价值规律，自主地进行生产、交换等经济活动，做到独立核算，自负盈亏。企业在缴纳税金和偿还贷款本息以后，所得利润可以建立生产发展基金、福利基金、奖励分红基金和后备基金，并自行支配。企业在保证完成国家规定的任务前提下，根据市场需要，自行编制计划，选择供货单位，购买所需的物资，销售自己的产品，有的经过批准，也可以直接出口。企业在国家规定的范围内，有权确定工资形式及职工的晋级和福利待遇；有权自由招工，辞退多余职工，被辞退的职工的生活费，由社会保险基金解决。职工在一定范围内有权选择职业。农村社队有权根据因地制宜、发挥优势的原则，采取分工协作、专业联合等形式，从事各种经济活动。在保证完成国家规定的重要农副产品收购任务的前提下，有权根据市场需要和自身的经济利益编制生产计划和销售产品，有权决定收益分配，抵制各种平调和瞎指挥。发展多种经济成分，允许在商业、服务业、小手工业、运输业、建筑业和其他服务业等方面实行合作经营和个体经营。

2. 把分散的"大而全""小而全"的经济单位，改为按专业化协作和经济合理原则组织起来的经济联合体。各种经济联合体要在自愿互利的基础上，采取自下而上和自上而下相互结合的办法，打破地区、部门、军民和所有制的界限进行组织。联合体的形式可以多种多样，有的是生产过程的联合；有的是生产要素如原料、劳动力、资金、技术等的联合；有的是统一管理、统一核算的；有的是分别核算的松散的组织；有的是地区性的，有的是跨地区的，确有必要的也可以组织全国性的。联合体对内要维护企业的自主权；对外不能搞垄断，一个行业可以成立若干个联合体，以利竞争。企、事业单位的生活服务机构，过去许多都由企、事业自己管，把企、事业办成了一个"小社会"，很不经济合理，今后要按专业进行联合，逐步实现社会化。

3. 把受行政系统分割的封闭的产品分配调拨体系，改为统一领导的开放的商品市场。这是解决流通环节的改革。过去，我们的市场是分割的，没有统一的商品市场，生产资料一般不进入市场而由国家调拨分配。今后无论生产资料和消费资料都要按照社会主义商品经济的原则组织流通。除少数关系国计民生的重要商品和某些短缺的商品，其主要部分实行计划分配外，其余商品一律自由购销。商品流通要增加渠道，减少环节，打破行政区划、行政部门的界限，按经济区域来组织，逐步形成各种类型的贸易中心。在这个基础上，协调好各个贸易中心之间相互联系，形成全国统一的商品流通市场。为了把目前的卖方市场改变为买方市场，在计划安排上必须注意把商品供应和购买力搞平衡，并使商品供应略大于消费者的直接需求。对外贸易要改变独家经营，条块分割的状况，把经营外贸的实体放在大的生产企业和外贸企业上，注意调动其他有出口任务企业的积极性。在国家统一计划和政策指导下，采取多样灵活的经营方式，以适应多变的国际市场的需要。

4. 把按条条、块块组织经济活动，改为通过经济中心来组织经济活动。过去，有自然形成的货物集散地，形成贸易中心。如上海、天津、武汉、广州、重庆、沈阳等地，以流通环节为主来组织各地的经济活动。后来，我们按条条或块块组织经济活动，把原有的经济联系割断了。今后要考虑按经济合理原则，在全国范围内形成若干个以工商业比较发达的大城市为依托的经济中心。每个经济中心的周围，可以有若干以中心城市为主体的中的和小的经济中心，与其他中小城镇和农村相结合。每个经济中心不受行政区域的限制，按经济的自然联系，以取得最好的经济效益为原则，组织经济活动。各个经济中心的活动，可以相互交织，相互联结，逐步形成一个网络结构的灵活的有机体。

5. 把自上而下的指令性计划制度，改为自下而上、上下结合的指导性的计划制度。国家计划以宏观经济为对象，主要通过中长期计划指导国民经济的发展。中长期计划规定国民经济发展方向、主要比例、基本建设规模、投资方向和重大建设项目，以及人民生活提高的幅度。年度计划主要抓好财政、信贷、物资和外汇四大平衡。在特殊必要场合，对于少数关系国计民生的重点企业和重要短缺产品的生产和购销，以及重大建设项目，可以采取指令性计划指标；但作为原则，一般应取消指令性计划制度，实行指导性计划制度。国家和有关经济部门，要定期或不定期地发布国民经济发展动向预测，和各种产品的生产能力、产需、库存、价格和资金利润率等情况的公报。企业根据国家要求和市场情况制订自己的计划，自下而上，层层协调，逐级平衡。国家主要通过经济手段，把企业的经营活动引导到国家计划和社会需要上来。必要时，国家可以依法采取行政手段进行干预。

6. 把主要依靠行政办法管理经济，改为主要运用经济手段调节经济。国家要通过价格、税收、信贷等经济杠杆来加强市场调节。工业产品价格要根据平均生产成本和平均资金利润率制定，并要根据产品成本和市场供求的变化及时进行调整。农产品价格要根据逐步缩小工农业产品差价的要求制定和调整。价格管理要灵活，把单一的国家定价制度改变为多种形式的价格制度：主要农副产品、原材料、燃料以及重要消费品，实行国家统一规定价格；部分农副产品、原材料，大部分加工产品和多数消费品，实行一定幅度内的浮动价格；其他产品实行自由价格。全民所有制企业向国家上交利润改为缴纳税金。采取划分不同税种和规定不同税率的办法，来调整企业的利润水平，区分中央与地方两级财政收入的来源。把资金的无偿供给制度逐步改变为有偿占用制度，充分发挥银行调节和控制资金的作用。中国人民银行应成为国家的中央银行，负责管理、协调各专业银行和其他金融组织的活动。

7. 把忽视法治，改为严格法纪，加强经济立法、司法和监督。过去，无论在政治还是经济领域，都是单纯靠人治，什么事都是少数领导人或者第一把手说了算，弊病甚多。今后要加强法治。国家要制定《民法》《财政法》《银行法》《计划法》《统计法》《会计法》《合同法》《专利法》《计量法》《公司法》《工厂法》《商店法》《矿山法》《劳动法》《土地法》《草原法》《水产资源法》《基建法》《税法》和《价格法》等多种经济法规，使各种经济活动有法可循，并成立经济法庭，审理经济案件。从中央到地方都要建立经济监督制度，充分发挥统计、财政、税务、银行、物价和工商行政等机构的监督作用。

8. 把中央经济管理权力过于集中，改为在中央统一领导下扩大地方管理权力。中国疆域广大，正确划分中央和地方政府的经济管理范围十分重要。看来，下述划分是比较恰当的。中央负责制定经济技术政策、经济法规、全国经济发展计划、国家财政预算、确定经济区域布局、重大建设项目、国防建设和支援落后地区经济发展等。地方负责制定地方经济法规、地方经济发展规划、地方财政预算，负责管理城市建设、服务行业和各种地方基础设施，以及地方农林、水利、文教卫生等。在中央统一政策的领导下和法令规定的范围内，地方有权决定地方财政收支，有权开征地方税种和确定税率，有权确定部分产品价格的浮动幅度，有权进行一定范围的进出口贸易等。

9. 把企业党委领导下的厂长负责制，改为职工代表大会制和厂长负责制。所有企业都要实行民主管理。职工代表大会（或职工大会）是企业的权力机构，根据国家的有关规定，讨论决定企业的生产经营方针、产供销计划和财务、劳动、工资福利等重大事项，辞退职工，选举和罢免厂长，并报上级备案或批准。职工代表大会可以设立常务委员会，在大会闭会期间代行大会的职权，监督大会决议的贯彻执行。厂长是企业的行政领导人。副厂长、总工程师、总会计师由厂长提名，经职工代表大会或常务委员会通过任命。企业党委是企业思想政治领导的核心，它的主要任务在于保证党的方针、政策在企业里贯彻执行。各种经济联合体的联合委员会或董事会成员，由参加联合体的各方推举代表组成，联合体的经营方针、产销计划、利润分配等重大事项以及经理的任免，由联合委员会或董事会根据联合体的协议或征求有关方面的意见决定。

10. 把党政直接管理经济，改为主要由经济机构管理经济。各级党委要从管理经济的具体事务中摆脱出来，在经济建设的方针、政策等方面更好地发挥领导作用。各级政府主要通过政策、法规、规划，通过运用经济杠杆来指导和管理经济，不干预经济单位的内部事务。中央与地方根据不同情况分别成立管理经济的各种委员会，相应地取消不必要的专业部和厅局。各种委员会的任务是：检查监督企业贯彻执行国家的方针、政策、法令的情况；制定经济发展的规划和经济技术政策；指导、协调或审定企业的计划；组织重大基建、技术改造、科研项目的建设；提供国内外经济情报；组织技术交流；培训专业人才，进行工作指导等。

以上我们比较详细地介绍了中国经济界和经济学界关于经济体制改革总的方向和一些主要设想的内容。不难看到，上述改革设想的实现，将给中国经济管理体制在集权与分权的关系上、在计划与市场的关系上以及在行政手段与经济手段的关系等方面，带来根本性的变化。避免那种高度集中的、忽视利用市场机制的、以行政管理为主的经济体制的种种弊病，特别是彻底解决过去经济体制中管得过多过死和吃"大锅饭"的问题。新的体制将有助于调动企业、经济组织和劳动人民的积极性，使各级经济组织和个人负起经济责任，促进社会分工，推动技术进步，解决产需衔接，提高经济效率。它还有助于克服官僚主义，大大精简行政机构，使党政领导和中央决策机关从烦琐的事务中解脱出来，集中精力加强对经济的重大方针、政策、规划的研究和指导，提高经济管理水平。

所以，按照这种设想建立起来的经济管理体制，在我国将是一种新型的模式。它是从中国社会主义实际出发，力求适合中国现代化建设要求的一种经济管理模式。

当然，以上关于改革方向的设想，仅仅是初步的，还很不完善，也不是在所有方面大家的意见都一致了。例如在如何理解把自上而下的指令性计划制度，改为自下而上、上下结合的指导性的计划制度，如何理解新的调节体制中计划指导与市场机制的关系，以及企业领导体制中如何处理党委、职工代表大会与厂长的关系等问题上，还存在不同的看法，还有待经济学界和经济工作者作进一步的探索。并且，要实现体制改革，光有改革方向的设想是不够的。还要对新的经济体制进行全面的方案设计，还要制定实施改革的步骤。所有这些设想、方案、步骤是否符合客观实际，还有待于改革的实践来证明，并需要从理论上作进一步研究，以求得到不断的完善。

关于新经济体制如何设计和实施改革采取哪些步骤，中国经济界和经济学界目前正在进行紧张的研究。在有关实施改革步骤的研究中，他们特别注意到以下几个关系问题。

第一，调整和改革的关系。中国共产党的第十一届三中全会后，为了进一步克服"文化大革命"十年动乱所造成的严重困难，为了纠正粉碎"四人帮"以后头两年由于对过去国民经济比例严重失调的情况认识不足而造成的失误，决定采取以调整为中心的"调整、改革、整顿、提高"的八字方针。调整的直接任务，就是要把严重失调的国民经济比例关系逐步协调起来，把极不合理的国民经济结构逐步调整合理。本来经济结构和比例关系存在的许多问题，也和经济体制不合理有密切联系。经济权力过分集中和吃"大锅饭"的弊病，造成经济僵化，使经济发展失去活力和弹性。如果不对这些弊病进行必要的改革，比例关系的调整和合理结构的建立是极其困难的。所以，要搞好经济调整，就需要进行相应的体制改革，这是不待言的。但是，经济调整不仅是建立合理的经济结构所必需，也是进行全面的体制改革所必需。在国民经济比例严重失调的情况下，市场紧张、物价波动、财政、物资、信贷不平衡，国家拿不出必要的财力和物力作后盾，来支持诸如调整物价、改革税制以及其他改革措施的需要。在物资、能源供应很不正常的情况下，企业生产和经营的外部条件不正常，产供销难以很好地衔接，企业生产情况好坏，盈利水平高低，常常不能由企业本身的努力来决定。在这种条件下，即使给企业以必要的经营管理自主权，企业也难以充分而有效地加以运用。所以，不搞好调整，很难进行全面改革。在以调整为主的时期中，调整是第一位的任务，是全局，改革要服从于调整，有利于调整。当然，反过来，调整好了，国民经济协调了，也为进一步的全面改革创造了良好的经济条件。

第二，政治改革和经济改革的关系。经济体制和政治制度是互相联系的。现行经济体制中决策权力过于集中，忽视市场调节，主要依靠"长官意志"和行政手段进行管理，把经济统得过多过死等弊病，就是同政治制度中权力过于集中、缺乏民主和缺乏法治密切相关的。改革现行经济体制，建立多层次的决策体系、实行计划调节与市场调节相结合，以经济手段、经济法规来代替行政手段和"长官意志"，所有这些，都意味着经济生活的分权化、民主化和制度化。这些改革，一定要触及各层次的既得权益者或者保守主义者，因而要受到各种有形无形的抵制。由此可见，要解放被束缚的生产力，单有经济体制的改革是不行的。如果不相应地进行政治改革，现行政治制度中权力过分集中带来的官僚主义、一言堂、家长制作风等弊病，必将妨碍经济体制改革的正常进行，并且将危害新的经济体制。因此，与经济体制改革相适应，必须同时进行政治制度改革，改变权力过于集中的现象，发展社会主义民主，健全社会主义法制，改善各级政府领导和企业领导，实行党政分离、政企分离，为经济体制改革的顺利进行创造有利的政治条件和适宜的环境。

第三，小改和大改、局部改革和全面改革的关系。中外经济学者中曾经有一种意见，就是改革经济体制必须是一揽子的，要改就得一下子全面铺开，俾使新体制的各个组成部分相互协调配套，而不要一步一步点点滴滴地改。经过研究和讨论，许多经济学者和经济工作者都认为，作为体制改革的方向和指导，必须有一个全面配套的改革总体设想、总体方案和总体规划，如果改革方向不弄明白，对新体制各个组成部分的相互关系心中无数，就急忙动手东改一下，西改一下，那就必然会走弯路，造成损失。但是，也不能等到改革方案的一切细节都弄清楚了，改革所需的一切条件都具备了，在某一个时辰一下子铺开全面配套的改革，那也是不现实的。一来是时间不容许我们从容地等待完整的设计和全部条件的成熟；二来更重要的是中国是一个有960万平方公里、10亿人口、8亿农民的大国，各地方、各部门发展极不平衡，情况极为复杂，不经过反复试验逐步扩大，就一下子全面推开一个一揽子的改革，那样弄得不好反而会造成更大的损失。所以，改革的具体实施，必须从试验开始，由小改到中改，由中改到大改，不断研究新情况、新问题，认真总结经验，因势利导，使全部改革过程能够健康地发展。在改革的过程中，要采取一系列逐步过渡的办法，兼顾各方面的利益，协调配套，循序渐进。从实施的步骤来说，首先要用一定时间搞好体制改革的总体规划，拟出具体改革的方案，积极进行各项改革的试点，以便总结经验教训，将确实可行的改革措施进一步推广。其次要用一定时间完成税利、价格、银行、计划、商业、外贸和劳动体制的改革，为经济改革的全面开展打好基础。最后，在各方面条件具备，并且对改革取得了一定经验的基础上，全面推开并完善体制的各项改革。步骤上的这种划分，其目的是使改革从一开始就纳入有计划、有准备、有章法的轨道。使十分复杂的体制改革，能够在没有太多失误的情况下，有条不紊地进行。这样做，比较符合事物发展的客观规律，能够比较顺利地自然地由旧体制过渡到新体制，可以避免那种由于不切实际地突然改变某种体制可能产生的破坏经济的后果。

四、两年来体制改革的试点和成效

经济体制改革在中国已经不仅仅是一个理论上探索的问题，而且是当前一个重大的实践问题。1979年春中共中央提出的"调整、改革、整顿、提高"八字方针中，改革是不可分割的一项。当然，前面讲到中国经济界和理论界关于体制改革的一整套设想，目前还没有全面实施的条件。但是，为了取得全面改革的经验，为了搞好调整和整顿，对经济体制中必须而又可以改革的部分，应该积极地进行。两年多来，中国许多地方和部门根据党中央和国务院的指示精神，在体制改革方面做了不少工作，进行了一些局部性的、试验性的改革。

这种试验性的改革，起初是从扩大企业自主权入手的。最早进行扩大国营企业自主权试点的是四川省，于1978年10月选择6个企业开始试行。自1979年起，该省又把试点单位扩大到100

个，收到了显著的经济效果。1979年7月，国务院发布了关于国营工业企业管理体制改革文件。在此之后，全国各地也相继进行了扩大企业自主权的试点。到1979年年底，试点单位达到4000多个，1980年发展到6600多个。其中的191个企业，还先后开始了"以税代利、独立核算、自负盈亏"的试点工作。这6600多个试点企业，占国家预算内的42 000个工业企业的16%，它们的产值约占60%，利润约占70%。①在农村，人民公社生产队也有了一定的自主权，推行了各种形式的生产责任制，贯彻了适合当前生产力发展水平的一系列政策。

在试行扩权试点的同时，不少部门和地区开始着手改组工业，有些省、市结合经济调整，按照专业化协作和经济合理的原则，组建了一些专业公司和总厂。据北京、上海、天津、辽宁、湖北、江苏、四川等21个省、市的不完全统计，现已组建了各种专业公司、总厂1200多个，京、津、沪三市已纳入公司、总厂范围的企业，占三市企业总数的31%；辽宁、黑龙江、内蒙古、宁夏、青海五省、区平均占8.2%。有的地方还搞了地区与地区之间、全民企业与集体企业之间、城市企业与农村社队企业之间的联营、合营、补偿贸易等多种形式的联合。在农村还试办了一批农工商联合企业。在城镇发展了一批集体所有制工业、运输业、建筑业、零售商业、饮食业、服务修理业，允许经营个体手工业和商业。

国营企业和生产队扩大自主权以及其他一些改革的试行，不能不触及现行经济体制的各个方面，从而使它发生了不同程度的变革。这些变革主要表现在以下几个方面：

在计划体制方面，作为扩大企业自主权的一个重要内容，是允许企业拥有部分计划权。试点企业除了按国家下达的计划进行

---

① 《人民日报》1981年1月2日第一版。

生产外，可以根据市场需要制订补充计划，同时对国家计划中的品种规格也可根据市场需要的变化进行调整。企业与企业之间在国家计划之外直接订立的产销合同，也可纳入国家计划之内。据第一机械工业部系统统计，1980年企业根据市场需要安排的生产任务，占总产值的47%。企业拥有部分计划权，这是对现行计划体制的一个很大的改进。过去计划是指令性的，企业无权更改，而现在则允许在一定范围内按照实际情况进行调整，使计划有了一定程度的适应性和灵活性。

在物资体制方面，一个重要变化是允许生产资料部分地进入市场，不少原属计划分配的物资开始敞开供应，许多地方举办了各种形式的生产资料展销会和交易市场。到1980年上半年止，在物资展销的基础上建立的比较集中、灵活的生产资料商场，上海、北京、天津、成都、西安等城市已达60多个。物资体制的这些改革，在一定程度上打破了过去生产资料只能由物资部门独家经营、统一调拨的局面，对搞活物资流通，保证企业按需生产都有积极的意义。

在商业体制方面，开始打破统购包销的体制，出现了多种购销形式：除了关系国计民生和市场紧缺的大宗的和重要的商品继续由商业部门统购包销外，其他商品有的由工商双方签订产销合同，工厂按合同生产，商业按合同购销；有的商业部门不收购、不经营的产品，完成收购合同后多余的产品以及试制的新产品，工业部门均可自销或委托商业部门代销。开始打破流通领域内行政区域和商业批发体制的束缚，扩大基层商店的自主权，实现了工商基层企业之间的直接联系。

在财政体制方面，围绕扩大企业自主权，1978年下半年，对国营企业实行了企业基金和职工奖励制度；1979年在一部分国营企业中试行利润留成制度；在一部分行政事业单位中试行经费包干制度；在农垦企业中实行财务包干办法；对农业税和工商税也作了一些调整和改进。1980年，对广东和福建两省试行了财政定额包干的特殊体制，对其他省、市、自治区试行"划分收支、分级包干"的体制，即由过去的吃"大锅饭"改为"分灶吃饭"。地方多收了可以多支，少收了可以少支，自行安排资金平衡。

在基本建设管理体制方面，进行了基本建设和挖潜、革新、改造投资由财政拨款改为银行贷款的试点。这项工作，1979年在上海、吉林、河南3个省、市的少数项目中试行，1980年试点范围进一步扩大，试办贷款的有轻工、纺织、煤炭、电力、石油、交通、建材，商业、旅游等20多个行业，贷款金额从7000多万元增加到36亿多元。上海、湖北、福建、云南等省市，国家预算安排的投资改为贷款的已有1/3左右。

以上这些改革还只是初步的，试点的时间不长，试点的范围也很有限。正如有的人形象地描述的那样，目前的试点工作，仅仅只是松了一松束缚多年的绳索。但是，即使如此，也已经开始为生产力的大发展开辟了发挥作用的场所，为有志于社会主义建设的人们开拓了施展才能的新天地。试点在许多领域都取得了十分喜人的成果。

具体说来，大致有以下几个方面：

（一）扩大企业经营管理自主权的结果，使企业由一个单纯地为完成国家计划而生产的单位，变成为一个具有内在动力的经济单位，表现出了空前的活力

以四川第一棉纺织印染厂为例，在旧的管理体制下，生产什么，生产多少，怎样生产，计划都规定得很死，企业不了解也不需要了解市场情况。到1978年年底，该厂产品结构表现为花型少、大花少、化纤少、高密织物少；占该厂产量的2/3的21×21平布，积压很多。由于计划规定的产销不对路，产品没有竞争能力，该厂面临着被市场淘汰的危险。1979年，作为扩大自主权试点单位，主管部门只给该厂下达了总产量、质量和总的品种数目等项指标，至于具体生产哪些品种，每个品种生产多少，由工厂自己根据市场需要来定。于是，厂的主要负责人都亲自到商业部门去征求意见，直接到柜台旁边听消费者的评论。同时，还组织一定的力量搞展销、访用户，进行了比较充分的调查和研究。然后按市场需要，努力调整品种结构，千方百计增加群众喜爱的花色品种和新产品。时间不长，1979年上半年生产就大为改观，有2个坯布、7个花布、6个色布被评为四川省优秀产品，大花哔叽"花放鸟鸣"被评为全国优秀产品。做到了适销对路，受到了消费者和商业部门的好评。

再以重庆钢铁公司为例，1979年由于该公司生产的中板有3万多吨销不出去，垫板有2万吨销不出去，加上增产资源共有10多万吨钢材没有销路。实行扩权试点后，该公司利用有权自销计划分配以外钢材的权力，经过努力，自销钢材近13万吨，占钢材销售总额的19%，而且集中在下半年，约占下半年钢材销售额的26%。结果，扭转了该公司上半年生产被动的局面，带动了下半年整个生产和经营管理。不仅使该公司超额完成了全年各项经济指标，而且国家、集体和个人都得到了显著的经济利益。

再举一个例子。北京石景山首都钢铁公司是国家经委确定的改革企业管理8个试点单位之一，实行利润留成制度以后，广大职工大搞"生财之道"，做到了6个千方百计：一是千方百计提高产品质量，在适销对路上下功夫；二是千方百计降低能耗，从节能中求增产；三是千方百计大搞综合利用，变废为宝；四是千方百计压缩占用资金；五是千方百计提高劳动生产率，广开生产门路；六是千方百计采取"四不"（即不要国家投资、不要添设备、不增人员、不挤原来的技措项目）的增利措施。结果，试点头一年，扣除企业留成，向国家上交利润2.13亿元，比1978年多交3247万元，企业留成1904万元，比1978年提取的企业基金加上职工福利费和职工奖金，多得332万元。实现了"三多"：国家多收、企业多留、职工多得。企业生产得到了进一步发展，职工宿舍等集体福利也得到了改善。

以上几个例子说明，进行扩大自主权试点的企业，由于有了比较明确的权力和责任，有了自己相对独立的经济利益，这就促使企业经常保持高度勤奋、紧张的状态；推动着企业的领导干部、管理人员、工程技术人员和广大工人开动脑筋，改善企业的经营管理，把生产不断推向前进。据全国5422个试点企业的初步统计，1980年1月至9月的工业产值比1979年同期增长12%，利润总额增长17%，上交利润增长13%。扩权企业的产值和利润增长率，一般都高于未扩权企业。又据北京市经委和财税局预计，1980年北京市工业交通企业的利润比1979年增长近5%，上交利润增长近2%；而其中的342个扩权试点企业，利润则比1979年增长9%，上交利润增长4%，超额完成全年计划。

值得特别提到的是，在扩权试点的企业中，实行"以税代利、独立核算、自负盈亏"试点的一些企业，获得的经济效果尤为显著。以四川省5个自负盈亏的试点企业为例：这5个企业不再向国家上缴利润，改由国家征收固定资产税、工商税、所得税。企业按规定缴纳各种税款后，留下的收入除支付工资外，主要用于扩大再生产、改善集体福利和适当增加职工的个人收入。企业其他方面的自主权也相应有所扩大，发生亏损，由企业负责。这样，5个企业的权、责、利都比其他试点企业大，产生了更为强大的经济动力，自然也就取得了更大的经济效果。据统计，这5个企业1980年1月至9月工业产值比试点前的1979年同期增长45%，利润增长80%，上交利润增长46%。

人民公社扩大集体经济的自主权，也同样取得了引人注目的效果。1979年以来，全国各地从实际出发，因地制宜地建立了各种不同形式的生产责任制。这种生产责任制，基本上可以分为两大类。一类是不联系产量的责任制，其特点是按工计酬，包工不包产。另一类是联系产量的责任制，其特点是定工定产，包工包产或直接的包产制。这两类责任制在不同程度上都发挥了促进生产的作用。但联系产量责任制由于把集体生产成果同社员个人的物质利益结合得更紧密，使多劳多得的原则在分配中得到更直接的体现，增产效果更为显著。如安徽凤阳县历史上曾经以"十年倒有九年荒"闻名于全国，1979年70%的生产队实行了"大包干"的联系产量责任制，全年总产比历史最高水平增长19.9%，调出的粮食超过1952年以来26年调出的总和。

（二）实行计划指导下的市场调节的结果，密切了产需联系，减少了流转环节，加速了资金周转，开展了竞争，促进了生产的发展

首先，市场调节突破了产、需分离的老框框，通过各种流通渠道，使产销直接见面，处理了积压，指导了生产，在一定程度上解决了多年来产销脱节这个难题。据统计，1979年全国各地生产资料商场就处理了积压物资5亿多元，发挥了调剂物资余缺的作用。由于这些商场交易的产品多、客户多，各种物资的长短余缺一目了然，又有利于指导企业及时按需生产。如昆明市力车胎厂，根据市生产资料公司提供的商情，试产了广东各地供应紧张的自行车硬边胎，拿到广州的物资调剂会上，一天之内6万件产品便销售一空，不少地方还要求订货。江苏省吴县有6000多件皮马甲，在过去统购包销的体制下积压了三四年，1980年一次展销，就被东北一个用户购光，还接连来函订购期货。江苏省苏州地区统计，1980年一年展销30多次，使积压产品由占总产值的5%降到1%。

其次，减少了流通环节，加速了商品流通，加快了资金的周转。安徽省蚌埠市从1979年下半年开始，将一部分三类小商品

及糕点、糖果等，由过去商业二级批发站统购调拨，改为商店和工厂直接见面，实行就厂选购，就厂开票，就厂发货，立即收到了良好的经济效果。过去，一种食品生产出来到零售商店，快则一个星期，慢则个把月。现在，当天或隔天就能和消费者见面，既保证了食品的形、色、香、味，又减少了库存积压。过去工厂和二级批发站打交道，十几天、个把月才结一次账，资金周转不灵。现在直接和基层商店挂钩，头天东西出去，第二天贷款进来，有的一手钱一手货，工厂感到从未有过的活络。

再次，市场调节产生的竞争，迫使企业注意提高产品质量，发展新的品种，降低成本费用，改进服务态度，有力地推动了企业改进经营管理。"官工""官商"作风受到了冲击，企业开始树立一切为用户着想的思想。这方面的事例很多，这里就不赘举了。

（三）工业改组和多种形式的经济联合体的建立，对于发挥优势，提高经济效果，开始显示其重要作用

各行各业中出现的经济联合，是适应中国当前生产力水平的一种新的经济组织形式，就工业方面经济联合的内容和特点来看，主要有7种类型：（1）以产品、行业为中心，把产品相同、工艺相近的工厂组织在一起，建立专业公司、总厂；（2）在工业比较集中的城市，对热处理、电镀、铸锻等，建立专业厂和工艺协作中心；（3）从资金、劳力、设备等方面联合，组织联营、合营企业。这里既有城市工厂和郊区社队（农场）的联营，也有国营工厂之间、国营工厂与集体工厂的合营；（4）工业发达的城市加工企业和原料产地的联合；（5）生产企业和科研单位、学校之间以技术合作为主的联合或协作；（6）以经营和流通为主的联合；（7）企业在运输、维修、设计、进出口、成套供应等方面组成专业联合公司等。实践证明，实行各种形式的经

济联合，可以使各个经济单位扬长避短，发挥自己的优势，同时有利于加强经济发展的计划性，减少和避免重复生产，重复建设。例如，沈阳第一工具厂有职工近300人，生产的锥柄钻头，是机电加工必不可少的一种金属切削工具，用途很广，需要量很大。这个厂虽有设备，但劳动力不足，生产一直满足不了需要。而沈阳胜利配件厂的情况恰恰相反，生产任务长期不足，连给170多名职工发工资都有困难。1979年10月，沈阳市工具工业公司，组织这两个企业搞合资经营，互相取长补短，联合生产锥柄钻头。在不增加投资、设备、厂房、劳动力的情况下，这个联合企业的锥柄钻头由1978年的14万支，增加到35万支。1980年计划生产70万支。1979年全厂利润计划为260 000元，实际完成297 000元。又如，上海织带行业，原来有许多产品积压，商业部门不愿收购。1979年成立织带公司，将原来全行业42个小厂按照工艺相近、产品相近和有利于专业化协作原则，合并改组成24个厂，调整了布局，腾出一些破旧厂房进行改建，压缩老产品，增产新产品，并实行工商合一，自产自销，产品很快变滞销为畅销，生产蒸蒸日上。1980年上半年，上海市还同浙江、江西、湖南、广西等省区联合办企业，上海出技术和资金，这些省区出原料、出劳动力，共同办厂或办"跨省公司"，采取"补偿贸易""合资经营""来料加工"或其他办法，不花多少钱，就收到了发挥各自优势，大家都得到好处的效益。事实证明，用这种办法，在大城市同中、小城市之间，以至同县、社企业之间，建立经济联合，既有利于解决发展轻工业原料供应问题，又可以解决这些地区盲目建厂，浪费原料的矛盾。

在农村试办的农工商联合企业，也收到了一定的成效。四川省1980年下半年全省已有30多个县（市、区）兴办或正在筹办农工商联合企业。参加的生产队达4000多个，农牧场近100个。联合企业改变了过去单纯从事农业生产的做法，实行产品生产、加工、销售综合经营，广开生产门路，减少了人力、财力、物力的浪费，降低了成本。据统计，1978年以前重庆市郊的26个国营农场连年亏损，要靠国家补贴过日子。1979年联合生产队成立长江农工商联合公司以后，当年参加联合的50个生产队就增收45 000元，农场职工人均增加奖金74元，为国家增收节支200多万元。

（四）城镇发展一批集体企业和积极扶持个体经济，安置了大量待业人员，活跃了市场，方便了广大群众的生活

过去，在急于过渡思想支配下，许多地方对集体经济随意侵犯，多方限制，至于个体经济则濒于灭亡，城市的社会经济结构很不合理，"大批人无事干，大量事无人干"，给人民生活带来很大的不便。1979年以来，结合安排就业，大力发展集体经济，扶持个体工商户。这些兴办起来的集体企业和个体工商户，大多从事小商品生产、零售商业、服务修理、建筑修缮、装卸搬运、饮食业等的经营活动。有些事情看起来很琐碎，很不起眼，但人民群众十分需要，国营企业却很难办到、办全，他们则起到了拾遗补缺的作用。据北京市调查材料，1979年至1980年上半年止，街道集体企业新发展的生产项目就有100多项，其中为外贸和旅游事业服务的工艺美术品就有40项，花色品种达1200多种。多年不生产的民间传统手工艺品，如泥人、面人、玻璃葡萄都已经恢复生产。再如木器家具合作社加工修理和自产的各种家具，在一定程度上缓和了市场对木器家具需要的紧张状况。发展集体经济和扶持个体经济，广开生产门路，还起到了解决大批待业人员就业的作用。江苏省常州市1978年下半年，待业人员达5万多人，这对当时一个只有31万人口的城市来说，解决就业问题确实是一个相当繁重的任务。由于集体企业吸收了其中大多数待业人员，就较好地解决了该市的就业问题。1978年、1979年两年安置的51 600多名待业人员，有42 200人安置在集体所有制单位，占

81.8％。待业人员有了工作和收入，减轻了家庭负担，促进了社会的安定团结。

（五）试行基本建设和挖、革、改投资由拨款改为贷款，资金由无偿占用改为有偿占用，初步改变了过去那种不认真进行经济核算的做法，加强了经济责任，发挥了银行的作用，提高了投资效果

上海市1979年选择了6个项目进行拨款改贷款的试点。建设单位由于要承担付息还本的责任，因而主动检查，反映并纠正原计划项目中存在的问题，精打细算，节约投资，使项目更加经济合理。例如，上海有色金属压延厂新建年产一万吨铜带的板带车间，批准投资685万元，安排的轧机是4万吨的，超过需要3

倍。改成贷款以后，厂里担心将来还不了，主动放弃原方案，改为采用技术措施，在原有的基础上挖潜改造，只贷款200多万元，就达到增产1万吨铜带的效果。又如，山东清河化工厂原来要求国家拨款400万元，新建一个年产600万盒录音带的车间。但是，能否生产出合格的产品，产品有没有销路，根本没有把握。改为贷款以后，厂里反复算账，决定利用本厂现有条件，形成年产150万盒的生产能力。待产品合格打开销路以后，再扩大生产能力，结果少向银行贷款130多万元。银行由于要承担收回贷款的责任，因此也加强了对贷款的监督，积极审查项目建设条件以及厂子建成后的产销情况，从而发现了不少问题，避免了损失。同时，还由于实行了把基建完成好坏同企业职工的经济利益直接挂钩的办法，使大家都能自觉关心投资效果和工程进度。

（六）实行中央和地方两级财政，调动了地方增收节支、发展经济和其他事业的积极性

过去，地方财政主要收支由中央统筹，地方机动余地很少。

实行两级财政，目的在于正确调整中央和省的经济关系。从目前看，实行两级财政以后，确实起到了促使地方努力增加收入、节约支出的作用。地方财政收入有了明显的增加。地方有了积聚起来的财力以后，为发挥地方的经济优势、促进地方经济的高速度发展，提供了有利的条件。

综上所述，两年来的改革，总的看来，方向是正确的，步子是稳妥的，成绩是显著的。这些改革从生产、流通、分配和所有制等方面开始突破了现行经济体制的某些框框，在计划调节与市场调节的结合上，在按经济联系组织经济、运用经济办法管理经济上，进行了有益的尝试，国家、集体、个人、中央、地方的经济利益开始有了较好的结合，整个经济开始出现活跃的景象。所有这些，给了人们以宝贵的启示，有助于人们进一步解放思想，增强信心，以更加坚定的步伐，把已经开始的改革继续推向前进。

五、存在的问题和当前改革的动向

历史上任何改革都不可能是一帆风顺的。目前正在进行的经济体制改革的试点工作，经过两年多的时间，虽然取得了一些成绩，但也存在不少问题。当前的改革是在国民经济调整的条件下进行的，已经进行的某些改革只能是局部的试验性的，旧的管理体制基本上没有改变；已经进行的各项改革还没有互相配套，缺乏统一的规划，思想上、组织上工作没有跟上；还存在"左"的思想影响和旧的习惯势力的束缚，有的地方和部门的同志还习惯于老一套；等等，这些都影响改革的顺利进行，不可避免地要产生一些问题。

首先，体制改革使经济活起来了，但在某些方面出现了一些盲目性，不少地方重复建设、重复生产的现象有所发展。地方和企业的权力有了扩大以后，手里的钱逐渐多了。有了钱，就要使用。问题是怎样使用。由于地方和企业不了解全国的供销情况，不知道什么该发展，什么不该发展，领导机关又缺乏统一规划和必要的指导，因此有些应该压缩的行业和企业还在发展，有些该发展的行业和企业又没有一个规划，一拥而上。有些地方对发挥优势作了不正确的理解，这些地方生产的原料，传统是供应老工业基地，可是现在一提发挥地区优势，就中断了或者削减了对原有工业基地的原料供应，而去自己设厂，造成以小挤大，以落后挤先进，以新挤旧，致使技术较好的老厂大厂吃不饱，而这些新厂小厂的产品又质次成本高，造成社会劳动的浪费。据统计，1979年县以上的酒厂已有1496个，生产能力达350万吨，基本上可以满足市场需要。而1980年，四川、吉林、河南、安徽等17个省区，又办起了社队小酒厂12 000多个，相当于原有酒厂的9倍。其他像针织、棉织、卷烟、肥皂、家用电器、丝绸、塑料、皮革、皮毛、乳品罐头、印刷等行业，这种以小挤大、以新厂挤老厂、重复建设的现象也是相当普遍的。它加剧了国民经济比例失调，降低了经济效果，减少了国家财政收入，对国民经济的调整十分不利。

其次，实行利润留成制度以后，在行业之间、企业之间出现留成的利润悬殊、苦乐不均的现象。这种过分悬殊，有许多是由客观原因造成的。如产品价格和税率的高低，技术装备的好坏，产品品种的变换，内外销产品构成不同等。而规定的提留办法，又是一刀切，企业增长利润的留成率基本上都是10%，这样造成的高低悬殊，如不加以调节，是不公平的。现在的提成办法还产生了"鞭打快牛"的弊病：有些企业因为原来指标先进、基数高，增产增收困难，企业得益少；相反，有些企业基数低，设备利用率低，增产增收容易，企业得益多。这个现象，如果在过去，企业利润全部上交国家，统负盈亏，吃"大锅饭"，利润多少与企业、职工利益无关，不会产生什么后果。而现在实行利润留成，利润留成多少，直接影响企业和职工的利益，影响他们的积极性，矛盾就突出起来。

再次，执行"分灶吃饭"的两级财政制度，有其调动地方增收节支、发展经济和其他事业积极性的一面，但也容易促使地方采取"保护性"措施，实行封锁，限制竞争。有的地方为了增加收入，实行市场封锁，禁止外地商品在本地区销售；或者禁止本地工厂到外地去订货；本地区的原材料，不按国家计划调出，自办工厂，同城市大工业争原料。这些做法，严重削弱了地区之间、企业之间的横向联系，不利于竞争的正确开展，阻碍了生产迅速发展。

除了上面提到的一些问题之外，工商之间、农商之间，在议购议销范围、自销产品的品种和数量以及销售价格等方面，也发生了一些新的矛盾。经济生活中某些不正当的做法有所抬头。尤其是一些地区的流通渠道还不够畅通，物资购销衔接得不够紧密，以致形成不少商品此处积压，彼处脱销，不少单位找"米"下锅，找"婆家"出嫁的状况（社、队、街道企业尤为突出）。正因为这样，一批黑市经纪人应运而生，使投机倒把活动有可乘之机。

在改革试点过程中，虽然出现了上述一些问题，但是，如果与前述改革的成效相比较，这些缺点毕竟是第二位的，绝不能因此而否定改革。而且，有些问题正是由于目前改革尚无条件彻底进行，由于新的改革同老的以行政管理为主的体制发生矛盾，特别是同不合理的价格体系发生矛盾而产生的。这些问题是前进中的问题，只要认真研究，及时总结经验，坚定不移地把改革推向前进，加强指导和管理，它们是完全可以解决的。

现在的问题是，结合当前经济形势，体制改革应该怎样继续向前迈步？经过了两年的调整和改革工作，当前总的经济形势是很好的。但有潜在的危险，主要是近两年财政上出现了较大的赤字，多发了一些票子，引起物价上涨。1980年年底，党中央和国务院对这种形势作了全面的估量，认为如果不采取断然措施，三中全会以来城乡人民得到的利益将有丧失的危险，决定从1981年起进一步对国民经济进行认真的大的调整，整个第六个五年计划期间都要继续进行调整。经济体制改革要在服从于经济调整和有利于调整的前提下，继续坚持进行。

　　这里有一个问题，就是当前经济中潜伏的危险是怎么来的？有的同志认为是体制改革造成的。这种说法是不正确的。当前经济中潜伏的危险是长期以来经济工作在"左"的错误思想指导下急于求成、搞高指标、高积累，带来低效率、低消费、欠账过多的结果。两年前党中央提出以调整为中心的"调整、改革、整顿、提高"八字方针后，一些尚未摆脱"左"的错误思想束缚的同志，对调整方针执行得很不得力甚至抵制，在采取了一些提高消费的措施的同时，没有相应地把基本建设规模退够，以致用于积累和消费的总额超过了可供使用的国民收入总额，加重了国民经济的比例失调。这是当前出现潜伏的危险的主要来由。当然，体制改革中某些措施不当，下放权利的步子在有些方面快了一点，在实行部分的市场调节和经济利益原则的同时，国家的计划指导，经济立法以及价格、税收的改革等没有相应跟上，这些也增加了经济的困难。解决当前经济困难和潜伏的危险，使国民经济逐步走上协调稳定发展的轨道，最主要的是贯彻进一步调整的方针，坚决压缩基本建设规模和紧缩各项行政开支，并且真正按照农轻重次序从根本上改变不合理的产业结构。在狠抓经济调整的同时与调整密切配合，也要继续搞好经济体制改革的工作。

　　在目前情况下，体制改革怎样进行才能更有利于调整呢？

　　首先，在体制改革的进一步实施中，要注意把加强国家集中统一的计划指导，同进一步发挥企业和基层经济单位的主动性和积极性结合起来。为了搞好调整，克服当前困难，必须加强集中统一。现在强调集中统一，主要是指在宏观经济方面加强国家的计划指导和采取必要的行政干预。例如，各种渠道用于基本建设的资金，要由国家计划委员会统管起来进行综合平衡；财政税收制度、重大财政措施、信贷管理制度、现金管理制度都必须集中统一；物价要严格控制；国家规定的重要物资调拨计划要严格执行；等等。但是，现在强调集中统一，并不是什么都集中，把什么都搞得死死的，回到过去的老路上去，而是要在加强宏观经济的计划指导的同时，还要进一步发挥企业和基层单位的积极性、主动性，把微观经济搞活。不如此，过去经济体制由于权力过于集中和吃"大锅饭"的弊病所形成的僵化状态将无法克服，当前国民经济的调整任务也将难以完成。所以，在今后改革试点中，必须始终不渝地注意把发挥基层经济单位的积极性，同加强国家集中统一的计划指导结合起来，使改革的每一个环节都有利于调整的实现。

其次，对已经采取和即将采取的改革措施，应当按照对调整的利弊来决定其先后缓急。现在已经可以清楚地看到，有的改革措施对调整有利，如国家基本建设拨款改为贷款，可以促进建设单位讲求经济效果、节约资金、减少不合理的投资，对缩短基建战线、控制投资方向起到了良好的作用。像这一类改革，应当积极推行。还有流动资金实行全额信贷、增加流通渠道、发展多种经济成分和经营形式等，都可以放手去搞。有的改革，从长远来看是合理的，必须搞的，但同当前调整有矛盾，就应当适当推迟进行。如整个价格体系的改革，对体制改革的开展是必要的，但目前由于财政信贷不平衡，物资保证不丰裕，就不宜于立即付诸实施，甚至近几年内也不能全面地搞。在目前市场价格不能大动的条件下，要先从税制上进行一些改革和调整，以利于解决现存的许多极不合理的问题。价格的全面调整也要积极准备。还有些改革对当前调整既有利，又有弊。则应该在仔细衡量利弊以后，然后再决定当前是否应当实行，什么时候实行较好。总之，要使每一项改革都有利于调整的进行。当然，为了积累经验，有些带有方向性的改革，还要积极试点。

最后，要协调改革和调整的步伐。由于经济调整所需时间比原设想的要长，为了集中精力搞好调整，整个改革的步子与原设想相比，也要放慢一点，其中牵扯精力过多的改革要坚决放慢。重点要放在现有试点企业的巩固上，放在企业的调整与改组上。当前主要是要认真总结近两年来的经验，分析和解决在改革中出现的新问题，如扩大流通中的工商矛盾，发展集体经济和个体经济的政策界限，还有企业扩大自主权后各项留成资金使用的问题，都要订出一些章法，以巩固现有改革的成果。这样，总的改革步子就要放慢一点、稳一点、准一点，以利于各级领导集中精力抓好调整，也可以使改革本身健康地进行。

总之，在国民经济调整时期，前一段行之有效的一些改革要继续坚持，改革的成果要巩固和发展，少量的新的改革的试点也要有领导有步骤地进行。根据上述要求，近期内改革将从以下几个方面开展工作：

对各类企业实行不同形式的经营管理责任制，对已经进行的扩大自主权试点的6600多个企业，要继续把试点工作搞好，认真总结经验，使各项办法不断完善，试点范围暂不扩大。在一些有条件的城市，逐步实行按行业或公司为单位的利润包干或留成办法；

面上没有进行试点的企业，继续实行企业基金制度，或者实行财务包干的办法。在企业改组和"关停并转"的基础上，对于微利和亏损企业，分别实行亏损包干或利润包干制度；

少数企业和个别城市已经实行"以税代利、独立核算、自负盈亏"试点的，要继续进行，取得经验，但试点的单位不要搞得过多；

市场调节要在国家计划指导下继续搞好，主管部门要加强市场预测和预报工作，加强必要的行政干预，加强运用经济杠杆，以减少盲目性；

继续促进企业的改组和联合。要利用调整的有利时机，在对企业"关停并转"中，按照专业化协作和经济合理的原则，改组工业。打破地区、部门所有制，组织各种形式的经济联合体，形成新的生产力。在做法上，要把自下而上的联合同自上而下的规划和协调结合起来；

企业内部领导体制的改革，要按照中央的规定，先在少数单位进行试点，取得经验，逐步推广。要搞好企业的民主管理；所有企业要认真发挥职工代表大会或职工大会作用，发挥工会的作用；

在公有制经济占绝对优势的条件下，继续允许城镇个体所有制经济的发展。

这些改革搞好了，不仅不会妨碍调整，而且将有利于生产的发展，有利于调整的进行。调整的胜利实现，也将为体制改革的全面开展创造条件。

经济管理体制的改革，是国民经济管理的大改组，是各方面经济利益的大调整，是中国人民经济生活中的一件大事。搞好这样复杂、重要的工作，我们还缺乏经验，也不能照搬国外经验，要取得成功，确实很不容易。现在体制改革试点工作，固然取得了显著的成效，但是，不论在改革的理论上和实践上都有许多重大问题，需要继续搞清楚和妥善解决。为此，我们要进一步开展体制改革的理论研究，拟出改革的总体设想和规划，制定各方面相应配套衔接的改革方案，坚持从试点着手，取得经验，逐步推广，坚定不移地把改革的事业推向前进，以期在一个有960万平方公里面积、近10亿人口的大国中，比较顺利地实现由旧的经济体制到新体制的过渡，为实现四个现代化扫清道路。当然，在改革的道路上，我们将会遇到许多困难和阻力，还会出现许多意想不到的问题，甚至挫折。正如中国有句俗话说的那样："世上无难事，只怕有心人。"只要我们彻底摆脱"左"的错误的影响，认定改革的方向，勇往直前，百折不挠，中国经济体制改革的伟大事业，必将获得成功！

后记

1976年粉碎"四人帮"以来，特别是中国共产党十一届三中全会决定党的工作着重点转移以来，中国人民进入了一个新的历史时期，一个为实现四个现代化的社会主义强国而奋斗的新时期。中国的社会主义现代化建设，引起人们的密切关注，成为举世瞩目的重大事情。为了比较系统和准确地向国内外读者提供有关资料，介绍我国几年来经济建设的状况，经于光远同志提议，并在他的主持下，组织编写了《中国的经济体制改革》，由人民出版社和外文出版社分别用中文和外文出版。

访苏印象和中国经济

——对苏中友协讲稿

（1982年4月）

1. 今天能有机会同苏中友好协会的同志们会见，感到十分高兴。我们三位中国经济学者：柳随年、郑力和我，是作为中华人民共和国驻苏大使杨守正同志的客人，到苏联来进行访问的。一个多月来，得到苏联外交部第一远东司和苏中友好协会的积极协助和安排，使我们能够同苏联许多经济学者进行座谈，并参观访问了一些基层经济单位，我谨代表在座的中国同志，再次向苏联外交部第一远东司和苏中友协的同志们表示感谢。

我们事先收到了苏中友协为这次座谈提出的问题单。问题很多，也很大，因为时间关系，只能概略地谈谈。我和柳随年同志分了一下工，问题单上的前面几个问题和最后一个问题由我来讲，其余问题由柳随年同志讲。

2. 首先一个问题是要我们讲讲逗留苏联期间的印象。我和郑力同志不是第一次来苏联了，20多年前我们曾在莫斯科学习过，我是在20世纪50年代初期，郑力同志是在50年代后期。同那时相比，苏联经济建设确实取得了相当大的进展。我记得，那时苏联提出要赶超美国的任务，现在在钢铁、石油、化肥、水泥等一系列重要产品产量上已经越过美国而居世界第一位了。人民居住条件有了改善，我记得，20世纪50年代初期莫斯科住房是非常紧张拥挤的，现在看到莫斯科周围已兴建起成片成片的高层住宅建筑群，美丽壮观，莫斯科人平均每人住宅面积已达13平方米，比过去富裕得多了。莫斯科街上行人的穿着打扮，也比20世纪50年代讲究多了。从统计数字上看到苏联职工的平均月工资从20世纪50年代的六七十卢布到现在已提高到180卢布，社会消费基金增长幅度也不小。总之，20多年来苏联人民在生产、建设和人民生活各个方面都取得了不少成就。不过，我也要坦率地说，与20世纪50年代相比，从商店里的情况看，消费品供应特别是食品的供应看来改善不大，这里当然有客观原因，我们得悉，现在苏联正在着手大力解决这个问题，我们祝愿你们取得成功。

至于对苏联经济管理的印象，应该说我们对这方面的了解还很不够，很粗浅，如同我们对苏联经济发展方面的了解一样。从我们对苏联经济管理机制的初步了解来看，我很同意一位苏联经济学者的说法，就是苏联经济管理的强处在计划管理方面，而不是在经济刺激方面。我们觉得，苏联计划管理中有一套比较科学的方法，这套科学的计划方法是防止经济决策出现重大失误和保证经济稳定增长的重要因素。而在利用经济杠杆来刺激企业集体挖掘内部潜力接受紧张计划、促进科技进步和提高工作质量及效率方面，有的经济学者向我们坦率说，这个问题还没有彻底解决，还需要进一步研究探索改进的途径，我看他们讲的是符合实际的。苏联经济管理的这两个方面，即计划管理和经济刺激方面的经验，对于我们研究和探索改进我国的经济管理问题，都是有一定的参考意义的。

3. 关于中国经济管理体制改革的实质和主要方向问题。中国在20世纪50年代社会主义改造过程中，在生产资料公有化的基础上逐步建立了计划经济。社会主义计划经济制度的优越性保证了我国经济的迅速发展。我不想举很多数字、指标来使各位头痛，只想提一下，新中国成立30年来，人口翻了一番，从5亿多增长到10亿，在这种情况下我们在不但保证了全国10亿人口吃饱穿暖，而且使每人平均消费水平提高约一倍。如果不是发生几次曲折，我们还可以取得更大的成就。但是我们过去的经济管理体制也确有缺陷，最主要的是吃"大锅饭"和管得过死，影响了积极性和经济效率的进一步发挥。1978年年底中共十一届三中全会提出了改革经济管理体制的任务后，我国经济学界对体制改革的实质和主要方向问题进行了广泛热烈的讨论。比较普遍的看法是，过去经济管理机制缺陷的根源在于我们在计划管理中否认了社会主义经济中还存在着商品生产和价值规律这些重要因素，而主要用自然经济的观点来处理社会主义经济的计划管理问题。改革的实质就是要把社会主义的计划经济从自然经济的基础上转移到商品生产和交换的基础上来。当然，在计划管理中更多考虑商品生产和价值规律的要求，丝毫也不意味着排除社会主义基本经济规律和国民经济有计划按比例发展规律的主导作用。在讨论中关于改革的主要方向，不少经济学者提了以下几条：一是在坚持国家对经济的集中管理下适当扩大企业的经营自主权；二是在坚持计划调节为主的条件下利用市场调节的辅助作用；三是从主要用行政方法、行政组织来管理经济过渡到主要用经济方法、经济组织来管理经济，并把经济方法与必要的行政方法结合起来；四是克服吃"大锅饭"和平均主义，实行物质鼓励和精神鼓励相结合的原则；五是改变过去在生产资料所有制问题上越大越好、越公越好、急于向高级形式的公有制过渡的做法，实行在社会主义公有制占绝对优势的条件下允许多种所有制形式和多种经营方式并存的体制。

中国经济管理体制改革的问题，目前还在研究和试验，还没有形成最后的具体方案，但总方向是明确的，这就是：坚持社会主义公有制基础上的计划经济制度，同时注意利用市场调节的辅助作用。关于改革的方向和基本轮廓，中国总理在五届人大四次会议的政府工作报告中有比较准确的概述，请大家参阅。关于说到经济学界讨论"中国式模式"的问题，有的同志主张用"模式"的字样，也有的同志不主张用"模式"的字样。不管怎样，大家一致的认识是中国的经济管理体制的改革方案，主要要在总结中国自己30多年来正反两个方面的经验的基础上，根据中国现阶段的国情特点来制定。当然同时也要广泛研究各个国家在经济管理机制上成功的和失败的经验，进行比较，作为借鉴，这也是很重要的。

4. 第四个问题，关于国营、集体经营和私人经营的结合形式。这个问题我在前面讲改革的方向时已经涉及了。前天北京广播中华人民共和国新宪法草案，明确规定了我国的生产资料所有制的结构，就是国营经济、合作社集体经济和城乡劳动人民个体经济三种成分。其中国营经济和合作社集体经济是主要的经济成分，城乡劳动人民的个体经济是前两种经济的重要补充。我们不把这种个体经济叫作私人经营частное предприНимателъствс，因为它是劳动者自己经营的规模很小的经济，一起参加劳动的是家庭成员和少数几个学徒和帮手，它的经营活动又是在国营和合作社经济的控制和影响之下，在国家工商行政部门的管理之下进行的。我国目前之所以需要多种经济成分并存是由于现阶段生产力发展水平决定的，我们既有现代化的大工业，又有以手工劳动为主的行业，同时我国劳动力资源充沛，有个安排就业的问题。因此在保持公有制占绝对优势的前提下发展一些劳动人民的个体经济是必要的，对于活跃经济、改善供应和服务，是有好处的，是没有什么可怕的。现在城镇个体工商业者已经从前几年只有15万人恢复到100多万人，我在苏联科学院经济研究所讲过，这个数字还低于1952年900万人的数字，在我们这样一个大国还是不够的。此外，宪法规定，允许外国人到中国来投资，条件是服从中国的法律和政策，中国保障他们的合法权益，这是利用外国资金、引进先进技术的一种办法，有法律和政策的严格控制，不可能构成对整个国民经济的社会主义本质的威胁，对于这一点我们是有信心的。

中国经济发展战略的转变*

（1982年4月）

中华人民共和国成立30多年来，在旧中国遗留下来的极度贫困落后的基础上，建立了独立的比较完整的工业体系和国民经济体系，取得了显著的成绩。同完成恢复的1952年相比，1980年工业总产值增长18倍，农业总产值增长1.5倍，国民收入增长4.2倍；在人口增长将近1倍的情况下，不但保证全国10亿人口吃饱穿暖，而且使每人平均消费水平提高1倍。这些事实说明，在社会主义制度下，我国经济建设的发展速度是比较快的。如果不是发生几次重大曲折，特别是第二个五年计划时期的"大跃进"和10年"文化大革命"时期的动乱，我们还可以取得更多的成就。

中国经济建设中一再出现重大曲折，从指导思想上说，主要原因在于长期以来，特别是1958年以来，我们在经济发展战略方针的选择上发生了偏差。这种偏差，既表现在发展目标上，也表现在达到经济目标的发展道路和方法上。从发展目标来说，社会主义生产的直接目的，应该是满足人民日益增长的需要。但是人们经常讲的这个常识，在实际经济工作中却没有经常注意到。长期以来我们实际上树立的首要目标，要尽快地实现以重工业为中心的社会主义工业化，力争在最短时期内赶上和超过发达的资本主义国家。由于在发展目标上作了这样的选择，我们在经济发展

 　* 本文系为出访写的一个讲话提纲，原载《中国经济问题》1982年第4期。

的道路、方法上，也往往是急于求成，脱离了中国的实际，发生了不少的失误，主要表现是：

第一，在生产建设的发展速度上，盲目追求和轻率提出难以实现的高指标，忽视经济比例和经济效果，结果欲速则不达，使实际取得的速度，明显低于客观条件允许达到的速度。例如第二个五年计划时期，在"赶英超美"的口号下，提出钢铁生产一年翻番等不切实际的任务，本想来一个"大跃进"，但结果与我们的愿望相反，整个第二个五年计划时期国民收入不但没有高速增长，反而平均每年递降3%。

第二，在产业结构上，片面强调发展重工业，使农业、轻工业和国民经济其他部门的发展受到不利的影响。在工农业总产值中，农业、轻工业、重工业三者的比例，1949年是70：22.1：7.9，1978年变为27.8：31.4：41.1。其间，1960年农业的比重曾下降到21.8%，重工业的比重曾上升到52.1%。而我国农业人口在总人口的比重一直在80%以上，农业比重过低，重工业比重过高，显然要引起比例失调。重工业内部也是以过多的力量为自身的发展和为新的基本建设服务，未能充分发挥对农业、轻工业和整个国民经济的技术改造作用。

第三，在发展资金的积累和使用上，为了保证以重工业建设为中心的高速工业化的实现，必须大大提高国民收入分配中积累基金的比重。积累率在第一个五年计划时期平均为24%，到"大跃进"年代一下子提高到30%~40%以上，20世纪70年代也长期处于30%以上，甚至在粉碎"四人帮"以后的1978年，又进一步提高到36.5%。这都大大超过了国家力量和人民生活所能承受的限度。积累资金大部用于发展重工业，从1950年到1980年合计，重工业投资占国家基本建设投资总额的53.4%。

第四，在发展方式上，单纯依靠新的建设，上新项目，铺新摊子，即依靠外延的发展方式，而忽视发挥现有企业的作用，忽视对陈旧落后的技术设备进行更新改造，致使我国相当一部分现有企业的技术装备仍停留在20世纪五六十年代的水平。

第五，在生产关系和管理体制上，与发展生产力方面的过急战略相配合，急于搞"一大二公"，向更"高"的所有制形式过渡，急于把集体所有制过渡到全民所有制；过早地否定城镇个体经济的作用；在全民所有制则实行过于集中的以行政办法为主的管理体制，不注意利用市场机制来为计划经济服务，结果经济生活管得过死，经济效果难以提高。

由于上述发展目标、发展道路和方式上的偏差，若干年来我国经济发展中在一定程度上形成了所谓"两高、两低"——即高指标、高积累、低效率、低消费——的不良循环。概括说来，就是在"左"的思想指导下，不顾我国的国情国力，盲目追求高速度，定出"高指标"；为了实现高指标，就要扩大投资规模，提高积累率，形成"高积累"；由于积累率过高，破坏各方面的比例关系，加上经营管理差，损失浪费大，造成"低效率"；结果社会财富和国民收入增长减缓，人民生活水平难以提高，形成"低消费"。为了克服这种落后面貌，于是又提出高指标、高积累，等等，如此循环往复，以致经过了30多年的建设，虽然工业规模已经不小，增长速度也不算低，但是，许多产品的品种质量不符合需要，能够用来满足人民生活需要的消费品很少，人民为建设付出了很大的代价，而所得到的实惠不多。

过去我国经济发展战略选择中的偏差和失误，从根本上说，同我们对中国基本国情没有清醒的认识有很大的关系。我国的基本国情是什么？我国是一个拥有10亿人口、8亿农民的大国，经济技术水平落后，底子很薄，1979年每人平均的国民生产总值只有253美元。在我们这样一个人口多、水平低、底子薄的大国进行社会主义工业化、现代化的建设，需要一个相当长的历史时期才能完成，绝不能急于求成，指望一下子出现什么奇迹，而要首先着力于切实解决亿万人民的基本需要，逐步提高他们的生活水平。过去我们没有真正认识清楚这个基本国情，以致老犯急性病，走了不少的弯路。

1978年年底召开的中共十一届三中全会，是新中国成立以来我国历史上具有深远意义的重大转折。全会作出了把工作重点转移到社会主义现代化建设上来的战略决策。接着，在1979年春天，党中央又提出了对整个国民经济实行"调整、改革、整顿、提高"的方针。这项方针不仅是为了解决当时国民经济中存在的困难，更重要的是要认真清理过去经济工作中长期存在的"左"倾错误影响，真正从我国的国情出发，确定我国经济发展的新战略，走出一条发展我国社会主义经济的新路子。

我国经济发展战略的转变，主要表现在：

第一，在发展目标和发展速度上，不再像过去那样提出不切实际的口号和指标，而要把逐步满足人民日益增长的物质和文化生活需要放在重要地位，从实际情况出发，量力而行，循序渐进，稳步地实现四个现代化的目标。党中央提出，经过20年的努力，力争到20世纪末使人民的消费达到小康水平。这是切实可行的目标，达到了这一步，我们才有可能进而向更高的现代化前进。

第二，在产业结构上，不再像过去那样片面发展重工业，而要把消费品生产的发展放到重要地位，加快农业、轻工业的发展，进一步调整重工业的服务方向，使之从主要为新的建设和重工业自身服务转变为更好地为农业、轻工业服务，为国民经济的技术改造服务。

第三，在发展资金的积累和使用上，不再像过去那样盲目追求高积累率，并把积累资金大部用于发展重工业，而要把积累率由百分之三十几逐步降到30％以下，使积累和消费的关系得到合理的安排，并使积累资金的分配和使用有利于农、轻、重的协调发展和国民经济其他各方面的协调发展。

第四，在发展方式上，不再像过去那样只依靠上新的建设项目，单纯追求数量的发展，而要主要依靠发挥现有企业的潜力，在整顿和改组现有企业的基础上大力推进国民经济各部门的技术改造来提高生产能力，改进产品质量，增加产品品种和提高经济效果。

第五，在生产关系和经济管理体制上，不再像过去那样不顾现有多层次的生活力发展水平，盲目追求向"一大二公"的所有制形式过渡，而要在社会主义公有制占绝对优势的前提下，允许多种经济成分多种经营方式同时并存；不再像过去那样搞过分集中的、排斥市场机制的行政管理，而要采取适当分权的、利用市场机制的辅助作用的计划管理体制，以充分调动各方面的积极性，促进社会生产力的发展。

此外，在对外经济关系上，适应我国被封锁的时代的结束，开始实行对外开放政策，扩大对外贸易，引进先进技术，利用外国资金，以增强我国自力更生的能力，促进国内经济的发展。

不难看到，上述新的发展战略方针，将使我国经济彻底扭转长期以来的不良循环，转入良性循环的轨道，正是本着这一战略转变的精神，继1979年春党中央提出"调整、改革、整顿、提高"的方针后，1980年年底，党中央、国务院又提出进一步调整经济的方针。这些方针的实施，已经逐渐收到显著的成效，表现在前述"两高、两低"的不良循环开始有了变化。

第一，高指标取消了，制订计划开始注意实事求是，量力而行。工业发展速度从1978年以前平均10％以上，1979年、1980年调低到8％多一些，1981年经过大幅度的调整，又降到4％，1982年计划要求增长4％，力争在执行中超过。速度指标的调低，为调整比例、提高效果、扭转不良循环，随后转入正常的发展速度，创造了条件。

第二，高积累开始下来了。国民收入分配中的积累率，由

1978年的高达36.5％，1979年降为34.6％，1980年为32.6％，1981年又进一步降低到30％左右。目前积累率虽然仍有点偏高，但是毕竟开始有所降低。

第三，低消费的状况有所改善。由于提高了农副产品的收购价格，提高工资和实行奖励制度等措施，城乡人民收入有了较大幅度的增加。居民货币收入，1980年每人平均254元，比1977年的167元增长52％。虽然，其中用于商品购买的部分不能全部兑现，但是兑现部分扣去物价上涨因素后还是增长的。消费基金在国民收入中的比重，由1978年的63％上升到1981年的70％左右。

在调整积累与消费比例的同时，国民经济的其他几个主要比例关系也有所改善。在工农业生产都有增长的情况下，农业在工农业总产值中的比重，从1978年的27.8％，上升为1980年的30％。轻工业在工业总产值中的比重，由1978年的43.1％，上升到1981年的50％以上，超过了重工业。

第四，改变不大的是低效率，很多反映经济效果的重要指标不仅低于经济发达国家，而且低于我国历史上曾经达到过的水平。如每吨能源生产的国民收入，1979年、1980年两年平均为551元，比"一五"时期的1167元降低了53％。

总的来看，所谓"两高、两低"中，已经有"两高、一低"朝着好转的方向起了不同程度的变化。可以认为，长期以来形成的经济的不良循环已经初步制止，正在朝着良性循环转化。拿1981年来说，经过进一步的调整，财政收支从有很大赤字达到基本平衡，市场物价基本稳定，农业全面增产，轻工业生产大幅度增长，重工业生产也已摆脱了调整中的暂时下降，从第四季度起开始回升，国内外贸易都有了扩大，人民生活继续得到改善。总之，我国国民经济已开始走上稳步发展的轨道。当然，这仅仅是开始，还不能说已经完成了从不良循环向良性循环的转化。如上所述，现在，积累率还有点偏高；消费基金上去，但还不能全部兑现；突出的问题是经济效果还没有好转。当前，我国整个国民经济中的产业结构、产品结构、技术结构、企业结构、组织结构、工业布局和经济布局还不很合理，我国经济管理体制也存在着不少弊病，这些都是提高经济效益的很大障碍。

为了克服这些障碍，尽快实现国民经济的根本好转，五届人大四次会议的政府工作报告中，提出了我国今后经济建设的十条方针。这些方针是新中国成立32年以来特别是近三年以来的经验总结，是新的发展战略的具体体现。这些方针的中心思想，就是围绕提高经济效益，走出一条速度比较实在、经济效益比较好、人民可以得到更多实惠的发展社会主义经济的新路子。

当前，我国正在继续研究编制发展国民经济的第六个五年计划。这个计划在指导思想和具体安排上都要充分体现新路子、新战略的要求。根据这个要求，"六五"期间要把主要力量用在调整经济结构，整顿现有的企业，对重点企业进行技术改造，以便蓄积力量，为"七五"期间进一步对现有企业进行技术改造打下基础。我们要用五年或者更多一点的时间，进一步调整国民经济的比例关系，调整产业结构、产品结构、技术结构、企业结构、组织结构，使之逐步合理化，同时对各种经济管理体制逐步进行全面的改革。由于"六五"期间调整、改革、整顿、提高的任务十分繁重，能源、交通等基础设施还在改造和建设的过程中，这个时期的经济发展速度不可能很快。只要在"六五"期间打好基础，我们就可以争取在实现国家财政经济根本好转的基础上加快国民经济发展速度，20世纪80年代后五年的速度可望比"六五"更高，90年代的发展速度有希望更高一些。到20世纪的最后十年，我们将很有可能开创一个新的经济振兴时期。这样，经过20年的努力，使工农业总产值翻两番，到20世纪末就能使人民的消费达到"小康"水平。到那时，我们国家的经济就可以从新的起点出发，向四个现代化的更高目标迈进。

不要回到已摒弃的老观念上去[*]

（1982年7月）

我国经济体制改革的试验已经进行了几年。这一次开展经济体制改革理论问题的讨论，是为了把体制改革这件大事推向前进。我们要从研究讨论几年来已经获得的成果出发，总结改革的经验，克服认识上的片面性，把体制改革理论问题讨论引向新的广度和深度。正如在实践中，我们要坚持改革的方向而不能走回头路一样，在理论上，我们也应当坚持已经达到的正确结论，使之进一步精确化完整化，而不要回到已摒弃的老观念上去。

计划经济与商品经济、计划调节与市场调节的关系问题，在过去长时期中，在我国经济学界占统治的思想是，这些范畴是互相对立、互相排斥的。以生产资料公有制（特别是全民所有制）为基础的社会主义经济，只能是计划经济而不能同时是商品经济。这种经济的调节，只能是计划调节而不能是市场调节。在相当长的时期内，我国的经济体制实际上是在这种"非商品经济观"（或者叫作"自然经济观"）的思想指导下形成的，由此产生了传统经济体制的一系列特征和弊病。经过近几年的讨论，许多同志摒弃了上述对社会主义经济的片面理解，大体上达到了这样的认识，就是：以公有制为基础的社会主义经济，其根本利益的一致决定了它的基本特征是实行计划经济，而其各个部分之间

---

* 本文1982年7月10日《光明日报》摘登了一部分，这里收录的是原稿的全文。

具体利益的差别则又决定了它必须同时保留商品经济的属性。所以，计划经济与商品经济、计划调节与市场调节，这些范畴之间虽然存在着矛盾，但并非互不相容的。在社会主义经济中，它们是可以互相并存互相结合的。社会主义的计划经济不是自然经济（或者产品经济）条件下的计划经济，而是存在着商品经济条件下的计划经济。当前我们要进行的经济体制改革的实质，也正是要把我国计划经济体制从自然经济观念的束缚下解放出来，并转移到切实考虑商品经济要求的轨道上去。我认为，这也是几年来体制改革理论问题讨论的一个重要收获。

当然，我们说在社会主义经济中，计划经济与商品经济、计划调节与商品调节可以并存和结合，并不是说这些范畴具有同等的分量，是半斤八两的关系。它们的结合是有主有次的结合，是本质特征与随附属性的结合：即计划经济是社会主义经济的本质特征，商品经济则是它随附的属性。所以，当我们从理论上认识社会主义经济的性质的时候，首先要把社会主义经济定义为计划经济，其次才能说到它的商品经济属性。对于社会主义经济的调节，首先要注意到计划调节，其次才能说到市场调节。三十多年的经验证明，无论是否定这些范畴在社会主义经济中的相互结合，还是颠倒它们的主辅关系，都会给社会主义经济的发展带来不好的后果。在近几年的讨论里，由于着力强调过去长时期被遗忘的商品经济和市场调节，有些同志不同程度地忽视甚至颠倒了计划与市场的主辅关系。对于理论认识上的这种偏向我们不应夸大，但也不应忽视，因为它无助于全面地认识社会主义经济的性质和正确地把握我国今后经济体制改革的方向。

在十一届六中全会决议精神的指引下，经过近几个月来对于计划与市场问题的新一轮的讨论，上述忽视甚至颠倒计划经济与商品经济主辅关系的某些偏向也得到了纠正，这对于推动我国经济体制改革的理论和实践走上更加正确的轨道具有非常积极的意义。同时不能不看到，在新一轮的讨论中，正是为了纠正前一段时候上述的理论偏向，为了着力强调作为社会主义经济本质特征的计划经济，又出现了某种已被摒弃了的忽视或者否定社会主义经济同时具有商品经济属性的老观点。有的文章又重新提出了社会主义经济"是计划经济，还是商品经济？"的老问题。这种"二者择一"的提法，重新把计划经济与商品经济这两个范畴放到互相排斥的地位，似乎社会主义经济既然是在公有制基础上的计划经济，它就不能同时具有商品经济的属性。历史经验告诉我们，这种"二者择一"的理论，也是无助于全面揭示社会主义经济的性质的，更不用说正确理解当前经济体制改革的实质和方向了。当前我国经济体制改革的方向，当然首先要加强社会主义的计划经济，但我们在改革中要加强的不是泛称的计划经济，更不是以自然经济或者产品经济为基础的计划经济，而是适应于社会主义的商品经济条件的、适应于发展社会主义的商品生产和商品交换的计划经济。如果我们忘记了这一点，而把体制改革的实质和方向简单地说成是坚持计划经济或加强计划管理，那么我们就会把传统计划管理体制中那一套自然经济的观念和做法（如实物化的管理、排斥市场调节、吃"大锅饭"等）也一并自觉或不自觉地"坚持"和"加强"下去。这样的改革，是不可能达到预期的效果的。有的号称坚持社会主义计划经济的国家，经过一二十年"改革"或"完善"经济体制，但始终未能突破传统体制的老框框，效率、质量、供应等问题始终难以根本解决，就是因为它们把自然经济那一套观念和做法也"坚持"下来了。这种情况，难道不值得我们深思吗？

最后也应指出，有的同志提出上述"二者择一"的问题，并非出于不赞成发展商品生产和商品交换，而是不赞成把它叫作"商品经济"，这就变成名词或概念之争了。这当然可以而且需要作各种考据。但我总觉得，凡有商品生产和商品交换的地方，说它存在着商品经济并非悖理，因为商品经济的内涵无非是商品生产和商品交换的总和，而商品经济概念的范围和性质是可以有各种不同的情况的；它在某个社会组织形态内可以占统治地位，也可以不占统治地位而不失其为商品经济，如商品经济萌芽或不发展的商品经济等。何况在社会主义经济中，商品经济远非处于萌芽或不发展状态，它与计划经济相比虽不占统治地位，但却相当广泛地存在于各种所有制之间与全民所有制内部，成为影响和决定社会主义生产关系与社会主义经济体制的一个不容忽视的因素。所以，保留商品经济这一概念，不但不会"给经济理论界带来混乱"，而且有利于澄清某些似是而非的观点，它对于正确分析和全面认识社会主义经济的性质，对于研究和探索我国经济体制改革的实质和方向，都是非常有用的工具。

苏联经济体制改革情况和问题*

——在云南省工业经济管理师资、干部培训班
所作的专题讲课
（1982年8月23日）

　　最近几年，我国在经济体制方面进行了一些改革，对调动各方面的积极性，搞活经济，促进生产的发展，取得了显著的成效。但是，这些改革还是局部的、探索性的。为了尽快拟订一个经济体制改革的总体规划，我们要总结经验。总结经验主要是我们自己的经验，同时也包括参考国外的经验。本着这个精神，1982年上半年，我和柳随年、郑立同志以中国社会科学院学者的身份到苏联去，对它的经济体制作了一些考察。

　　中苏两国关系在相当长一段时间内是友好的。中苏关系演变到今天这样的局面，是由于苏联执行了霸权主义政策。近二十年来，苏联一直在中苏边境和中蒙边境派驻重兵。它支持越南侵占柬埔寨，在印度支那和东南亚进行扩张，不断对我国边境进行挑衅。它还武装侵占中国的邻邦阿富汗。这些都造成对亚洲和平与中国安全的严重威胁。我们注意到苏联领导人最近一再表示愿意改善同中国的关系。但是，重要的不是言辞而是行动。如果苏联当局确有诚意改善同中国的关系，并采取实际步骤解除对我国安全的威胁，中苏两国关系就有走向正常化的可能。中国人民同

* 　原载云南工业经济管理师资、干部培训班《专题讲座汇编》1983年
　3月。

苏联人民具有悠久的友谊，无论中苏之间的国家关系处于什么状况，我们都将努力维护和发展这种友谊。

在考察中，我们发现苏联人民对中国人民总的来说，态度还是友好的，特别是一些上年纪的人，希望重新恢复20世纪50年代的友谊。但是由于苏联当局过去多年搞反华宣传，也有一些人，特别是有些年轻人对中国有些误解。学术界对中国是不是社会主义国家很多年来也有争论，这次勃列日涅夫在塔什干讲话，表示中国还是社会主义国家以后，这个争论也就平息了。但是，他们中间还有不少人对中国实行的对内搞活经济和对外实行开放的政策不理解，他们问："中国最近有一百多万私营企业，私人资本主义经济已经恢复了，这是怎么回事？"我们向他们解释说："根本不是这么回事，讲一百多万，那是个体劳动者经营的小工商业、服务行业、饮食业等。"另外，苏联报刊对我们国内政策的歪曲报道和攻击现在还是有，（但数量较以前减少了）还继续攻击我们的反霸政策，这些宣传对苏联人民是有害的，而我们对苏联人民的往来和开展宣传是很不够的，所以我们还需要大大加强这方面的工作。这次赴苏，主要对其经济管理改革问题作了一些考察，这里扼要介绍三个问题：

一、苏联经济体制的演变

苏联原来的经济管理体制，是在20世纪30年代帝国主义包围和战备形势下，在实现社会主义工业化和农业集体化过程中形成的，一直延续到20世纪50年代初期。这套体制的特点是：国家计划控制过分地集中，排斥市场调节的作用，按行政办法和部门原则进行经济管理，所以地方和企业缺乏自主权。从20世纪50年代开始，苏联对原有的经济管理体制存在的问题进行了研究和讨论，并且着手进行改革。苏联把经济管理体制叫作"经营机制"，它由三个部分组成：第一是计划管理，这是经营机制的中心环节；第二是经济杠杆，或者叫经济刺激系统；第三是经济组织结构。二十多年来，苏联在经营机制方面进行了好几次改革和完善。

1957年改革的重点是管理组织结构。当时，把工业和建筑业的管理从中央部门的条条为主变成地区块块为主来管理，把原来属于中央的计划权、财政权和物资分配权、工业建筑企业管理权大部分下放给地区的国民经济委员会（全苏组织105个行政区，每个行政区都有国民经济委员会）。这次改革主要想解决部门割据，调动地方积极性，但由于没有触动用行政管理经济的办法，没有解决国家同企业的关系，改来改去，企业还是属于行政机构里的附属品。所以，这个问题不仅没有解决，相反地又产生严重的地方主义和分散主义，给经济发展造成了困难。

第二次比较大的行动是1965年的改革。首先针对1957年那次改革出现的地方主义、分散主义、破坏国民经济集中统一的管理等问题，重新恢复对工业建筑企业以中央部门为主进行管理的原则，撤销了地区国民经济委员会，由原来块块管理原则又回到条条管理原则，由地区回到部门来。除此之外，还提高经济杠杆的刺激作用，如利润提成，企业建立三项基金（生产发展基金、物质鼓励基金、文化设施住宅建设基金）。与此同时，实行生产基金付费，占用的基金每年向国家上缴6％的付款。同时在保证国家集中计划领导的前提下，扩大企业的经营自主权，国家下达给企业的指令性指标由原来的40个减少到9个。为了顺利地实行以利润提成为中心的经济刺激，从1967年起调整了工业品批发价格。

1973年为了提高中小企业专业化的水平，提高生产效率，加强科研和生产的联系，减少管理的环节，决定在工业部门普遍建立联合公司（联合公司在20世纪60年代就开始试行了，大规模推广是在1973年）。这次改革重点基本还是在组织机构方面，把企业的结构，用联合公司的形式加以改组，把原来多级管理体制过渡为两级到三级的管理体制（部、联合公司、企业）。

第三次是1979年至今还正在进行的改革。这次重点是改善计划工作，建立长期、中期、短期计划相结合的，以五年计划为主的计划体系；建立以定额净产值为核心的新的指标体系；扩大经济核算的运用范围，过去是以企业或联合公司核算，现在以一个部进行核算。这个问题1970年开始在自动化仪表工业部试点，在第十一个五年计划期间逐步推广。1982年再次调整工业品批发价格和农产品收购价格，实行新的价格刺激制度；并扩大地方苏维埃在管理经济中的作用。

对这几次改革，他们认为1957年那次不能叫改革，那是赫鲁晓夫头脑发热，是一次不成功的试验。1965年这次，原来叫经济改革，但是苏共二十四大上强调经济机制的完善是个不断的过程，所以二十四大以后就不再提经济机制改革的字样。他们认为1979年这次同1965年那次没有什么原则上的区别，也不是新的改革，而是1965年以来完善经济机制的继续和发展。为什么要进行完善和改进呢？主要的理由是：苏联过去的经济是外延式的发展，就是以数量为主的发展，或者叫粗放式的发展，靠增加投资、设备、人力、物资、能源消耗；而现在要过渡到以质量和效果为主的内涵式的发展，这样，原来那套体制不适应，所以要改进和完善。他们虽采取了许多步骤，但始终并未得到解决。

二、苏联现行的经济管理体制的基本情况

经过这些年的演变，目前苏联经济管理体制的基本轮廓，大体如下：

1. 在经济决策权的结构上，苏联仍然坚持高度集中（更确切

地说是过分集中）的管理原则。

在中央和地方的关系上，经济权力主要集中在联盟和加盟共和国，特别是联盟一级；在国家和企业的关系上，经济决策权主要集中在国家手里。

首先看中央和地方的关系。苏联政权体制基本分五级：联盟（中央）；加盟共和国（相当于我国的省）；州、市、边区自治共和国（相当于我国的专区）；行政区（相当于我国的县）；村苏维埃。在经济管理权限划分上，农业、城市建设和社会服务由州、市和区来负责管理，工业和交通企业则集中在联盟和加盟共和国这两级来管理，加盟共和国直属的州、市，边区、地方苏维埃等政权机构基本上不管工业，只管一些地方性的建筑材料、工艺、手工业和一些地方建筑企业等。在工业中，因为机械工业有技术政策和质量的问题，影响整个国民经济，所以高度集中，统属中央管。按照这个划分，1980年全苏工业总产值中，中央一级占54%，加盟共和国以下的占46%。但是，为了解决联盟和加盟共和国同地方的矛盾（同市、州），1981年3月作出决议，所有企业，不论哪一级，在增加劳动力、占用土地、自然资源利用、环境保护、职工住宅、社会生活福利设施等问题上，必须征得地方计委的同意，否则这些企业的上级不能批准计划。这一条地方的权力是相当大的。在对企业管理权限上，为了满足当地人民生活的需要，州市等地方计委有权向联盟共和国所属企业，按照它的可能安排一些日用消费品生产。在财权上，苏联有一个统一的国家预算，包括联盟和加盟共和国的预算，联盟和加盟共和国各有自己的财政收入，所得税、单身税50%属于联盟，50%属于加盟共和国，联盟企业上缴利润属于联盟。共和国的收入有共和国企业上缴利润、农业税、所得税、单身税（中央和地方各得一半，用于补贴多子女、英雄母亲等项开支）等。地方税如房产税、土地税、交通工具税等由州市去征。另外，苏联还有一

苏联经济体制改革情况和问题

227

个很重要的税叫周转税（相当于我们的工商税），是调剂税，占苏联财政收入的30%，这是中央和地方调剂的，每年都要重新划分。1980年，苏联国家预算收入，中央和地方划分是联盟收入占53.6%，加盟共和国以下的是46.4%，这个比例跟前面的工业企业的基本上差不多，中央还是占大部分。

其次在国家和企业的权力划分方面，苏联宏观经济的决策权，包括经济发展方向、速度、主要比例关系、固定资产投资的规模、投资的分配、生产的布局、重大项目建设，还有消费水平提高的幅度等紧紧掌握在国家手里，由国家计划严格控制。除此之外，对于企业一层，相当大的一部分经济活动权也是掌握在国家手里，如计划权，现在指令性指标又有增加的趋势。物资供应方面，企业很少有供销权，基本上由国家物资供应委员会系统来掌握分配。劳动力、物价也是高度集中的。但总的来说，1965年以来企业在经营管理权上还是有所扩大，如财务方面：过去基本折旧全部上交给国家预算，从1965年开始有一半留给企业自己支配；利润留成过去比例很小，1965年以后也有所提高，如工业企业利润中，上交国家预算和企业留用的比例，1961年是71∶29（国家71，企业29），1970年是62∶38，1980年是60∶40。企业留成的40%里边，包括抵拨国家计划内的基本建设投资、企业的重大技术改造、增拨流动资金、偿还银行的长期贷款还本付息等，真正企业自己留用的部分，也就是三项基金，只占17%。当然比过去也高了，因为1965年只有6%，1970年14%。这个比例是占利润的比例，不是占整个税利的比例。企业创造的整个纯收入，就是税利加在一起，包括利润和周转税在内，企业的留成部分只是占8.5%，这是我们的估算，它没有这个直接数字。那么，留给企业的这三项基金原则上企业可以自由支配，但是用于建设方面的，包括跟建设有关的（社会福利基金里面有一部分也是用于建设的），这个要纳入国家计划来进行平衡，这是国家的规定，实际上规定由企业自己支配的部分，往往发生上级平调占用的事情，上级什么时候都可以平调拿走，企业的权利还不是十分固定，苏联有些报刊有关于这方面的内容和材料。

2. 在经济机制的运转上，苏联仍然坚持计划管理是整个机制运转的中心环节，强调全国的经济活动都要通过计划来实现，而不能通过市场来调节。至于利用经济杠杆，完善经济组织都是围绕着计划管理来进行的。

苏联的经济学家们总认为他们经济管理的长处，就在于计划管理，弱点是刺激制度还没有搞好。

现在计划管理的情况，在计划体系上，过去是以年度计划为主，现在实行远景计划与当前计划相结合，以五年计划为主。这个计划管理体系包括四个内容：一是20年的科技进步的综合纲要。二是10年的社会经济基本发展方向。这两个都是方向性的。三是5年的经济和社会发展计划，这个五年计划是国家经济和社会发展的主要形式和组织经营活动的基础，所以五年计划的分年指标比较详细，而且，考核一个部门、一个企业、一个联合公司的成绩，过去是按年度，现在是按五年的累计数字来进行评价。四是年度计划，现在跟过去也不一样，过去是每年下达控制数字，从上而下，然后再从下而上，现在不下控制数字，由企业根据五年计划规定的任务，分年度任务的定额，在挖掘内部潜力的基础上，提出响应计划，然后自下而上的制定。长期计划采取滚动的方式，每经过五年修订一次，经过五年再加一个新的五年滚下去，这样，长期计划成为一个不断起指导作用的计划。这样的计划体系，保证了计划的连续性和稳定性，不是像过去那样每年打乱了重来，年度计划就有这个毛病，不衔接，不连续，因此，经济上造成很多被动和损失。

在指标体系上，现在主要的特点有四个：一是强调反映最终成果。例如建筑业的指标，过去是用建筑安装工作量，花钱越多，表示你的工作完成得越好。现在改为竣工验收交付使用的工程总额，用建筑业的商品产值来代替过去建筑业的总产值。二是强调反映质量和效率，对于反映人、财、物各种资源利用效果的指标现在大大加强。三是广泛采用定额指标，如工资，现在不是下达工资基金了，而是下达每一个卢布的产品的工资定额，即每一个卢布的净产值里面包含着多少工资，完成的净产值越多，工资就越多。利润分配也是这样按规定定额。四是采用限额指标。在基本建设投资方面，过去是基本建设投资额，现在是改用限额，最高限额是不能追加的，追加要经过很严格的手续。一个部长要是追加某一个项目，你要在部长会议上检查检查到底是什么原因，就这么一条，你就要慎重。还有职工人数也是有限额的。

现在，在改进指标体系中，一个重要措施是定额净产值作为主要计划指标和评价指标。1965年以前是采用总产值指标，因为这个指标的毛病大，为了克服这个毛病，1965年改为商品销售额指标，生产的东西，不能积压在仓库里面，要销售出去才能算。但是这个指标还是有毛病，因为商品销售额指标跟总产值一样，还是包括原材料的消耗，企业还是可以追求消耗大的、产值高的产品，所以材料浪费这个问题还是不能解决。现在改成定额净产值比销售额更好一点，净产值不包括物质消耗、原材料消耗。但是目前推行还是很困难的，所以总产值和商品销售额指标，在部门里还在用，甚至有的部门还在用实物指标吨、米来考核，用吨位来考核一台机器，这台机器越大、越粗、越笨就越好，所以苏联一台洗衣机80公斤重。当然，净产值指标照样有问题，因为价格不合理，有的价格高，净产值就高，所以企业就要考虑搞什么合算，搞什么不合算。

苏联计划管理中，指令性指标运用范围还是比较广的，全国生产的产品品种有2000万种，国家计委编制下达的工农产品指标就有4000多种产品（我们只有100多种）。国家计委下达的产品指标，有的是大类，有的是重要产品的品名。这些产品的产值占工农总产值的80%~90%。指令性计划搞得很烦琐，很细腻。

在计划方法上，还是用平衡法，几十年一贯制。制定计划平衡过程最重要的是一些物资平衡表，五年计划要编400种产品平衡表，年度计划要编2000种，工作量是很大的。为了编平衡表，搞物资分配，所以，对定额的管理和制定抓得很细。如在第十一个五年计划制定过程当中，为了论证物资技术供应计划指标对于工业消耗的金属产品的定额，包括钢材、有色金属，用电子计算机计算了20万个定额。

在运用经济杠杆方面，比起计划来是比较弱的，虽然想了很多办法，但是收效不是很大。如利用价格杠杆，从理论上说，苏联经济学者都认为正确的价格是完善经济机制的先决条件，但是实际上，1965年以来，苏联大概只进行了两次大的工业批发价格的调整，一次是1967年，另一次是1982年。按照最近的规定，今后的工业价格每五年进行一次调整，和计划体系联系起来，加强五年计划的作用，五年计划期内价格要稳定，以便于计划考核和核算。由于五年当中生产、技术条件以及供给和需求条件都在变化，因此价格不能很灵活地反映变化情况，所以，价格不合理带来的矛盾，在苏联是长期存在的，很难解决。但是，现在有一个比较好的办法是：对新产品和优质产品实行加价，对落后产品实行减价。这种利用价格杠杆的滑动价格政策，能促进科技进步、产品更新换代和提高产品质量。调整价格的审批权，一般在州以上的价格管理机构，由于州以上的价格管理机构对市场的变化反应比较迟钝，不像企业能直接感受到，等到把市场情况反映上来，再进行调价，已经造成损失了。如苏联报刊曾报道过的一个例子：州价格机构是按规定的日期来调整蔬菜价格，实际上农民自留地生产的蔬菜已经大量上市，价格已经开始下降，而国营商店由于未到调价时间，价格不能动，造成国营商店的蔬菜大量腐烂，这种价格僵硬的问题在苏联始终没有很好地解决。

经济核算过去限于企业，现在逐步推广到部一级，叫作部门的财务自理（相当于我们现在的财务包干）。每一个部按照定额计算应该上缴给国家预算的金额，每个五年计划有个定额，各部必须保证完成，如果批准的利润计划没有完成，就要用留归部的流动资金来补偿。如果实际利润超额完成计划3％以下的，超额的部分一半留给部支配，超额完成3％以上的，25％留给部支配，其他上缴给国家预算。但是，部门财务自理并不是说取消了国家拨款，如果国家计划对部门规定的建设任务靠部的自有资金不能满足需要的话，国家还要拨款。

在利用信贷的杠杆，发挥银行的作用方面，苏联在1965年以后规定的建设项目，如果它在五年之内能回收投资的话，可以使用银行贷款，超过五年就不能使用银行贷款，只能使用国家拨款。所以现在苏联用银行贷款搞的基本建设并没有怎么发展，大约占全部基本建设投资的10％。在基本建设中利用信贷杠杆，新的措施就是最近在1979年规定：按工程全部建成交付使用一次结算。当然，像大的工程——卡尔马汽车厂，按分期投产，但每个车间必须完工，完工以后才能结算。在建设期间承包单位所需要的资金，由建设银行贷款，资金来源是发包单位（甲方）在银行的存款，最后完工以后，承包单位归还银行。这种办法前几年在白俄罗斯试点，据说对缩短工期很有成效，现在决定在第十一个五年计划期间在全国推广。

3. 经济管理组织结构上，仍然实行部门管理为主，按照行政层次管理经济的办法，所以经济的横向联系（企业与企业之间，地区与地区之间，部门与部门之间）从属于纵向联系，条条与块块的矛盾还是很大。苏联当局从1973年起决定大力建立联合公司，具体做法是在总结试点经验的基础上，由各部门提出建立联合公司的方案，送国家计委和科委审议。如果涉及其他部门、企业的时候，也抄送到有关部门，也要考虑各个加盟共和国的意见，然后制定一个成立联合公司的总体计划和方案。目前，联合公司有三种形式：（1）生产联合公司；（2）科学联合公司；（3）工业联合公司。

生产联合公司是大量的。这一类公司又有两种形式：一种是纵向联合，从生产零配件到装配整机，或者是对原材料加工一直到成品。利哈桥夫汽车联合公司就属这种形式，它有16个分厂。提供零部件，由总厂总装成汽车。另外一种是横的联合，由同类工厂组成的联合公司，工艺比较接近，企业按产品品种来分工。曙光制鞋联合公司就属于这种形式，它有8个分厂，每个分厂都生产鞋，类型各种各样。

科学生产联合公司，这一类公司比较少，特点是有一个科研机构牵头，同几个工厂联合，主要从事新产品、新工艺研究试制工作，成功以后向整个部门推广。

工业联合公司是一级中层的管理组织，既是行政组织，又是实行核算的经济组织。但实际上并没有起到经济核算的作用，基本上仍然是一个换了牌子的行政管理组织。

生产联合公司一般不设专门管理机构，而是由总厂的管理机构来领导整个联合公司，参加联合公司的企业单位，有的还保留独立核算的法人地位，有的取消独立核算，一般联合公司这两种情况都有。从全苏来看，1980年参加联合公司的一共是17 896个单位，其中保留独立核算的7542个单位，占42％，有58％以上的没有独立核算的权力，参加联合公司以后，实际上变成一个生产车间了。通过这种办法，基层的权力减少了，集中到联合公司这一级，全苏已经有4000多个生产联合公司和科学联合公司，这两种占1980年工业产值的48.2％，占职工人数的50.1％。所以现在全苏工业企业的总数是大大减少了，20世纪50年代有20万工业企业，现在是44 000个，主要通过联合的方式合并了。现在联合公司基本是在部门内建立，这和我国情况不一样。我国现在是打破部门界限、地区界限，甚至所有制界限。为了进一步挖掘部门内部潜力，搞综合利用，苏联要求打破部门界限，建立跨部门的联合，实际上执行得很慢。据苏联国家计委副主任巴丘林说：阻力来自各个部门的本位主义，每个部都不愿意把所辖企业交出来，怕别人拿走，当不成部长。另外，地方上也有矛盾，所以十多年来还在部门里打圈圈，这个问题没有解决。

4. 在所有制的结构上，仍然坚持国营和集体两种公有制。农村和城市基本不存在个体经济，更没有私人和国家资本主义性质的经济。当然苏联街头上实际也有搞私活的，如：放个体秤，丢两戈比称称重量；花两个卢布在公园门口剪纸影等，但都是不合法的。至于集体农庄庄员的家庭副业或者是业余的经营，政策上是时放时收，20世纪60年代放，70年代收。总的来讲，占整个经济中的比重是缩小的趋势，60年代占整个农业总产值1/3，到1980年占1/4，但是副食品生产占相当的比重，1980年土豆生产有64%，水果有58%，蔬菜有35%，肉和牛奶有30%多一点都是家庭副业生产的，现在农民副业的收入还占他的总收入的1/3。

三、对苏联经济体制的演变和现状怎么看

对苏联经济体制的评价不能有先入之见，应有科学的态度。20世纪50年代初，我们搞一边倒的时候，对苏联的东西是全盘肯定，其实，那时也有很多毛病。20世纪60年代批修时，又全盘否定，这是不符合实际情况的。为了研究我国经济体制的改革，借鉴国外经验的得失，就要尽可能实事求是地进行科学分析。在评价苏联经济体制优劣得失的时候，首先应该看他们的经济发展情况。反映在经济发展上面当然不单是经济体制上的问题，还有其他因素，如经济决策问题，但经济体制是决定因素。第二次世界

大战后30年来，苏联经济发展到底是什么样呢？总体来讲，我们归纳了五项成就和一些突出的问题：

1. 战后苏联经济增长是持续的，没有出现像资本主义社会那样的周期性的危机，除了农业受到自然灾害的影响波动比较大外，工业总产值和整个国民收入这几年是逐渐增长的。1950年到1980年，30年国民收入平均每年增长速度为7.5%，仅低于日本（日本1950—1980年大概年平均增长速度为8.3%），比其他发达国家如联邦德国、美国、意大利、法国、英国都高。美国近30年平均为3.5%，联邦德国为5.1%，意大利为4.8%，法国为3.7%，英国为2.7%。虽然西方的分析认为，苏联的速度不太真实，但总的来讲，速度还是不低，就是打几个折扣还比这些国家高。

2. 基础工业大大加强，主要产品产量在20世纪六七十年代，先后大概有23种重要产品现在已经超过美国，石油、钢铁、化肥、水泥、棉布、砂糖等都居世界领先地位。实物产品产量是硬指标，是不能含水分的。

3. 国防工业和尖端科学得到了比较突出的发展。宇宙空间运行的卫星很多，其中苏联有1300颗，平均每个星期发射一颗，卫星是各种用途的，有科学的、侦察的、军事的。据苏联科学院院长山约罗夫说：苏联科学家的人数占世界科学家总人数的1/4，科学发明创造占世界总数的1/3。

4. 加速了落后地区、非俄罗斯地方和东部地区的建设，改变了生产力的布局。全苏的工业1980年比1940年增长20倍，一些民族共和国边远地区，包括外高加索的3个共和国，中亚细亚共和国、波罗的海沿岸的几个共和国，工业产值增加30~50倍。有些地方人民生活水平超过了俄罗斯共和国。东部地区第二条西伯利亚大铁路的沿线开发，丘明油田，西伯利亚的经济也有比较大的发展，这是苏联长期以来没有发生很大的民族纠纷、经济发展比较平衡的重要原因。

5. 人民生活有了不少改善，居民实际收入1980年比1965年增长95％，职工平均工资1965年是96个卢布（每个卢布的购买力相当于1元人民币），1980年增长到169个卢布，现在是172个卢布。城市住宅建筑面积增加到人均13平方米，每年住宅建设竣工一亿平方米。现在莫斯科、基辅跟20世纪50年代比确实不同了，大片高层建筑群很壮观，但是，民用建筑设计单调。穿着也比20世纪50年代好一些，特别是妇女的穿着更要好一点，当然比西方的还是差一点。社会福利方面花钱也是比较多的，如果说1980年比1965年工资增长95％的话，那么，社会福利基金增长1.7倍。

苏联经济发展存在的严重问题：

1. 经济发展速度呈现下降趋势，而且无法扭转。苏联的经济是在发展，水平也在提高，但速度是一个五年计划比一个五年计划下降。几个五年计划时期国民收入的增长速度是：第五个五年计划时期平均增长11.5％，第六个五年计划时期增长9.2％，第七个五年计划时期增长6.6％，第八个五年计划时期增长7.1％，第九个五年计划时期增长5.1％，第十个五年计划时期增长4.2％，第十一个五年计划平均增长3％多一点。其速度是下降的，而且现在还在继续。苏联的基础工业发展也遇到一些困难，23种已经超过美国的产品中，大部分产品要继续发展是有困难的。如：石油，现在是6亿多吨，它增长快的时候每年增加3000万吨，但是这几年增长速度是下降的。1980年增长1500万吨，1981年只增长600万吨。煤炭和钢的产量连续4年下降，1980年已经退回到1975年的水平。水泥、化肥也在开始下降。

2. 农业、轻工业相对落后，市场供应紧张。苏联农业投资占基建投资，20世纪50年代是14％，60年代是16％，70年代提高到20％以上。如果把间接的农业投资都算上可达到30％以上。苏联农工综合体的投资占总投资的40％。虽然这样，但是，苏联农业靠天吃饭的局面基本没有改变，粮食、肉类仍然不能自给，每年进口粮食4000万吨。消费品的增长速度虽然几次接近或超过生产资料生产，但是，它的投资比重有所下降，所以其生产的增长速度仍然落后于生产资料生产的增长速度，不能满足需要。所以，苏联的市场供应情况不如我国好，特别是在花色品种方面更不如我国，也不如匈牙利、波兰、南斯拉夫等国家。当然和20世纪50年代比较，耐用消费品方面，如电视机、电冰箱还是比较好的，但质量好的也不容易买到。食品供应，如肉、奶都很紧张，不如50年代，奶油、猪肉都有限量，这些东西听说外地市场很难买到。

3. 物资积压严重，资金周转缓慢。1980年国民收入比1979年新增长了179亿卢布，但物资的库存增加了207亿卢布。所以，整个物资库存占国民经济收入的比重越来越大。1975年占64.5%，1980年增加到70.5%，一方面是物资不足，另一方面又是物资积压，其原因是货不对路。

4. 科技成果应用比较慢，产品品种质量上不去，很多产品是十年一贯制。

5. 人力、物力、财力浪费严重，经济效益始终未能解决好。苏联由于人口增长缓慢，劳动力不足。而各单位劳动力编制上却又宽打窄用，过多占用的劳动力占全国劳动力的10%~15%，这部分劳动力一部分用于工厂办农业车间，实际上就是解决副食品的不足。物力浪费也很严重，根据最近苏联科学院一位院士透露，苏联每生产一个单位的最终产品，所消耗的钢材比美国多76%，消耗水泥多1.3倍。粮食浪费也是很大的，据苏联报刊透露，由于收割、运输、仓储、加工等环节管理不善，加之设施跟不上，损失浪费是惊人的。假如把这几个环节的损失能采取措施弥补的话，那么粮食可以变进口为出口。1981年收获17 000万吨粮食，浪费损失就是4000万吨以上，占1/4。在产品质量方面，苏联集中力量要搞的东西质量是高的。如上天的联盟号对接，如果质量稍有差错就对接不起来。但是，一般民用品质量品种是很差的。

所以，苏联经济发展一方面有不少成绩，另一方面也有突出的问题。其经济发展是很不均衡的。当然经济发展存在的问题，不能单纯地归咎于经济管理体制，其原因也是多方面的。就取得成绩方面的原因有：

首先，高度集中的管理体制，把全国的人力、物力、财力集中用于关系国民经济全局的关键部门的发展和战略问题的解决。因为生产力布局的改变、基础工业的发展、国防尖端的开发，都要靠国家在全国范围内调动相当大的资金、物资来实现。

其次，在计划管理上建立了一套比较科学的制度和方法。包括计划体系、指标体系、计划方法、咨询、平衡、鉴定、决策等，保证计划执行的一套完整机构。对于宏观经济的决策、重大项目的确定，都经过比较严密的程序和科学技术论证，从而保证计划制订和执行不发生重大失误。

在最近二三十年里，苏联在经济建设中没有发生过大起大落或大项目的轻率上马。如他们有个北水南调的设想，中亚细亚缺水，但西伯利亚的鄂毕河、伊里赛河等向北流，想把水往南移。这个项目提了很久，经过反复研究，据说北水南调引起生态平衡问题，所以只是做些准备工作，尚未全面开始动工。

苏联经济战略就是要搞重工业，搞科学尖端，在考虑上述任务的前提下，保证国民经济能够比较平衡、稳定的增长。但总的经济结构当然是不平衡的，农轻重的关系、积累和消费的关系都是有问题的。

苏联经济发展中存在的问题同经济体制的弊病是有密切关系的，最近苏联报刊上也有人指出：苏联经济所出现的一系列问题，其主要原因在于管理。

首先，管理过分集中，计划管得过死，国家管的产品比重过大，绝大部分的物资由国家计划平衡和分配。1980年由国家计委直接分配的物资有2025种，其中259种由部长会议决定。由国家物资技术供应委员会平衡分配的有10 000多种，联盟各部分配的有20 000种。另外，1971年二十四大批评市场社会主义以后，苏联从理论到实践不再提市场调节，企业生产和供销方面的权限很小，企业除了一次性订货可以同用户单位协商确定价格外，其他的价格全部由各级物价部门确定，其中绝大部分由全苏物价委员会来确定，所以使经济信息传递迟缓，甚至被歪曲。由于管得过多，同复杂的、多变的经济发展情况不能适应，所以造成产需脱节、物资积压，这是使消费者的利益不能得到保证的一个重要原因。

其次，靠行政机构，用行政手段管理经济同生产的社会化矛盾尖锐。虽然1965年回到以部门为主的管理原则，强调各部门用经济办法来管理，但实际上并未摆脱行政管理的老框框。机构改革反反复复，中央一级有74个部委、57个部、17个委局。在57个部里与工交有关的就有31个部，其中机械工业就有17个部。20世纪70年代本想通过组织联合公司减少管理层次，但是，实际上并没有减少。目前管理层次仍是三层到四层，而且代替总管理局作为中层管理环节的全苏工业联合公司和加盟共和国工业联合公司，实际还是换了招牌的行政机构，和过去总管理局没有多大区别。由于中层管理机构分得很细，大家都想搞大而全，自成体系，因此部门分割现象越来越严重，办事效率低，互相扯皮的事继续在发生和发展。

最后，企业吃"大锅饭"，缺乏竞争。1965年以来，虽然强调利用经济刺激杠杆全面推行经济核算制，把企业和个人的物质利益同企业最终成果挂钩等办法，调动企业和职工的积极性，但是没有根本解决吃"大锅饭"的问题。许多刺激性的措施只能起一点强心针的作用。企业在制订计划时，有意压低计划，以便不费力地取得利益。虽然强调指令性指标是法令、计划是法律，而实际计划过程是讨价还价过程。企业的集体收入并不取决于企业真正的经济效益好坏，而是取决于领导人争指标的本事。有时即使完不成计划，到年终也要找各种借口把计划指标调低，照样可以拿到奖金。所以压低计划的现象相当普遍。苏联长期否定市场调节、否定必要的竞争，所以垄断盛行，企业和职工不愿意承担紧张任务，强调困难。据苏联计委副主任巴楚林说，最近要开会讨论解决企业接受紧张计划问题。他说：坦率地讲，我们这个问题没有解决好，不是说我们一切都搞得不错。有许多外国专家，包括东欧的一些同行也提出这个问题，也有争论。所以，国家计委成立一个社会主义国家经济体制研究局，专门研究这个问题。

总而言之，苏联经济体制经过几次的演变，在宏观经济方面的计划管理比过去更加系统，更加严密了。在工业交通等部门组建联合公司和利用经济机制刺激也有了一些变化，从而保证国民经济持续稳定的发展，但成效不是很大。因为始终没有摆脱传统体制的老框框，因此1965年当初提出改革时要解决的问题并没有得到根本解决，现在仍然还在提，如扭转速度下降、加速科技进步、提高工作效果和工作质量等问题。

为什么搞这么久而收效不大呢？其原因有：

从演变过程看，1965年的改革步子不是很大，以后在改革中又逐步降调。1967年苏共二十三大叫改革的大会，而苏共二十四大就不再提改革的口号了，强调经济管理是一个不断完善的过程。故此1979年这次经济机制的变动叫完善而不叫改革。降调的原因是20世纪60年代末在国内外遇到了一些困难，国外遇到布拉格之春事件，认为捷克的改革跨出了边，出了乱子；在国内那几年采取搞活经济的政策，因此不可避免地出现一些问题，出现消极现象，如奖金控制不住、工资基金的增长快于劳动生产率的增长等，所以到苏共二十四大改革就开始收。

匈牙利的改革是1964年提出来的，1966年提出改革方案，1967年试验，1968年全面推广。时间和苏联差不多，但步子比苏联大。匈牙利改革还是坚持计划经济的，只是取消指令性计划，搞指导性计划。匈牙利改革一开始是不错的，但在20世纪70年代也遇到一些困难。在国际上主要是石油危机，原料、燃料进口价格涨得快，而出口的价格涨得慢，因此在国际贸易量又大、条件又恶化的情况下困难是很多的。在国内搞活经济，对外开放也出现了一些问题。这样使改革受到一些反对派的攻击，迫使改革放慢了步伐。但由于改革在群众中声誉比较高，所以体制改革一直没有停下来，直到现在，仍然坚持改革方向。如取消垄断，把托拉斯重新解散，企业经营单位缩小，鼓励发展小经济、副业经济、国内价格与国际价格挂钩，等等。

总的来说，匈牙利的改革在苏联及东欧各国中成效是比较好的，使产品质量、效率、品种都比苏联好。由于苏联体制改革进进退退，停滞不前，所以困难越来越大，因此，在1979年又一次提出一个完善经济机制的方案，这是第三次大的行动。1979年这次主要还是在计划指标、计划体系方面下功夫，使之完备，而对原来体制中的行政割据、条块矛盾、产需脱节和质量效率这些问题还是拿不出确实有效的办法。这一点巴楚林、勃尼奇用不同方式也承认这个问题。这是因为苏联在经济体制改革决策上决心不大，遇到困难就降调，所以苏联经济体制改革没有能够突破传统经济体制的老框框，收效不大。

四、与经济体制改革有关的若干理论问题

关于经济体制改革的有关理论问题，经济理论界讨论也很激烈，特别是1965年以后争论较多，到20世纪70年代初期的苏共二十四大，针对20世纪60年代后期经济界提出的各种观点，批判

了市场社会主义。这次批判是理论研究的一个重大转折，使基本理论问题的讨论减少了，更多的是转入具体的经济机制问题的研究。过去集中讨论的有以下几个理论问题：

第一，社会主义经济性质问题。苏联关于这个问题在20世纪60年代后期争论基本上分三派：

1. 非商品派，否认社会主义制度下存在商品生产，这跟当时改革的精神是背道而驰的，后来被批判，销声匿迹。

2. 社会主义商品生产论派，认为社会主义本质就是商品生产。根据这一点，提出一系列主张，如充分利用市场机制的建议，取消所有的实物指标，让企业自己决定供销的对象，企业自己决定价格。这种理论在苏共二十四大以后也被批判了，被指责为市场社会主义理论，报刊上不登他们的文章。但这些人还在活动。

3. 中间派，也叫有限的商品生产论，认为社会主义本质的经济特征是直接的社会生产，由国家代表社会中心进行计划，是计划性的，而不是商品性的。商品货币关系也要利用，但处于从属关系。这一派是苏联的主流派、多数派，也代表了官方的意见。

第二，是价值规律问题。价值规律是否起调节作用，在20世纪60年代末期也是三种意见：

1. 非商品派否认价值规律是生产的调节者；

2. 社会主义商品生产论者认为价值规律是起调节作用的；

3. 认为社会主义生产的调节者不是价值规律，而是整个社会主义经济规律体系，特别是基本经济规律、有计划按比例发展规律。价值规律也有它的地位，但只能是从属的。这是一般主流的观点。

第三，是计划与市场的问题。20世纪60年代后期。主要有两种观点。一种是社会主义商品生产论观点，认为计划与市场是统一的，两者是同等价值的要素，同样重要，所以对计划调节和市场调节等量齐观。他们认为"不以市场为依据的计划，就像不由计划组织的市场一样，都没有力量反对比例失调的现象"。在计划和市场的辩证统一关系上面建立起对社会主义经济最有效的领导体制。这种观点后来被指责为市场社会主义。第二种是有限商品生产论者的观点，他们也不反对计划与市场相结合的提法，但强调市场的从属性和社会主义制度下市场的计划性。对自发的自由市场是反对的，只承认计划市场。巴楚林说，社会主义市场应该看作是有计划的组织经济关系的形式之一，市场一切要素都要由计划调节。苏共二十四大以后一般不再提市场调节问题了，只提有计划地利用商品货币关系。20世纪70年代起计划与市场相结合的提法本身也遭到非议，认为计划与市场不是互相对称的、统一序列的概念，两者并提就歪曲了社会主义市场的性质。实际苏联就有脱离计划的市场，而且广泛存在（黑市交易等）。

第四，是经济方法和行政方法问题。在改革初期对过去用行政办法管理经济提出了批评。柯西金的报告中就讲："将用经济办法代替行政办法。"当时文章都提经济改革的实质就是用经济办法代替行政办法。这种见解在20世纪60年代末期得到纠正，强调经济改革不是放弃行政办法，而是要把行政办法和经济办法结合起来，应把行政办法和行政命令瞎指挥区别开来。这个观点看起来还是对的。现在流行的观点是把行政办法和经济办法看成是有计划地影响经济过程的两个统一的方面。他们认为：任何经济管理都不能没有行政办法，也不能没有经济办法，二者是形式与内容的关系（表和里的关系）。行政办法是形式，下命令、规章制度、法令。经济办法是内容，要考虑各方面的经济利益，包括企业、地方和国家的。

第五，是关于企业自主权问题。这是个国家与企业经济管理权的划分问题，是个在理论上和实践上都很困难的问题。在苏联改革初期对这个问题也有争论。其中社会主义商品生产论者明确提出国家计划对企业不应该是指令，而应是建议，企业有权选择它自己的经营目标来影响企业的经济行动。这种论点一开始就受到很强烈的反对，认为这种论点是无政府主义，是放弃领导。这与苏联对南斯拉夫企业自治的批判是一样的。现在对这个问题的提法在理论上没有什么突破，一般提法是国家对经济集中的领导与企业的自主权结合起来。究竟怎样结合没有具体说法。巴楚林说怎么结合这是一门艺术，所以这就很难说了。应该说这既是艺术又是科学，在理论上应该有个杠杠作为实践的依据。所以苏联只讲是一门很高的艺术是不全面的。乌克兰计委研究所的所长对这个问题还比较坦率。他说，关于国家对经济管理的统一与企业自主权问题，不但桌子两边的同志（中国同志和苏联同志）会有不同意见，就是在一边的同志相互意见也是不一样的。他的意见是对企业自主权高谈阔论，除了带来危害外，没有一点好处。企业只能在完成国家计划的前提下才能有自主权。对这个问题乌克兰科学院经济研究所所长的看法是，国家和企业权限的划分界限应该是简单再生产和扩大再生产。国家管扩大再生产，企业管简单再生产。简单再生产的产供销，包括企业折旧基金是企业自己的；扩大再生产涉及比例的调整，新建企业权力应该是国家的。其实这个看法我国孙冶方同志早在20年前就提出来了。实际上苏联并没有这样做。企业虽然掌握了一些折旧基金，也有一些自筹资金，留了一点生产发展基金，但是企业在运用这些基金采取一些建设性的或技术改造性的措施时，要得到上级批准，受到很多限制。这从某一方面讲是必要的，但从另一方面讲企业简单再生产的权限就不能充分使用。苏联企业按照国营工业企业条例规定权力也不小，但实际有多大权力这很难说。基洛夫州有个电缆厂厂长在《经济报》上写了一篇文章，说这个厂在1965年以后不错，有利润留成，搞了一些技术改造和福利设施、住宅，工人情绪不错。到1974年不知什么原因把他们的钱收上去了，直到1980

年日子很不好过。到1980年又不知什么原因给了他们几百万卢布，1982年又不知什么原因给收上去了。

第六，关于社会主义经济模式问题。苏联经济学界一般反对用"经济模式"的提法。在1982年4月列宁诞辰纪念会上安得洛波夫讲话时说："现在社会主义不同模式的说法很时髦，有人认为社会主义国家经济困难，是由于把苏联的模式强加于它，这是瞎说。"安得洛波夫讲话中不用模式，而用各种不同形式。他说："我们从来不想把我们的形式强加于人。"这是他辩解别人对苏联的批评。这个问题布尼奇通讯院士也谈过，他不正面回答社会主义经济能不能有不同模式，而说社会主义国家在相同条件下，模式应该是一个。但是由于各国的条件不同，因此经营机制出现了差别。所谓条件不同是指经济发展阶段不同、国家大小不同，民族传统、风格和意识形态也有差别。

对南斯拉夫、匈牙利模式的看法，苏联很长时间沉默不表态，实际上是反对的。匈牙利很策略，政治上对苏联很尊重，经济上也很谨慎，不提改革的字样。虽然苏联对其做法不满意，但也不好说什么。而对南斯拉夫以前是指名批评，后来不指名地批评为市场社会主义。现在情况有些变化，因为苏联自己的经济机制问题，困难很多，对于南斯拉夫、匈牙利以及东欧其他国家采取的办法开始承认、注意和研究。这是跟过去有所不同的。苏共二十六大勃列日涅夫的讲话中特别提到要利用其他社会主义国家的经验。苏联计划委员会有个专门的机构在研究社会主义国家经济机制问题。布尼奇肯定南斯拉夫企业经济核算搞得好，认为二次大战以后，南斯拉夫还是很落后的农业国家，现在经过三十多年有很大发展，取得了很大成就。由于企业实行了严格的经济核算制，所以产品质量、经济效益都比较好，旅游业搞得也比较好，南斯拉夫一年有二千多万人次的旅游者，和本国的人口差不多。它的建筑业发展也很快，特别是建筑设计在欧洲和世界上是

245

很有名的。造船工业、化学工业都搞得不错。但他也认为南斯拉夫的理论概念、意识形态有些问题，如对劳动者失业了，让他们到国外找工作感到不理解。另外就是通货膨胀率很高，比西方国家还高，这个也不理解。再一个是地区之间的差别，他说，黑山自治共和国是比较落后的，斯洛文尼亚自治共和国是比较先进的，黑山共和国的工人工资是斯洛文尼亚的1/4，这也是不可想象的。南斯拉夫到处是价值规律起作用，苏联不同意，也不理解。他说关于南斯拉夫是社会主义国家这一点没有争论。他对匈牙利评论较好。近一两年苏联报刊电视上介绍匈牙利的材料比较多，主要介绍它的农业、商业怎么搞活的一些办法。布尼奇还说，最近保加利亚也搞得不错，有新的突破。过去保加利亚供应也很差，现在什么都有。

关于苏联的经济理论情况这次没有专门去摸，我了解的情况大体就是这些。总之，为什么苏联的经济体制经过十几年的改革，确实有些变化，但总的框框没有突破，解决问题收效不大呢？其原因是在演变过程中步子不是很坚定，而且降调，另外理论上僵化，有些问题停滞不前（特别是苏共二十四大以后）也有很大关系。

五、苏联经济体制哪些可以借鉴

我国的经济体制改革是从1978年党的十一届三中全会以后开始的。三中全会以后不久就提出"调整、改革、整顿，提高"的方针，为经济体制改革指出了方向。三年多来，在党中央、国务院领导下，我们在国民经济的各个部门和再生产的各个环节，进行了一些初步试验性的改革，取得了显著成效。当前，体制改革主要任务是什么呢？赵紫阳在1981年五届人大四次会议报告中明确指出："现在的任务就是要总结前一段改革的经验，经过周密的调查研究，反复的科学论证，尽快拟订一个经济体制改革的总体规划，逐步实施。"1982年上半年国务院体制改革委员会薛暮桥同志召开了一个会议，建议学术界从理论上来研究这个问题，同时对内部改革的经验进行总结。总结近三十年来的经验和近三年的改革经验，在这个基础上结合改革的基本理论进行研究，把理论问题搞清楚。也要研究外国的经验，调查研究苏联和东欧各国的经验，在自己经验的基础上，探索出符合中国情况的改革的规划，选择符合中国情况的改革模式。

苏联经济体制优点和弊病对于研究我们国家的经济体制应该说有重要的参考意义。因为我国有很多情况与苏联相类似。如我们都是大国，又都是在原来生产力发展水平比较落后的基础上进行建设，而且革命后都存在着不少的封建残余意识，小生产和自然经济的传统像汪洋大海一样。另外，我们原来管理经济的一套制度、办法，特别是在工业和建筑业方面，又都是新中国成立初期从苏联那里学来的，遇到的问题也差不多。所以如何吸取苏联经济体制中的有益经验，同时去掉弊病，避免走弯路，这是需要认真研究的问题。

苏联经济体制哪些可以借鉴，哪些不能借鉴，这个问题，最近北京经济学者也讨论过。大致有以下一些意见：

第一，苏联对经济实行过分集中的管理，这样不利于调动各方面的积极性和搞活微观经济。全国集中的财政收入占国民收入50%~60%以上，比例很大，过分集中，我们不能照搬。但是必要的集中或者说高度的集中还是需要的，因为集中管理原则是社会主义经济必须坚持的。没有必要的集中，国家办不成大事，资金、物资力量都分散了，想搞大的建设是不可能的。苏联搞的丘明油田，20世纪50年代根本没有影子，60年代只是听说要搞，找日本人借钱，我们以为搞不成，实际它搞得很快，1970年大概3000万吨，到1980年就3亿吨。我们大庆最高产量才5000多万吨。天然气现在搞得也很厉害，还有西伯利亚第二条大铁路沿线的开发，要很大的资金、人力和物力，没有必要的集中是不行的。集中管理的原则是社会主义必须要坚持的，只能在这个前提下实行分权，这样才能发挥社会主义制度的优越性。前几年为了纠正我国经济体制中过分集中的毛病，在改革中进行适当分权，在中央和地方的关系上搞了"分灶吃饭"划分收支，在国家和企业的关系上适当扩大了企业自主权，建立三项企业基金，这些对于调动地方、企业和劳动者的积极性是完全必要的。但是分散又过多了一点，国民收入的积累由财政集中时的34%降为26%左右，这又太低了，不能保证国家的重点建设。针对这种情况，为保证今后实现四化的需要，要强调全国一盘棋的思想，国家集中的财力应有适当增加，但也要防止统得过多。在物资管理方面，也要适当加以集中。几年来统配物资占全国资源的比重逐年下降，而要求国家分配资源的一些单位和范围又一年一年扩大，这是很不相称的。所以大家认为：当前一方面要尽快按照赵紫阳1981年提出的关于四类产品划分的原则，加以具体化，明确政策界限，实行分类管理，保证国家必要的调度计划的实现。另一方面要研究重要的短缺物资在国家与地方之间的分配比例。对于基本建设项目的审批、工厂开办的权限、各项专用基金的使用都要有所集中，在全国固定资产投资总额当中，国家用于计划项目的只有1/3，2/3都是国家计划外的，这也是一种分散现象，也需要适当采取有效措施加以控制。当前一方面要保证国家收入的比例，另一方面要采取适当措施鼓励地方、企业，通过各种联合，把预算外的资金用在现有企业更新、改造和国家急需的项目上来，使国家能集中一些资金、资源来搞能源、交通运输的重点建设。

第二，苏联改革经济体制的一个重要内容是计划管理，改进计划工作，建立一套有效的制度和方法，值得我们借鉴，以保证计划的重大任务和重大项目经济决策的正确性。社会主义计划经济的适当集中，要求决策必须正确，否则集中就会带来更大的危害。如果尽搞"川气出川"那样的决策（四川的天然气到底有多少也不知道，就搞一个"川气出川"的很大规划，结果落空），这就是决策错误。苏联有一套计划科研机构，组织相当力量从事这方面的工作，对于计划任务的提出、建设项目的确定都经过较长时间的研究和经济技术论证，不是少数人匆忙拍板决定。这样可以避免重大的决策失误。这些方法和制度是提高计划科学性的一个重大保证。对于苏联20年科技规划领先、五年计划为主的长期、中期、短期计划相结合的计划体系和强调反映最终经济成果、建立定额和限额的计划指标体系，要认真研究，好的方面要加以吸收。

第三，苏联由于在理论上不承认市场调节，所以基本上没有突破旧的传统管理框框。我国应该坚持以计划经济为主、市场调节为辅的正确方针，根据企业或产品在国民经济中的地位和重要性，分别实行不同的管理方法，即指令性计划管理、指导性计划管理和市场调节等。当前要强调指令性计划的严肃性，来保证国家计划的实现。

第四，在运用经济杠杆方面，苏联运用工资杠杆促进生产发展，反对平均主义比我国做得好一些。长期以来，我国工资制度存在着平（平均主义）、乱（工资种类乱）、死（不能发挥杠杆作用）。这几年调整工资相对来说步子不大，但是奖金和津贴补贴花钱越来越多，没有起到很好的作用。现在很有必要结合调整工资，整顿奖励，有计划有步骤地改革工资制度，使工资真正发挥促进生产的作用。

第五，在劳动制度上，苏联企业和劳动者的自主权是比较多的，苏联企业可以自行招工、开除工人（要经过工会批准）；劳动者可以选择职业、可以跳厂，这种做法有好处也有坏处，好的地方是可以人尽其才，坏处是增加劳动力的流动。我国劳动力较多，为了更好解决劳动就业问题，是否考虑逐步推行预备工与择优录用相结合的制度。另外对在职人员所学非所用的应协助他们专业对口。

第六，在运用价格杠杆上，苏联对新产品、优质产品实行加价，对落后产品实行减价的办法是值得我们参考的。但总的来说，苏联对价格控制得比较死，有80%以上重工业产品价格是全国物价委员会定的。各级物价机构都有些权力，但总的权力集中在中央。我们国家应按以计划经济为主、市场调节为辅的原则在保持物价基本稳定的前提下，有步骤地改革价格体系和价格管理办法，消费品的零售价格苏联采取长期稳定不动的办法，因而国家补贴不断加大。目前苏联对消费品的价格补贴已占财政预算的10%，这是长期得不到解决的一个问题。我国也是这个办法，我国用于消费品价格补贴数目1981年约占财政收入的25%，比苏联还高，成为国家财政比较大的负担。从当前来说，为了保持市场物价的基本稳定，可考虑对一些严重影响生产发展和市场供应的商品分期分批进行一些有升有降的调整，对一些次要商品，如小商品可以允许自由浮动。有些地方已经这样做了，效果还是比较好的。

第七，利用税收杠杆方面，苏联是不太重视的。对我国来说，目前价格又不宜大动，所以必须发挥税收杠杆的作用，起对国家集中控制和灵活调节的作用。

第八，至于信贷杠杆、发挥银行的作用方面，苏联总的来说进展不大。苏联利用信贷投资占总投资10%以下，但是它有个新办法，即基本建设施工投产以后，甲乙双方一次结算，施工前承包单位所需资金由银行贷款，这就进一步发挥了银行信贷对基本建设的监督和促进作用，这一点我国是可以借鉴的。

第九，在工业管理和企业联合方面，苏联工业管理实行部门原则，因此企业联合主要限于部门内部，是属于条条里面的。目前我国企业隶属于国务院各部，同时又分别隶属于省市地县各厅局管理，各成体系。因此互相分割，壁垒森严，阻碍了合理的经济联系，造成很大浪费。在改组联合上究竟是从部门入手，还是从地区入手，认识很不一致。大家讨论中认为可以根据一些城市的经验，从全国着眼，从中心城市入手，以中心城市为依托，按照经济的内在联系和经济流向来组织协调，发展企业之间的横向联系，组建包括跨行业、跨地区的各种经济联合体。要经过调查研究，制定出一个包括不同行业、不同产品，在不同地区的发展方向以及生产规模、企业布点为内容的全面规划。在目前还没有制订出规划之前，要切实加强联合和改组的领导，明确小步前进的方针。在大的中心城市某些重点行业进行试点，争取在改组和联合问题上有新的突破。

第十，在国家和企业的关系上，总的来看苏联还是统的比较多，所以经济上的效益不大，影响经济效益的提高。在这方面我国有比苏联突破的地方，例如在推行各种形式经济责任制的过程中实行权责利的统一，对部分企业、部分产品及花色品种实行间接计划和发挥市场调节的辅助作用，这是苏联所没有的。对一些小企业和饮食服务行业搞自负盈亏，这方面要继续坚持正确的做法，摸出自己的路子。

总之，我个人的看法是：从苏联经济体制的演变和现状看，在计划管理制度中有些具体的方法制度值得我们参考，但就其经济体制的整体来看，特别是对微观经济的管理，弊病还是很多的，不能解决传统经济体制中的那些老大难问题。所以从长远来看，苏联的体制如不作根本的改革，就难以充分发挥他们自己称的所谓社会主义应该有的优越性，继续前进就要遇到困难。在劳动生产率和人民生活水平这两个方面，解决战胜资本主义的任务是难以完成的。我们知道，社会主义对世界上的劳动人民长期有吸引力，特别是在战前20世纪30年代，那时苏联的威信相当高，战后一段时期也很高。因为20世纪30年代资本主义大危机，失业人口剧增，但是苏联计划经济欣欣向荣。战后也是如此，一批新的国家走上社会主义道路，发展很快，而战后资本主义有一段时期很不行。但是适应于早期发展的那些体制没有能及时根据新的形势改革或改革得不够，改改停停，进进退退，决心不大，因此原来的一些优越性发挥程度越来越小。如果不做根本改变，就难以解决劳动生产率和人民生活水平这两个根本问题。所以从整体上说，苏联经济体制不能成为我们经济体制改革的方向和模式。我们应当总结自己的经验，摸索自己的道路。我国近几年来经济体制改革从理论到实践都有一些新的突破，如在坚持社会主义公有制占绝对优势的前提下，多种经济形式和多种经营方式并存；在坚持计划经济为主的前提下，积极利用市场机制，发挥市场调节的辅助作用；允许一定范围的竞争和价格浮动；在各行各业实行经济责任制，特别是在农业中步子较大，收效比较显著；在工业改组和联合、企业结构改革上，突破部门、地区所有制的界限，对各种联合进行探索。这些都突破了苏联传统体制的做法，从理论到实践都有所前进，而且在经济生活中已显示出它的活力。我们应当坚持这个改革方向，而不能像苏联那样步履蹒跚，走走停停。我们要继续发展和完善行之有效的改革措施，并且还要探索出新的途径，逐渐克服传统体制中的弊病和解决这几年前进中所产生的问题，这样才能充分发挥社会主义的优越性，加速我国四个现代化的建设进程，实现党提出的20世纪我国经济发展的战略目标。

坚持经济体制改革的基本方向[*]

（1982年9月6日）

为了实现党的十二大提出的到20世纪末我国经济发展的战略目标，20世纪80年代打基础的工作是很重要的。打基础的工作十分繁重，其中不可忽视的一项是经济管理体制的改革。80年代的头五年即"六五"时期，我们要在继续贯彻执行调整、改革、整顿、提高的方针中，把经济体制改革的工作坚持下去，当前主要是巩固和完善已经实行的初步改革，抓紧制定改革的总体方案和实施步骤，以期在80年代的后五年即"七五"时期逐步全面展开经济体制的改革。这项工作做好了，将有助于进一步调整各方面的关系，调动各方面的积极性，逐步把全部工作转到以提高经济效益为中心的轨道上来，为后十年的加快发展准备条件。

我国的经济体制改革是从1978年年底党的十一届三中全会以后开始的。在党中央和国务院的领导下，我们在国民经济的各个部门、社会再生产的各个环节进行了试验性的改革。这些改革，已经从所有制结构、经济决策结构、经营管理形式、经济调节手段以及分配形式等方面，开始突破了我国过去那种权力过分集中、排斥市场机制、主要依靠行政手段管理经济的传统体制框框，正在逐步地向一种新的经济体制过渡。三年多来的改革是初步的、探索性的，但对我国的经济生活已经开始产生深刻的影响，在调动积极性搞活经济上取得了积极的成效，特别是农业方

---

* 原载《人民日报》。

面的改革，成效尤其显著。我国经济在大调整中不仅没有下降，而且还能继续稳步前进，这同经济体制改革所起的作用是分不开的。同时，由于体制改革是一个新的牵涉面很广的复杂任务，我们又缺乏经验，改革过程中不可避免地出现了这样那样的毛病和问题。这些问题引起人们的关注和思考，是很自然的。这些问题的讨论和解决，应当是有利于坚持改革的基本方向，把改革继续推向前进。

那么，什么是我国经济体制改革的基本方向？对这个问题的完整表述，是在五届人大四次会议的《政府工作报告》中作出的："我国经济体制改革的基本方向应当是：在坚持实行社会主义计划经济的前提下，发挥市场调节的辅助作用，国家在制定计划时也要充分考虑和运用价值规律；对于带全局性的、关系到国计民生的经济活动，要加强国家的集中统一领导，对于不同企业的经济活动，要给予不同程度的决策权，同时扩大职工管理企业的民主权利；改变单纯依靠行政手段管理经济的做法，把经济手段和行政手段结合起来，注意运用经济杠杆、经济法规来管理经济。"上述改革的基本方向，涉及经济体制中的三个相互关联的基本关系，即集权与分权、计划与市场、行政手段与经济手段的关系。今后一段时期我们在体制改革中应当如何处理这三个基本关系？这个问题必须在总结经验的基础上，从我国经济当前的实际情况出发来考虑。

集权与分权

我国原来的经济体制的一个重要特点是经济决策的权力过分集中于中央手中，地方、企业和劳动者个人都缺乏必要的经济活动的自主权。这种体制的好处是可以集中使用财力物力，使国民经济中特定的重点部门得到迅速的发展；但不利于发挥各方面的积极性，妨碍整个经济合理地平衡地发展。近几年来，我们在改革中采取了一些分权措施，例如在中央与地方的关系上实行了"划分收支、分灶吃饭"，在国家与企业的关系上实行了利润留成和各种形式的经济责任制，等等，纠正了过去的过分集中的偏向，这对于调动地方、企业和劳动者的积极性是完全必要的。但是，由于一些具体办法有缺陷，实际工作没有跟上，在某些方面出现了资金过于分散的现象。一方面，国家财政收入有所减少，急需进行的重点建设缺乏资金；另一方面，地方、企业的自有资金增加较多，这些资金被用于地方和企业自己认为急需的建设。这样，全国范围的建设需要就难以保证。为了集中必要的资金进行重点建设，党的十二大强调要牢固树立"全国一盘棋"思想，在继续实行现行的财政体制和扩大企业自主权的同时，要根据实际情况适当调整中央、地方财政收入的分配比例和企业利润留成的比例，并鼓励地方、部门、企业把资金用到国家急需的建设项目上去。

应该指出，这几年我们在中央与地方、国家与企业的关系上采取的一些分权措施，并不是方向上出了问题，而只是在步子上即分权措施的数量界限上，超过了我国经济目前所能承受的限度。在这个问题上，有两种观点是需要商榷的。一种观点是，只强调分权的方向对头，不承认财权下放的步子大了一些，认为现在中央仍然集中过多，地方、企业还是要多留一点，多办一些事情。这种愿望是可以理解的。但是如果全国重点建设所需资金不能保证，特别是当前国民经济薄弱环节能源和交通等基础设施上不去，全局就活不起来，这样，局部的发展就必然受到很大限制，即使一时一地有某些发展，也不能持久。目前有一部分企业正在滋长着一种只顾局部利益不顾整体利益的倾向，只要求分得更多的权力与利益，而不愿承担更大的责任，不是用增产节约、增收节支的办法，而是用挖国家的收入的办法来增加自己的留成。这是一个值得高度重视和认真解决的问题。另一种观点认为：现在国家财政困难是由这几年分权的改革措施带来的，要解决财政困难，就得把下放给地方和企业的权限收上来，把企业收上来，把什么都统上来。这种观点实际上否定了前几年的改革方向，也是不正确的。应该看到，正是由于改革，扩大了地方和企业的权限，调动了他们增收节支的积极性，增强了他们增盈减亏的内在动力，因而为减轻国家财政在经济调整过程中必不可免的困难贡献了力量。据调查，这几年调整过程中，企业由于安排就业而职工人数增加，由于原材料价格上涨而费用增加，由于生产任务不足而利润减少，由于这三项外部因素，三年中减收增支总数达200多亿元，但是企业上交国家的利润并没有相应减少这么多，而是保持在一定的水平上。并且，企业分成多得的钱，办了许多原来由国家财政出钱办的事情，分担了对于国家预算的压力。不难想象，如果不是分权的改革措施增强了企业增盈减亏的内在动力和分挑国家财政负担的能力，那么国家财政困难将会比现在更大。因此，在调整分配比例、集中资金的过程中，要照顾地方、企业的需要，使他们有一定的机动财力，以利于继续发挥他们增盈减亏的积极性，办一些应由地方和企业办的事情。从搞活经济的长远目标来看，企业扩权还在开始阶段，已经给予企业的自主权，如计划权、物资权、人权等，都是不够的。我国经济学者孙冶方同志多年前提出，凡属企业简单再生产范围的如设备更新、小的技术改造等权力应交还企业。这个建议应当切实地逐步地付诸实施。至于扩大再生产的权力究竟给企业多大，需要按不同企业类型作出不同规定。劳动者个人在参加民主管理、选择职业和购买消费品方面应有多大的自主权，也要根据我国经济的当前情况和发展前景进行研究，加以具体化。至于关系国民经济全局的战略性问题，诸如经济发展方向，重大比例关系，国民收入的分配和使用，基建投资总规模和重大项目，人民生活提高幅度，等等，则必须由中央决策，在此前提下，各地方、各企业可以在一定范围内自主地行使自己的权力。通过这些，逐步在"全国一盘棋"上建立中央、地方、经营单位和劳动者个人相结合的、多层次的经济决策体系。

计划与市场

社会主义国家在生产资料的社会主义公有制基础上必须而且能够实行计划经济制度，这在马克思主义者中间，一般不是一个有争论的问题，几十年社会主义建设的实践早已证明了这一条真理。问题在于，由于历史上的种种原因，过去传统的计划经济体制是建立在自然经济或者产品经济的观念基础之上的，因而实物化的管理、排斥市场机制和吃"大锅饭"等忽视商品经济要求的做法，便与传统的计划经济体制结了不解之缘。三中全会以来，我国经济学界许多同志逐步破除了社会主义经济理论中的自然经济观和产品经济观，树立了存在着社会主义商品经济条件下的计划经济观。在此思想指导下，市场调节机制被逐步引入我国计划经济体制内部，以发挥其调节经济的辅助作用。它同扩大企业自主权等分权措施一起，促进了经济的活跃，收到了积极的效果。但是，由于一度对计划经济强调不够，同时由于我们在计划管理和市场调节这两个方面都缺乏一套成熟的科学方法，因而在经济活动中也出现了某些削弱和摆脱国家统一计划的倾向，这是不利于国民经济的正常发展的。为了纠正这种倾向，我们要在党中央提出的"计划经济为主、市场调节为辅"方针的指导下，努力提高整个经济管理工作的水平，通过经济计划的综合平衡和市场调节的辅助作用，来保证国民经济按比例协调地发展。

如何处理社会主义经济中的计划与市场的关系，这个问题看来随着社会主义经济和经济体制的发展，将会有长时期的讨论。

在一些比较具体的问题上，我们不必忙于做出拘束后人的定论，而应通过实践进行不断的探索，找出适合于当时条件的答案。我国目前产业结构不合理，工业组织结构不合理，价格结构不合理，整个国民经济仍然处于调整的过程中。在这样的情况下，对于当前和今后一段时期的改革中计划与市场关系的处理，比较一致的意见是，根据不同情况，对国民经济采取三种不同的管理形式，即：对关系国民经济全局的重要产品的生产和分配实行指令性计划；对一般产品的生产和销售实行指导性计划；对品种繁多的日用百货、小商品和其他农副产品实行市场调节下的自由生产和销售。对于上述三种不同的管理形式，有许多问题要研究，这里简单地讲三个问题。

一个问题是，作为计划生产和计划流通的补充的自由生产和自由市场，是在计划经济之外还是包含在计划经济之内？社会主义计划经济是在生产资料公有制基础上，依据社会化大生产的要求，对整个社会经济实行有计划的管理，它既包括由指令性计划和指导性计划进行管理的部分，也包括对不纳入国家计划的自由生产、自由市场的管理。自由生产是在统一的国家计划允许的范围里的一种生产经营形式，自由市场是整个社会主义统一市场的组成部分。这一部分自由市场的调节是从属的、次要的，但仍然处在国家统一计划的间接控制和影响之下，并受到国家工商行政机构的管理和监督，所以把它完全排除在计划经济之外成为与计划经济相对立的范畴，恐怕未必妥当。

其次一个问题是，指导性计划的管理形式里，有没有市场调节的因素？毫无疑问，指导性计划与指令性计划同属于计划调节的范畴。与指令性计划不同的是，指导性计划不是用强制性约束性的计划指标，而是自觉地运用与价值规律有关的经济杠杆来引导企业实现国家计划的要求。这里实际上是运用了市场机制的调节作用。它不同于自由市场的调节在于，后者是由价格和供求关系的自发变化进行调节，而在指导性计划的场合，则是国家自觉利用价格和其他市场参数的变动来调节。就国家自觉利用价值规律达到计划目标的意义来说，这是计划调节；但从企业看，它不是根据国家的指令，而是按照价格等市场参数的变化来决定自己的活动，这里无疑包含着市场调节的因素，因此有人把指导性计划表述为运用市场调节来进行的计划调节，我看不是没有一定的道理。

再一个问题是，指令性计划管理的范围在今后的改革中是逐步扩大的趋势，还是逐步缩小的趋势？当前，为了纠正经济生活中某些分散的现象，强调适当的集中统一，对指令性计划包括的产品和企业的范围作某些扩大，无疑是必要的。并且，只要国民经济中存在着短期内难以解决的物资短缺或者突出的不平衡，只要存在着通过市场机制无论如何也不能解决好的公共利益问题（如防治污染保护环境等），指令性计划总是需要保留的，完全排除指令性计划是不对的。但是有一种观点认为，指令性指标是计划经济的主要标志，指令性指标越多，计划性就越强，并且，随着计划管理水平的提高，指令性计划的范围将越来越大。这种观点需要研究。我认为，对于指令性计划，既要看到它在特定条件下的必要性和比其他管理办法较为及时有效的优越性，更要看到它在一般情况下的局限性和缺陷。所有实行指令性计划的国家的经验都表明，这种计划管理形式比较难以解决产需脱节、资源浪费、质量差、微观效益低这些传统的集中计划体制的固有弊病。有的长期实行这种体制的国家的经验表明，微观经济效益降低造成的结果，逐渐超过了它在宏观效益上的优势，以致发生了整个经济发展速度的下降趋势难以逆转、经济结构的偏颇状况难以纠正等情况。因此从较长时期看，我们不能把扩大指令性计划的范围作为体制改革的方向。随着经济调整工作的进展，随着"买方市场"的逐步形成，随着价格的合理化，要逐步缩小指令性计划的范围，扩大指导性计划的范围。另一方面，随着计划管理水平的提高，特别是国家掌握市场信息和调节机制的能力的提高，对于自由生产和自由市场也要逐步加强指导性计划的控制。这样看来，在三种经济管理形式中，将来的文章主要做在第二种形式即指导性计划上面。因此，在保留和完善国民经济的三种管理形式的同时，我们必须着力研究指导性计划的机制问题。这是社会主义经济的计划与市场关系中难度最大的一个问题，也是我们坚持改革方向必须解决的一个问题。

行政管理与经济管理

同过分集中和忽视市场相联系，过去传统体制的一个特点是过多地用行政组织和行政手段来管理经济，而很少用经济组织和经济手段来管理经济。自从胡乔木同志的《按照经济规律办事，加快实现四个现代化》文章提出了扩大经济组织和经济手段的作用问题以来，这几年改革中各方面都比较注意强调要用经济办法管理经济。这是一个很大的进步。但也曾出现过一些贬低行政办法作用的倾向。如有的同志把行政办法看成是主观主义、命令主义、瞎指挥的同义语，不加限制地提出要用经济办法代替行政办法，事实上否定了行政办法的客观必要性。其实，只要有社会生产，行政的管理总是需要的。命令、指示、规章、制度等，是任何社会经济管理所不可少的。当然，在社会主义经济管理中，行政办法要以客观经济规律为依据，正确反映和处理各方面的利益关系，才能达到预期的目的。因此有的经济学者认为，行政办法与经济办法是"表"与"里"的关系，或者像形式与内容那样不可分离的关系。但是除了这种关系以外，行政办法还有不与经济办法直接联系的一面，即运用国家政治权力或超经济力量，暂时牺牲某些方面的利益来实现行政当局的意志。在实行指令性计划的地方，往往会出现这种现象。在某些场合，为了全局的利益，这种意义的行政办法也是必要的。当然，在正常情况下，我们还是应当改变单纯依靠行政手段管理经济的做法，把经济手段与行政手段结合起来，注意运用经济杠杆和经济法规来管理经济，只有这样，我们才能坚持改革的方向。

对于这几年实行搞活经济的各项政策措施的过程中出现的某些消极现象，有些同志归咎于经济手段强调过多，行政手段用得过少，因此认为今后特别要加强行政手段。这种看法是否符合实际？实际情况是，无论在经济手段方面，还是在行政手段方面，我们掌握运用的水平都还不高。我们的行政管理的科学性固然很差，同时更没有能够正确地熟练地运用工资、奖金、税收、价格、信贷等经济手段，使之真正发挥其杠杆作用。因此今后决不单纯是加强行政手段的问题，而是既要提高行政管理的科学性，更要学会正确地熟练地运用各种经济手段，以改进整个经济管理工作。

当前改革中一个很复杂的问题是，如何从行政组织管理经济过渡到经济组织管理经济。过去我们的经济一直是按行政系统、行政区划进行管理，企业分别隶属于国务院各部和省、市、地、县各厅局管理，各成体系，互相分割，壁垒森严，阻碍了合理的经济联系，造成巨大的浪费。这个问题的彻底解决，有赖于突破部门、地区界限的限制，按照专业化协作和经济合理的原则把企业组织起来，进行改组和联合，实行政企分工。但是，政企分工不是一下子可以做到的，在改组和联合的问题上，究竟是从部门入手，还是从地区入手，是有不同意见的。看来，可以根据一些城市如上海、常州、沙市的经验，"从全国着眼，从中心城市入手"，做到以中心城市为依托，围绕重点名牌产品，按照经济的内在联系和合理流向组织协调，组建包括跨行业、跨地区的各种经济联合体。为了克服改组和联合中的盲目性，目前急需制定一个以不同行业不同产品在不同地区的发展方向、生产规模、生产布点为内容的全面规划，明确规定哪些行业和产品在什么范围内组织协作和联合。在没有制定出全面规划之前，要小步前进，加强领导，在大的中心城市的某些重点行业抓紧试点，争取在改组和联合问题上有新的突破。至于这几年各地组建的公司，仍多属行政性组织，应采取积极步骤，过渡到企业性公司，发挥经济实体的作用。

以上对如何认识和处理当前和今后一段时期中集权与分权、计划与市场、行政管理与经济管理的关系问题，简括地讲了一点不成熟的意见。当然，我国的经济体制改革，除上述问题外，还有一些其他重大问题，例如如何建立以公有制为主体的、其他经济成分作补充的、多种经济形式并存的所有制结构，各种方式并存的经营结构，等等。所有这些问题都需要进一步研究。这些问题的正确解决，将使我们能够按照党的十二大指出的方向，在当前和整个20世纪80年代做好经济体制改革的工作，为90年代的经济振兴准备体制上的条件。当然，经济体制改革不是一件一劳永逸的事情。到20世纪末的近20年内我们都要抓紧这件工作，要不断地探寻适合于生产力发展更高阶段的新的生产和分配的形式，使我国的经济体制不断完善，只有这样，我们才能顺利地实现2000年的战略目标，并向更高的现代化水平前进。

关于苏联经济管理体制的考察报告*

（1982年10月）

不久以前，我们去苏联对其经济体制进行了为期两个多月的考察。在莫斯科期间，同苏联国家计委、国家建委和一些综合性部、委的研究所、科学院经济研究所以及几位著名的经济学者进行了座谈；在基辅期间，同乌克兰加盟共和国、基辅市、基辅州、米朗诺夫行政区的计委和其他经济管理、经济研究机构的负责人进行了座谈。在上述地区参观访问了工业、农业、建筑业、商业、物资供应等几个基层单位。我们还同我国驻苏机构人员进行了若干次座谈，看了一些有关的文献材料。现将了解到的情况和我们的一些主要看法概述如下。

一、苏联经济管理体制的演变

苏联原来的经济管理体制，是在20世纪30年代帝国主义包围和战备形势下，在实现社会主义工业化和农业集体化过程中形成的，后来在卫国战争中和战后一段时期沿袭下来并得到了进一步的发展。这种体制的基本特征是高度集中的国家计划控制，排斥市场调节作用，经济主要按行政办法和部门原则进行管理，地方和企业缺乏自主权。20世纪50年代开始，对经济体制中存在的问

---

* 本文系与柳随年、郑力合写，原载《苏联经济体制考察资料》，中国社会科学出版社1983年版。

题进行了研究讨论，并着手进行改革。20多年来，在改革和完善经济管理体制上采取的重要行动有以下几次：

第一次，是1957年的改革。这次改革的重点在管理组织结构方面，主要是将工业、建筑业以部门为主进行管理改为以地区为主进行管理，撤销了全联盟和加盟共和国大多数工业部，在全国各地建立了105个经济行政区，每个区设立了一个国民经济委员会。将原属于中央的计划权、财权、物资分配权和对工业、建筑企业的管理权，大部分下放给地区国民经济委员会管理。这次改革本来想解决部门割据、调动地方积极性的问题，实践结果虽然在各地区内部经济发展的综合平衡上有所改进，但由于没有触动行政管理经济的办法，没有同时解决国家同企业的关系，因而问题不仅没有解决，相反又产生了严重的地方主义和分散主义，破坏了部门统一的技术政策和发展规划，削弱了国家对国民经济的集中统一领导，给经济的发展造成了混乱。

第二次，是1965年的改革。这次改革，首先，针对第一次改革带来的问题，恢复工业、建筑企业以部门为主进行管理的原则，撤销了地区国民经济委员会，重建了9个联盟部和11个联盟兼共和国部。其次，在保证集中计划领导的前提下，扩大企业的经营自主权，国家下达给企业的指令性指标由30个减少到9个。最后，提高经济杠杆的刺激作用，建立物质鼓励、社会文化设施和住宅建设、生产发展三项经济刺激基金制度，实行生产基金付费等缴款制度，扩大银行贷款使用范围。为了顺利地实行以利润提成为中心的经济刺激，从1967年起调整了工业品批发价格。

以提高中小企业专业化水平和生产效率、加强科研和生产的联系、减少管理环节为目的，苏联当局从1973年起决定在工业部门普遍建立联合公司，将原来的多级管理体制过渡到二至三级管理体制。

第三次，是1979年提出、现在正在进行的改进。这次改进的重点是完善计划工作，建立长、中、短期相结合，以五年计划为主的计划体系；建立以定额净产值为核心的新的指标体系；扩大经济核算的应用范围，试行以部为单位的财务自理制度；在各部建立统一的科技发展基金；基本建设实行竣工投产一次结算的制度；1982年再次调整工业品批发价格，实行新的价格刺激制度；扩大地方苏维埃在管理经济中的作用。

对上述几次变动，同我们座谈的一些苏联经济学者认为，1957年那一次不能算改革，只是一次不成功的试验。1965年那一次叫经济改革。苏共二十四大时强调经济机制的完善是一个不断的过程，以后就不再提改革的字样了。1979年这一次，他们认为同1965年那一次没有什么原则区别，是1965年以来完善经济机制的继续和发展，并不是什么新的改革。至于为什么要不断完善经济机制，他们认为，主要是为了使社会主义生产关系适应生产力不断发展的需要；就当前来讲，则是适应苏联经济要从外延式发展过渡到内涵式发展，即从以数量为主的发展过渡到以质量和效果为主的发展的需要。

二、苏联现行经济管理体制的基本情况

苏联经济管理体制，经过这些年的演变，其基本轮廓，根据我们了解有以下几点：

第一，在经济决策权的结构上，仍然坚持高度集中的管理原则。在中央和地方的关系上，经济权力主要集中在联盟和加盟共和国两级，特别是联盟一级。在国家和企业的关系上，生产、流通和分配等经济活动决策权，主要集中在国家手中。

第二，在经济机制的运转上，仍然坚持计划管理是整个经济机制运转的中心环节，强调全国的经济活动都要通过计划来实现，而不能通过市场来调节。利用商品货币关系，运用经济杠

杆，以及完善经济组织等，都要围绕计划管理来进行，并为之服务。

第三，在经济管理的组织结构上，仍然实行以部门原则为主，按行政层次管理经济的办法。经济的横向联系从属于纵向联系，企业基本上仍由行政机构指挥，经营自主权很小。

第四，在所有制结构上，仍然坚持国有和集体两种公有制，农村和城市基本上不存在个体经济，更没有国家资本主义经济。对农庄庄员和职工的家庭副业政策时放时收，这种副业在整个经济中的比重很小。

总之，20多年来苏联当局多次作出决议，采取了一系列措施，经济管理的各个方面有不少变化，但是，这些变化看来并没有改变苏联传统体制的基本原则和基本特点。下面就苏联经济管理体制的几个主要方面的情况做一概述。

第一，关于中央和地方的关系问题。苏联的政权体制基本上分五级，第一级是联盟；第二级是加盟共和国，全国有15个加盟共和国；第三级是州、市、边区、自治共和国；第四级是行政区；第五级是村苏维埃。

在经济管理的权限划分上，农业、城市建设和生活服务等基本上由州、市和区负责，工业、交通企业的管理集中在联盟和加盟共和国两级。在工业交通管理机构中，分联盟部、联盟兼共和国部和共和国部三类部。对那些关系国民经济全局的、为国民经济各部门提供劳动手段的部门，如石油、瓦斯、基本化工、国防工业、所有机械制造部门、若干个部门及地区的建设，以及交通、民航、海运等，都设联盟部管理。这样的部一共有31个，统管全国的企业，加盟共和国没有对口部。对一些重要的原材料、燃料、动力、供人民生活需要的消费品部门，如钢铁、有色金属、地质、煤炭、电力、石油加工、石油化工、森工、轻工、造纸、食品、肉奶制品、建材以及若干个部门的建设等，都设联盟兼共和国部管理。这样的部一共有16个，在联盟和加盟共和国都设有同名部。这类部门的企业有15%~20%直属联盟的联盟兼共和国部，80%~85%直属加盟共和国的联盟兼共和国部。其余为地方服务的地方工业（如地方建材、手工艺品等）、汽车运输等，在各个共和国根据不同的情况设置共和国部。州、边区、市等地方苏维埃，除管理地方工业和地方建筑企业外，其他工业基本上不管。按此划分，在1980年全苏工业总产值中，联盟工业部所属企业约占54%，加盟共和国及共和国以下的工业企业约占46%。从乌克兰加盟共和国情况来看，联盟工业占34%，加盟共和国工业占60%，地方工业占6%。从基辅市情况来看，联盟工业占60%，加盟共和国工业占27%，市属工业占13%。从基辅州（不包括基辅市）情况来看，联盟工业占35%~40%，地方工业占不到10%，其余50%~60%为加盟共和国工业。为了解决联盟、加盟共和国企业同地方的矛盾，1981年3月苏联当局颁发了关于扩大地方苏维埃在经济建设中的作用的决议。这个决议规定：所有企业不管隶属哪一级，在有关增加劳动力、占用土地、自然资源利用、环境保护以及涉及职工住宅、生活社会福利设施等问题上，必须征得州、市等地方计委的同意，否则上级不能批准计划，银行可以拒发工资。此外，为了满足当地人民生活需要，州、市等地方计委，还有权向联盟和共和国企业根据可能安排一些日用消费品生产任务。

在财权的划分上，全苏有一个统一的国家预算，包括联盟预算和加盟共和国预算。在财政收入方面，联盟和加盟共和国各有自己的财源。联盟预算的专项收入，主要是联盟企业上缴利润、所得税和独身税（这两项税收的50%）。加盟共和国预算的专项收入，主要是共和国企业上缴利润、农业税、所得税和独身税（这两项税收的50%）。州、市等地方预算收入，主要是地方企业的上缴利润，共和国企业上缴利润提成的一部分，土地税、房产税、交通工具税等地方税。至于占苏国家预算收入30％以上的周转税，则是一种调剂收入，每年根据各级预算平衡情况，由联盟确定具体分配数字。按此划分，在1980年全苏国家预算收入中，联盟收入占53.6％，加盟共和国收入占46.4％。财政支出按企事业的隶属关系划分：属于联盟的企事业，由联盟预算开支；属于加盟共和国的企事业，由共和国预算开支。有些大的全国性的措施，如提高养老金、实行免费教育等，都由联盟预算开支。

加盟共和国的市和州属的城市住宅、道路、学校、商店、医院、文化等生活福利设施建设所需费用，除地方预算负担一部分外，新建企业一般也要在建设预算中列入这类费用；老企业有的是自己用社会文化设施和住宅建设基金自行建设，有的由各单位按照商品产值、职工人数的多少入股，由地方统一建设，共同享用。现在也有一种意见，要求联盟企业将一部分利润交给地方，供地方解决这方面的问题。1981年规定企业从优质产品的加价收入中所得利润的一部分，上缴地方预算。

第二，关于国家、企业、劳动者的经济决策权力问题。1965年以前，苏联国营企业没有什么权力。真正归企业自行支配的利润提成只有4％~6％，企业的产、供、销，人、财、物诸权，基本上集中在国家手里，影响了企业积极性的发挥。1965年以来，他们采取了一系列措施企图解决这一问题，但实际上并没有很好解决。苏联计委副主任巴楚林说：企业权限多大合适，这个界限从理论上讲，就是最合理地把中央的集中领导同企业的独立性结合起来，但在实践中这是一个很高的艺术。在座谈中，有的经济学者认为：划分国家与企业经济管理权限的界限，是简单再生产和扩大再生产。凡属于现有企业简单再生产范围内的事情，如设备更新、小的技术改造等，由企业自己去管；在原有资金范围内通过挖潜革新，也可扩大一些生产。凡属于新建、扩建、大的技术改造，涉及改变国民经济比例关系、影响经济平衡的建设，由国家来管。但这只是一种理论上的划分，实际情况并不完全如此。

苏联宏观经济的决策权，一直紧紧掌握在国家手中。关于经济发展方向、速度、主要比例关系、固定资产投资规模和投资的分配、生产力布局、重大建设项目、消费水平的提高幅度等，都通过国家计划严格控制。但国家对经济的管理权，不仅限于宏观范围。国家为了实现对宏观经济的决策要求，将企业一层的相当大一部分经济活动权仍继续掌握在自己手中，主要表现在：企业的产品大类和某些细类的品种和产量，均由国家计划规定。1965年以后的改革，曾以减少实物指标作为一个重要内容，但现在又提出要增加实物指标；企业所生产的产品，基本上通过国家物资供应系统统一分配；企业生产所需要的原材料、燃料、设备等，也基本上由国家计委和国家供委统一调拨和分配；对于企业职工人数和工资基金，国家都规定限额和定额。

但是，总的来看，1965年以来企业的经营管理权还是有所扩大的。在生产计划方面，企业有权在国家规定大类品种范围内，根据合同确定具体品种；可以利用下脚料生产计划外产品；在不影响国家计划的前提下，可以接受计划外订货。在物资供销方面，企业有权在国家规定大类品种供应范围内，与供应企业签订合同，规定供货的详细品种；有权自行采购非计划分配产品；有权销售按调拨单销售不出去的产品。在资产管理方面，企业有权出卖多余的或不用的生产资料；有权从资产负债表上注销陈旧、损坏、不适于继续使用的设备。在劳动工资方面，企业在职工人数限额范围内有权自行招收工人；对累犯严重错误的职工，征得工会同意有权解雇；在规定的工资基金范围内，有权根据标准条例确定各类人员的计件工资、计时工资和包工工资，确定奖励的条件和数额，对职工进行考核和调级。在财务方面，基本折旧10%~50%留归企业自行支配；利润归企业留用的比例比过去也有所提高。工业企业利润中上缴国家预算和企业留用的比例，1965年是71∶29，1970年是62∶38，1975年是58∶42，1980年是60∶40。这里企业留用部分包括：抵拨国家计划内的基本建设投资和增拨流动资金，以及偿还银行长期贷款本息。因此，真正留给企业自己支配的，是用于建立物质鼓励、社会文化设施和住宅建设以及生产发展的三项基金的利润，1980年占17%（1965年为6%，1970年为14%，1975年为17%）。如果与企业创造的纯收入（利润加周转税）比较，我们估算占8.5%。留归企业的三项基金，原则上企业可以自行支配，但有关建设的支出要纳入国家计划进行平衡。实际上按规定应由企业自行支配的部分，往往被上级平调征用，报刊上不时透露企业经理对此有怨言。

关于劳动者在个人经济生活上的权力，苏联除了战争时期和战后一段时期外，一般都允许自由购买消费品和自由选择职业。消费品的配给制度早已取消，但有时对某些紧缺商品限额购买，例如现在莫斯科黄油每次每人限购半公斤，猪肉每次限购两公斤（据说边远地区有的商品需凭票供应，但具体情况不详）。劳动者可以根据自己的专长和意愿选择工作岗位和地点。如果本人要求调换工作，只需写一个报告，两周或一个月后就可自动离职，但有刑事犯罪行为的人例外。目前由于调换职业、转移工作地点造成的人员流动约占职工总数的10%左右，远东、西伯利亚地区约占30%。

第三，关于计划管理问题。我们遇到的苏联经济学者都认为，在整个经济管理体制中，计划管理处于主导地位。1965年以来苏联改革和完善经济体制的一个重要内容，就是改进计划工作，加强计划管理，提高计划工作水平和计划质量。他们认为，苏联经济管理的长处就在于计划管理。

在计划体系上，过去是以年度计划为计划的主要形式，现在实行远景计划与当前计划相结合，以五年计划为主的计划体系。

这一计划体系包括:

（1）20年科技进步综合纲要，由苏联科学院、国家科委和国家建委制定，按五年划分；

（2）10年经济和社会发展基本方向，由苏联国家计委会同各部和各加盟共和国部长会议，根据党的长期社会、经济任务和20年科技进步综合纲要制定，也按五年划分，第一个五年按年度分别制定基本方向指标，第二个五年只确定最后一年最重要的指标（基本建设是五年指标）；

（3）五年经济和社会发展计划。过去的五年计划只是一个大致的方向性计划，经济发展基本上靠年度计划指导。现在规定：五年计划是国家经济和社会发展计划的主要形式和组织经营活动的基础。因此，五年计划的分年指标要求详细具体，并按五年累计进行评价；

（4）年度计划。现在制订年度计划，不再下达控制数字，而是由企业根据五年计划规定的年度任务和定额，在挖掘内部潜力的基础上，提出响应计划，从下而上地制订。长期计划采取滚动方式，每经过五年修订一次，并新加一个五年，这样就使长期计划成为不断起指导作用的计划。建立这个新的计划体系，是为了保证计划的连续性和稳定性。

在计划指标体系上，现在的主要特点：一是强调反映最终成果，要求逐步过渡到尽量采用对国民经济有实际用途的最终产品指标，如建筑业过去采用建筑安装工作量指标，现在改为竣工交付验收工程总额（即建筑商品产值）指标；二是强调反映质量和效率，增加了经济结构、产品质量、人财物各种资源利用效果的指标；三是广泛采用定额指标，不仅规定消耗定额，而且规定经济分配定额，如每卢布产品的工资定额、利润分配定额等；四是采用了限额指标，对有限的经济资源规定一个限额，不得超过，如基本建设投资限额、职工人数限额、短缺物资消耗限额等。

最近，在改进指标体系方面的一项重要措施，是采用定额净产值指标作为主要的计划指标和评价指标。1965年以前，总产值一直是计划的主要指标，由于这个指标包括了物质消耗的重复计算和在制品库存增长的价值，给增长速度和财政收入带来虚假因素。1965年开始改用商品销售额指标，这一改变克服了总产值指标的一部分缺点，但浪费原材料、追求生产价值大的产品等问题仍不能解决。经过多年试验，1979年决定，在第十一个五年计划期间过渡到定额净产值指标。这个指标，简单地说就是从总产值中去掉物质消耗部分后新创造的价值，包括工资和利润。但这里的工资和利润不是按每个企业、每个产品实际数字计算，而是由物价部门在确定产品批发价格时，按部门平均每个卢布产品所含的工资和利润来确定定额，作为各企业计算定额净产值的依据。据了解，这个指标推行的进度比较缓慢，阻力不小，总产值、商品销售额乃至吨、米等指标仍起相当大的作用。

在苏联的计划管理中，指令性指标应用范围很广。从大类来说，目前直接下达到企业的指标有10~15种，如重要产品的品种、产量、定额净产值或销售额、劳动生产率、利润上缴额、基本建设投资限额、职工人数限额、每卢布净产值的工资定额或工资基金总额、优质产品比重、采用新技术措施等。国家计委编制下达的工农业生产计划中，包括的产品品种大约有4000种，有的是大类，有的重要产品是具体品名，合计约占工农业总产值的80％~90％。这些产品在下达基层的过程中，越往下越细。目前全国生产的产品品种约2000万种。

在计划方法上，为了保证国民经济按比例地发展，几十年来苏联计划工作最基本的方法一直是平衡法。在制订计划过程中，国家计委制定一系列平衡表，主要有：

（1）社会总产品和国民收入平衡表；

（2）主要资源平衡表，包括：劳动力资源平衡表，固定基金和基建投资平衡表，财政平衡表，居民货币收支平衡表，各种主要物资平衡表（目前五年计划按400种产品编制，年度计划按2000种编制）；

（3）部门联系平衡表即投入产出表（目前主要是科研性质，但在计划工作中也开始试用）。在平衡工作中为了使计划在执行中保持主动权，在财政投资和物资等方面据说都留有大约5％的后备，有的生产能力也留有一定的后备。为了搞好国民经济的各项平衡，挖掘内部潜力，以节约资源，提高效果，他们十分重视使用定额法，编制一系列定额标准，包括：社会生产效率定额，劳动消耗和工资定额，原材料、燃料、动力消耗定额，生产能力利用定额，单位产品投资定额，设备利用定额，财务定额，环境保护定额，生产费用定额，社会经济定额等。定额有全国总的，有分部门、分地区的，还有具体到企业和联合公司的。在制订第十一个五年计划过程中，为了论证物资技术供应计划指标，对工业消耗金属产品的定额，就用电子计算机计算了20万个，可见他们定额工作之细。而且对这些定额都要定期修订，以保持其平均先进性。在整个计划平衡工作中，广泛运用现代数学方法和使用电子计算技术。在第十一个五年计划期间，苏联国家计委打算完成建立计划核算的自动化体系。

随着经济的发展，在以部门原则为主的管理体制下，有越来越多的任务需要许多部门和地方协同解决，而且许多任务又往往要超越一个或两个五年以上的计划期限。因此，近几年来在计划方法上，十分强调要采用"专项综合规划法"。编制专项综合规划，是为了集中资源和协调有关部门和地区的行动，来解决国民经济发展中的关键性问题。这些规划由国家计委协同有关部门和加盟共和国在新的五年计划开始一年半以前制定。在编制五年计划时，要把这些规划考虑到有关的计划部分中去，使规划和计划衔接起来。实现专项规划的资金和物资就是五年计划中的资源，因此，五年计划中包括的专项规划数量不能太多。目前包括在第十一个五年计划中的专项规划有：手工劳动机械化规划、东西伯利亚贝阿铁路沿线区域开发规划、西西伯利亚石油天然气综合体规划、燃料动力规划、扩大消费品生产和更新品种规划，以及正在制定的食品发展规划等。此外，还有171项重要方面的科技发展规划。据他们讲，如何制定和实现专项综合规划，现在还没有一套成熟的办法。一个大问题是要不要成立专门机构。在讨论中有两种意见：一种意见主张成立专门机构，并要有相当权威的人士来牵头；一种意见是在现有机构中，找一个为主的部门或地方苏维埃执委来牵头。目前在西西伯利亚油气综合体的开发工作中已建立了一个委员会，由当地州委书记、苏维埃执委副主席和有关部的负责人、学者以及苏联国家计委、俄罗斯计委工作人员组成。委员会下有个办事机构，算是国家计委的一个派出机构，专门负责协调和处理有关矛盾。另外，在苏联部长会议下面也设了一个部际协调委员会，负责解决这方面的问题。

适应加强计划管理的需要，为保证计划决策不发生重大失误，使每项任务的确定有充分而又可靠的经济技术根据，苏联非常重视国民经济计划管理的科研工作，设立了一系列的科研机构，有大批有学位的科研人员从事这项工作。仅国家计委就设有5个研究所，即经济研究所、综合运输研究所、生产力布局研究所、燃料动力综合研究所和定额研究所。这些研究所，都是直接研究经济计划和计划管理问题的。例如计委经济研究所，重点研究远景规划中的问题，为制定远景规划在方法论上进行准备，并提出远景规划的初步方案等。这5个研究所合计2500人。此外，其他部委和各加盟共和国也都有一些科学研究所。如全苏的劳动研究所（500人），物资供应研究所（450人），财政研究所（215人），乌克兰的计委研究所（400人）等，他们都是研究有关部门和地方经济管理和计划管理问题的。科学院的经济研究机构，也有相当的力量从事这方面的研究。

苏联各级计划机构也很强。苏联国家计委有2500人（45个局），乌克兰加盟共和国计委1000多人（37个处），基辅州计委50人（9个处）。国家建委除了有40个设计院外，还有200名高级技术人员，专门对工程造价在5000万卢布以上的重要项目进行经济技术鉴定，审查工程项目表，为避免计划决策失误进行把关。

第四，关于运用经济杠杆的问题。国家把宏观经济的计划决策贯彻到企业微观经济活动中去，主要靠下达指令性指标，同时也注意利用经济杠杆，刺激各个管理层次和基层企业以及劳动者的积极性。苏联著名学者布尼奇认为，苏联在利用经济刺激手段管理经济方面至今还是一个薄弱环节。

在利用经济杠杆的问题上，国家计委副主任巴楚林认为，最重要、最复杂的问题是要解决劳动报酬问题，使劳动者真正感到自己是生产的主人。过去有两种工资制：计件工资，使工人只关心个人多得，不关心集体，培养个人主义；计时工资，按时间付钱，而不是按工作成果付钱，有些人可以泡时间。这两种制度都有严重缺点。现在苏联发展包工队、生产队制度，把集体的劳动报酬同劳动的最终成果结合起来。据说推广这种办法，劳动生产率一般可以提高10%左右。最近勃列日涅夫在全苏第十七次工会代表大会的报告中，对这一制度给了很高的评价，要求全面推广。

目前苏联的工资制度，对工人实行的是等级工资制，共分六级，六级工比一级工工资一般高70%左右。对工程技术人员、厂长、工长等领导干部，实行职务工资制。职工奖金来自工资基金和物质鼓励基金。工人从这两种基金获得奖金，工程技术人员只能从物质鼓励基金获得。苏职工全年的奖金，平均约占其年平均工资的16%~17%。财政部研究所的学者认为，奖金以占标准工资的10%~13%为宜，也就是说相当于一个月的工资最好。

为了鼓励企业以最少的劳动消耗取得最多的最终成果，在工业企业工作成果的考核和物质鼓励基金的提取上，不断改变办法。1965年以后规定按完成销售额和盈利率计划的情况来提取，1979年规定以完成以下四个指标为依据：即按照合同所规定的品种、时间，完成供货义务的情况；劳动生产率增长情况；生产优质产品情况；利润增长情况。根据各部门不同情况还可采取其他指标，如降低物质消耗、提高基金产值率、降低成本等。为了使企业能接受积极的经济指标，现在规定，如果企业自己提出的响应计划超过上级给的控制数字时，企业提留的利润可以按较高的定额来提取；假如实际执行中超额完成计划，其超额部分提留基金定额要比正常定额低。

为了推广新技术，加速科技发展，现在又建立了专门的基金，即统一的科学技术发展基金。基金从企业利润中按定额净产值或商品产值的一定百分比来提取，由各部统一掌握，其中大部分用于开始采用科研成果时所带来的经济损失的补偿。有的经济学者主张把这部分基金转为信贷方式，作为补偿损失的预支，这些补偿预支款由采用先进技术所获利润来偿还。

关于运用价格杠杆问题，从理论上说，苏经济学者都认为，正确的价格形成是完善经济机制的先决条件。但实际上，1965年以来苏联的批发价格只进行过两次大的调整，第一次是1967年，第二次是1982年。价格调整的标准，是保证社会平均资金盈利率大体达到15%；各个部门有所不同，但原则上都可获得盈利。每个部门内部各种产品的价格，则按部门平均成本利润率来摊算。按照规定，今后批发价格每五年调整一次，目的是为了按照稳定的五年计划进行核算。消费品零售价格，一般保持稳定，1980年比1955年只上升5.7%，其中食品价格上升16.4%，非食品价格降低6.5%。由于价格很少调整，因此不合理的价格结构所带来的矛盾长期存在，很难解决。

在利用价格杠杆促进科技进步、产品更新换代和提高质量上，规定对于新产品和优质产品实行加价、对落后产品实行减价的政策。对季节性的产品和残次冷背商品允许调价和削价处理，但调整价格的审批权一般在州以上的价格管理机构，他们对市场变化反应迟钝，往往造成损失。

过去的经济核算仅限于企业，现在逐步推广到部一级。有时叫作部门财务自理，其办法是在五年计划批准的任务的基础上，对部规定归他们支配的固定的利润提成定额，也就是按照定额在国家和部门之间进行利润分配。归各部支配的利润用于国家基本建设拨款，偿还银行贷款本金，支付利息，形成经济刺激基金和后备基金等。按照定额计算的上缴国家预算的金额，各部必须保证完成。如果批准的利润计划没有完成，就要用留归部的资金抵补。如果实际利润超额完成利润计划3％以下，一半留部支配，其余上缴国家。但部门财务自理，并不是说就取消了国家拨款；如果国家计划对该部门规定的建设任务，靠自有资金不能满足需要时，国家仍需拨款。目前这个办法还没有全面推开，只在7个工业部、3个建筑部和一些出版社试行，在一些加盟共和国如波罗的海沿岸的拉脱维亚、立陶宛等地也试行了这种办法。

在利用信贷杠杆发挥银行作用方面，1965年改革时就规定：如果部门或企业自有资金不足时，可以用银行贷款搞基建，但利用贷款建设的项目的回收期必须在五年之内，如果超过这个期限，就要由国家预算拨款。而且国家对银行基建贷款也规定限额，不许超过。目前苏联用银行贷款搞的基建，占全部基建投资的10％左右。苏财政研究所专家认为，不能用过多的贷款搞基建，因为国家信贷资金来源主要是企业存款、居民储蓄、社会保险存款等，企业和居民随时可能提取，因此基建贷款的比例不能太大。在基本建设中利用信贷杠杆的一项新的措施是，1979年决定，由过去建设发包单位向承包单位根据建筑安装工作量完成进度分阶段支付的办法，改为按工程全部建成交付使用一次结算的办法（大的工程可以按完成进度分期投产结算）办理。在建设期间，承包单位施工所需要的资金由建设银行贷款解决，资金来源是发包单位在银行的存款，结算后由承包单位归还银行。这种办法先前在白俄罗斯共和国试点时，证明对缩短工程周期颇有成效，现决定全国推广。

第五，关于工业生产组织和建立生产联合公司问题。苏联1965年改革后建立的工业管理体制，一般是采取部——管理总局——企业的结构。当时联合公司这种管理组织数量还不多，大量存在的是独立的中小企业。据统计，在全部工业企业中，100人以下的企业占1/3以上，500人以下的企业占3/4以上。这些企业规模小、资金少、力量弱，甚至有不少小企业是亏本的，很难运用新体制赋予的各种权力，同时，当时苏联工业也存在专业化协作水平低，妨碍科技进步和社会劳动生产率提高的问题。所以苏联当局于1973年决定大力建立联合公司，把中小企业合并起来，提高工业组织的集中化、专业化的水平。

当时的具体做法是，在总结试点经验的基础上，由各部门提出自己建立联合公司的总方案，送国家计委和科委审议；如果涉及其他部的企业，要同时抄送有关部征求意见；也要考虑各加盟共和国的意见，然后制定一个成立联合公司的总体方案。联合公司有三种：生产联合公司、科学生产联合公司和工业联合公司。生产联合公司是大量的，这类公司有两种形式：一种是纵的联合，从生产零配件到装配整机，或者对原材料进行顺序加工，直到成品。例如，我们去的利哈乔夫汽车公司就是由16个分厂组成的，这些分厂提供零部件，由主厂总装成汽车。另一种是横的联合，即由同类工厂组成的联合公司，工艺相近，企业按产品品种分工。我们参观的曙光制鞋联合公司就是由8个分厂组成，分别生产不同类型靴鞋。科学生产联合公司比较少。这类公司的特点是由一个研究所牵头，同几个工厂联合，主要从事新技术、新产品的研究试制工作，成功后向整个部门推广。工业联合公司，是由生产联合公司、科研设计等机构组成的统一的生产经营综合体。它取代了原来的管理总局，作为管理工业的中间环节，既是行政管理组织，又是实行经济核算的经济组织。但据了解，工业联合公司实际上并没有起到经济核算的作用，基本上仍然是一个换了牌子的行政管理组织。

目前全苏已经组织起4000多个生产联合公司和科学生产联合公司。这些联合公司1980年产值占全苏工业总产值的48.2％，职工人数占50.1％。现在全苏工业企业总数为4.4万个。

从他们介绍和我们了解的情况看，生产联合公司一般不设专门的管理机构，而是由主厂的管理机构领导整个联合公司。联合公司的内部组织关系有三种情况：一种情况，参加的企业、单位将经营职能完全交给公司，主要从事生产活动，完全失去法人地位，在银行没有独立账户，只有流水账户，以便发放工资及支出零星费用。如利哈乔夫汽车联合公司和曙光制鞋联合公司就是这样的。第二种情况，参加联合公司的企业、单位，保持其独立核算的法人地位。例如莫斯科第一房屋构件建筑公司下属4个预制构件厂、6个建筑安装单位、1个配套管理单位，都是独立核算组织。第三种情况，参加联合公司的企业、单位，有的保留了独立核算的法人地位，有的失去法人地位。例如基辅电子机械联合公司中，科研所和科研所的试验工厂，以及电子计算中心等都享有独立企业的各种权利，其他分厂都是主厂的从属单位。从全苏来看，参加生产联合公司的，1980年有17 896个生产单位，其中保留独立核算的有7542个，占42％。

现在的联合公司基本上是在部门内部建立的。为了进一步挖掘企业生产潜力，苏联领导要求打破部门界限，建立跨部门的联合公司，但实际执行进展甚慢。巴楚林副主任向我们说，阻力在于各部门的本位主义，每个部都不愿意把自己的企业交出来，怕别人拿走自己的企业，当不成部长；同时与地方也有矛盾。

关于如何建立生产联合公司的问题，有的苏联学者认为，应当自下而上，而不是自上而下。一个联合公司合并哪些企业，首先要听地方意见。组建跨部门的联合公司，与部的数量有关。部的数量，也应从下而上来解决，即先解决企业的联合，然后再看哪些部应该留下。最近有的学者指出，现在各部所属的全苏工业联合公司脱离生产。全苏有500个工业联合公司，都设在莫斯科，而他们所属的生产联合公司和企业不少在几百、几千公里之外。工业联合公司又是按小专业分的，结果在一个部门内，各个小专业都在搞自己的体系，造成重复浪费。这位学者意见，把这样的全苏性工业联合公司，改成按大地区组织的工业联合公司，直属于部领导，以加强管理的地区原则，并使中层管理环节接近基层单位。

对于从1965年改革以来形成的苏联现行体制，同我们会见的苏联学者都是充分肯定的。他们认为，为了适应经济向内涵化方向发展，还要不断完善管理体制。1979年决议规定的内容，据他们讲，贯彻得比较缓慢，今后一段时间还要继续贯彻决议，要求在第十一个五年计划期间逐步实现。为了进一步贯彻1979年决议和1981年11月中央全会精神，要在1982年上半年举行的中央会议上专门讨论食品规划，据了解将着重讨论与解决食品问题有关的工业、农业、商业、运输等各方面的管理问题。全会提出的原则将适用于其他部门。1982年下半年还将举行一次全会，讨论整个经济管理体制问题，专门研究如何进一步改善计划工作，具体内容尚未透露。

三、我们的看法

对于近二三十年来苏联经济体制的演变及现状应如何评价？

主要应看经济发展的情况。在这方面，苏联既有不少的成就，也存在不少的问题。

第二次世界大战后30年来苏联经济发展的成就，主要是：

第一，苏联经济的增长是持续的稳定的，没有出现像资本主义世界那样的周期性经济危机。除了农业受自然影响波动较大外，工业总产值和整个国民收入是逐年增长的，没有出现过下降的情况；增长速度也是比较高的。从1950年到1980年，30年国民收入平均每年递增7.5%，比美国（3.5%）、联邦德国（5.1%）、意大利（4.8%）、法国（3.7%）、英国（2.4%）都高，仅低于日本（8.3%）。

第二，基础工业大大加强，一些主要产品产量超过了美国，居世界领先地位。石油1950年仅相当于美国的14%，1980年为美国的1.4倍，产量达到6亿吨；钢1950年为美国的30%，1980年为美国的1.4倍，产量达到14800万吨；化肥1950年为美国的31%，1980年为美国的1.1倍，产量达到2470万吨；水泥1950年为美国的26%，1980年为美国的1.6倍，产量达到12500万吨。机械制造业也有很大发展。

第三，国防工业和科技尖端得到了突出的发展。根据我们所接触到的西方资料的估计，苏联20世纪70年代末期每年的军事装备产量，洲际导弹150~200枚，弹道导弹潜艇6~8艘，以及大量的常规武器。在科技方面，据苏联科学院院长阿列克山德罗夫说，苏联科学家人数占世界总数的1/4，科技发明创造占世界总数的1/3。目前在宇宙中运行的苏联卫星达1300多颗，平均每周发射一颗。原子能电站设备已能成套提供，据说目前正在建造的原子能电站总功率在2500万千瓦以上。

第四，加速了落后地区、非俄罗斯民族地区和东部地区的建设，改变了生产力布局。1980年与1940年比较，全苏工业产值增长20倍，而落后的中亚哈萨克加盟共和国增长31倍，吉尔吉斯增长36倍，外高加索的亚美尼亚共和国增长44倍，立陶宛增长57倍，爱沙尼亚增长47倍，拉脱维亚增长44倍，摩尔达维亚增长50倍。据说现在哈萨克共和国的工业产值，相当于整个沙俄的5倍；外高加索和波罗的海沿岸一些共和国人民的生活水平，已经超过俄罗斯共和国的水平。东部地区近年来通过开发秋明油田，和建设横贯西伯利亚地区的第二条大铁路，经济也有了比较大的发展。这是苏联长期以来没有发生大的民族问题的一个重要原因。

第五，人民生活有了相当大的改善。居民实际收入1980年比1965年增长95％，比1975年增长46％。职工平均工资1965年为96卢布，1970年122卢布，1980年169卢布。城市居民住宅1965年以来平均每年竣工约1亿平方米，1965年平均每人有建筑面积9平方米，1980年增加到13平方米。我们在莫斯科和基辅都看到大片大片的高层住宅建筑群。街上行人特别是妇女的穿着，也比20世纪50年代强得多。社会福利事业有了很大发展，用在这方面的基金1980年达1165亿卢布，比1965年增长了1.7倍。据乌克兰一个行政区（相当于我国一个县）的负责人向我们说，他担任区执委主席两年多了，没有遇到一位父母为孩子入托困难的事来找他。

苏联经济发展中的问题，主要是：

第一，经济发展速度呈下降趋势，一些基础工业的发展出现停滞迹象。几个五年计划国民收入的增长速度是，第五个五年计划期间（1951—1955年）平均每年增长11.5％，第六个五年（1956—1960年）平均增长9.2％，第七个五年（1961—1965年）平均增长6.6％，第八个五年（1966—1970年）平均增长7.1％，第九个五年（1971—1975年）平均增长5.1％，第十个五年（1976—1980年）平均增长4.2％。速度下降的趋势，在第十一个五年计划（1981—1985年）期间看来还要继续下去。一些基础工业的发展也遇到困难，23种超美的产品现在大部分上不去。例如石油增长幅度，前些年每年达3000万吨，1980年增长1500万吨，1981年只增长600万吨。煤炭和钢产量4年连续下降，去年都退回到1975年的水平，水泥和化肥也开始下降。

第二，农业、轻工业相对落后。农业花钱不少，农业投资在基建总投资中的比重，20世纪50年代占14%，60年代提高到16%~17%，70年代进一步提高到20%以上；但靠天吃饭的局面基本上没有改变，粮食、肉类都不能自给，近年来，每年要进口粮食4000万吨。消费品生产的增长速度，虽然几次提出要接近或超过生产资料，但是其投资在基建总投资中的比重还有所降低，生产增长速度仍落后于生产资料的增长（1980年与1970年比较，生产资料增长83%，消费品增长65%），不能满足市场需要。私人储蓄存款余额很大，1981年达到1650亿卢布，占商品零售额2836亿卢布的58%。从东、西欧路过莫斯科的人反映，莫斯科市场除比罗马尼亚好以外，都不如其他国家。据我们观察，在某些方面，特别是有些食品的市场供应情况还不如20世纪50年代。

第三，物资积压严重，资金周转缓慢。1975年国民收入3633亿卢布，物资商品储备2243亿卢布，占国民收入的64.5%。1980年国民收入增加到4585亿卢布，物资商品储备增加到3233亿卢布，占国民收入的比重提高到70.5%。工业产值1980年比1975年增长25%，而工业流动资金却增长38%。基本建设未完工程占当年投资的比重逐年提高，1965年占69%，1970年占73%，1975年占75%，1980年达到87%。

第四，科技成果应用慢，产品品种质量上不去，人力、物力、财力浪费严重。苏联科研力量很大，但科研成果70%~80%是改进性的，真正创新的只占20%~30%，其中得到应用推广的占1/3左右。许多产品都是几十年一贯制，新产品从设计、试制到获准成批生产，要经过很长时间，等生产出来，技术往往又落后了，各单位一方面劳动力紧缺，另方面又纷纷提高人员定额，保持劳动力储备，以致人浮于事，这种多占用的劳力约占全部劳动力的10％～15％。物力浪费方面，一位科学院院士，在最近写的文章中透露，生产每单位最终产品消耗的钢材，苏联比美国多76％，消耗的水泥多1.3倍。在燃料方面，据苏《计划经济》1978年第2期资料，1976年苏在热能、电能、焦炭生产和石油加工中损失4亿吨标准燃料，占全苏燃料消耗总量的30％。在财政资金的利用上，工业企业包括税利在内的资金盈利率1965年为34.8％，1970年为35.8％，1975年降为28％，1981年进一步降为24％。每卢布生产性积累提供的新增国民收入，1958年为52戈比，1980年降为16戈比。

当然，苏联经济发展中取得的成就和存在的问题，不能单纯归因于经济管理体制，而是有多方面的原因。就其成绩来说，原因有：列宁、斯大林时期建立的基础；得天独厚的自然资源，特别是矿产资源较丰富；政治上在一个比较长的时期相对稳定；等等。就其问题和困难来说，原因有：扩军备战费用和援外负担较大；劳动力资源接近枯竭；自然资源的开发东移；环保投资增加；政治权力过分集中，高层领导老化，保守倾向比较严重；等等。但是，不能不看到经济管理体制也是一个决定性的因素。

先从苏联体制对取得成就的影响来看。首先，苏联的高度集中的管理体制，保证了把全国的人力、物力、财力集中使用于关系全局的关键部门的发展和战略问题的解决。它的原材料、燃料等基础工业和国防尖端技术的发展，生产力布局的改善，都是依靠国家在全国范围内集中调配相当大部分资金、力量来实现的。苏联国家预算收入占国民收入的比例一直是很高的，而且是逐步上升的。根据苏联统计年鉴数字计算，1965年占52.9％，1970年占54.1％，1975年占60.2％，1980年占63.8％。又据苏财政研究所负责人说，在国家财政总资源（包括预算外收入）中，国家预算掌握60％，其中中央占32.4％。国营企业的纯收入，除前面所说的8.5％由企业支配外，其余91.5％都直接、间接地由国家支配。由于国家集中了相当大的资金力量，才能进行一些巨大的工程建设，如秋明油气田的开发和向苏联欧洲部分以及东欧的输气管道工程建设，规模之大，速度之快，都是少有的。秋明地区原油产量1970年只有3100万吨，1980年已达到31 200万吨，1985年计划达到了39 900万吨；天然气产量1970年97亿方，1980年已达到1560亿方，1985年计划达到3570亿方。从秋明油气田向苏联欧洲地区的5条输气干线，加上从乌连戈伊到乌日戈洛得的国际输气管线，总长度达2万公里，总投资约250亿卢布，现已建成7000多公里，将于第十一个五年计划期间建成。

其次，苏联在计划管理中建立了一整套比较科学的制度方法，包括计划体系、指标体系、计划方法，和从咨询、平衡、鉴定、决策到计划执行的完整机构，使宏观经济的决策和重大项目的确定，都经过严密的程序和科学的技术经济论证，从而保证计划的制定和执行不发生重大的失误，使国民经济能够比较平衡协调地稳定增长。最近二三十年来在经济建设中，没有听说发生过大起大落和大项目轻率上马的问题，这与他们的计划管理的科学性和严密性是分不开的。

另一方面，苏联经济发展中存在的问题，同苏联经济体制中的严重弊病有着密切的关系；最近苏联报刊上也有人指出，主要原因在于经济管理。其主要弊病是：

第一，经济管理过分集中，计划管得过死。国家计划管的产品比重过大；实物指标在1965年以后一度减少，近来又有增加的趋势。现在苏联工业生产计划中，直接由部长会议批准下达的产品品名达796个。绝大部分物资都由国家计划平衡和分配，1980年年度计划中由国家计委直接平衡分配的品种有2025种，其中295种需经部长会议批准；由国家供委平衡分配的品种有1万多种，由联盟各部平衡分配的品种有2万多种。另一方面，对计划调节和市场调节的关系，在1965年改革后一段时间，曾经一度进行过热烈讨论；到1971年苏共二十四大批评市场社会主义以后，苏联从理论到实践不再提市场调节，只提有计划地利用商品货币关系。这样，就连一些小企业和小商品的生产也都纳入直接计划，并由物资部门和商业部门进行调拨分配，企业在生产和供销方面的权限很小。物价除了一次性订货，可以由生产企业与用货单位协商确定外，全由各级物价部门确定，其中绝大部分又由全苏国家价格委员会确定，很少调整。这些情况常常使经济信息传导迟缓，甚至被歪曲。同时由于管得太多，与复杂的多变的经济发展的需要不相适应。这是造成产需脱节、物资积压，使消费者的利益不能得到保证的一个重要原因。

第二，主要靠行政机构用行政手段管理经济，与生产的社会化的要求矛盾尖锐。为了纠正1957年企业下放、成立地区经济委员会所产生的地方主义，1965年又改回到以部门为主的管理原则。当时虽然强调各部门要采用经济办法管理经济，但实际上并没有摆脱行政管理的老框框，部门越分越细，机构越设越多。目前苏联部长会议下设的财经部委有74个，其中有57个部，17个委、局等。在57个部中，有关工业交通的部共31个，分得很细。例如机械工业即有航空工业、汽车工业、机械制造、畜牧业和饲料生产机械制造、轻工业食品工业机械和日用机械制造、通用机器制造、仪表制造自动化工具和控制系统、通信器材工业、中型机器制造、造船工业、拖拉机和农业机器制造、重型和运输机器制造、化学和石油机器制造、动力机器制造、电机工业，无线电工业、国防工业等17个部。20世纪70年代本来想通过组织联合公司来减少层次，但实际上并没有减少，现在一般仍有三层到四层，而且代替管理总局作为中层管理环节的全苏（共和国）工业联合公司，实际上是换了招牌的行政机构。这些中层管理机构也分得很细，大家都搞大而全，想自成体系，部门分割的现象越来越严重，办事效率低、相互扯皮的问题在继续发展。为了解决这方面的矛盾，他们想了很多办法，如在部长会议下设立协调委员会，在计委内部设跨部门的局和协调机构，在计划上强调搞专项综合规划，搞区域生产综合体等，但这些都还在试验摸索中，看来仍然难以摆脱行政层次管理经济所带来的弊病。

第三，吃"大锅饭"，缺乏竞争。1965年以来虽然强调要利用经济杠杆、推行完全经济核算制、把企业和个人的物质利益同最终劳动成果挂起钩来等，来调动企业和职工的积极性，但没有从根本上解决吃"大锅饭"的问题，许多刺激措施只不过起点"强心针"的作用。企业在制订计划时有意压低计划，以便不费力地取得利益；如果完不成计划，到年终又找各种借口调低计划，仍然可以得到利益。这种压低计划的现象普遍存在，连勃列日涅夫也说，计划是法律这一明显的真理开始被遗忘。加上他们长期否定市场调节，否定必要的竞争，以致垄断盛行，就使问题更难解决。企业和职工不愿意承担紧张的任务，强调困难、多要条件的老问题并没有解决。因此，前面所说的那些效率低、质量差等问题总是解决不了。

尤其值得注意的是吃"大锅饭"的制度，加上刺激办法，使公有制基础长此下去有被削弱的危险。现在苏联从表面上看思想教育工作抓得很紧，但根据我们了解，苏联社会上相当广泛地存在着损公肥私、走后门、挖国家墙脚等现象，甚至发展到高级官员集体贪污盗窃国家资财的严重程度。最近苏报刊上一再透露这方面的情况，前渔业部副部长因倒卖鱼子酱集团贪污案被处以极刑，几个共和国的部长级干部（包括财政部部长）也因贪污受贿、违法乱纪受到严重处分。

总之，苏联的经济体制经过近十几年的演变，在宏观经济的计划管理上比以前更加系统、更加严密了，从而保证了国民经济的持续稳定增长；但总的看来，一直没有突破传统体制的老框框：经济决策权力过分集中，排斥市场调节的做法，对微观经济管得过死的弊病没有根本改变，因此，1965年当初提出改革时想要解决的一系列问题，如扭转速度下降、加速科技进步、提高经济效果和工作质量以及改善供应等，至今收效甚微，都没有得到解决。

苏联经济体制的优点和弊病，对我们研究改革我国经济管理体制，有重要的参考意义。特别是我们有许多情况与苏联相类似，比如都是大国，都是在原来生产力水平落后的基础上进行建设的，都存在比较浓厚的封建意识、小生产和自然经济的传统。我们原来管理经济上的一套制度，也是在新中国成立初期从他们那里学来的，问题有些也差不多。如何吸取苏联经济体制中有益的经验，摒弃其弊病，避免他们走过的弯路，这是需要认真研究的问题。

根据前面的分析，我们认为，苏联在宏观经济的计划管理中，确有一些比较好的方法制度，在我国今后的经济体制改革中可以借鉴。但就其对微观经济的管理来说，苏联体制的弊病甚多，不能解决经济生活中的老大难问题，对此在今后我国的体制改革中要引以为戒。我国原有体制中的弊病，如吃"大锅饭"、管得过死等，同苏联的传统体制中的弊病是相同的。苏联经过十多年的改革，这些弊病仍然没有解决，这个问题值得深入研究。我国近几年经济管理体制的改革，从理论到实践都有一些新的突破。例如在坚持国营经济的主导地位的前提下，允许多种经济形式和多种经营方式；在坚持计划经济为主的条件下，积极利用市场调节的辅助作用，允许一定范围的竞争和价格浮动；在各行各业试行各种形式的经济责任制，以及突破部门、行业框框的各种联合的做法等，这些改革已经在经济生活中显示出活力。我们要坚持改革的方向，继续完善和发展行之有效的改革措施，并且探索新的途径，逐步克服传统体制中的弊病，把社会主义经济制度应有的优越性充分发挥出来，加速我国四个现代化的建设。

关于苏联经济管理体制的考察报告

本世纪末中国经济发展的
总的奋斗目标*

（1982年11月）

今天，我想谈谈有关中国经济发展前景的一些问题。大家知道，不久以前，也就是1982年9月，中国共产党召开了第十二次全国代表大会，胡耀邦总书记在向大会所作的报告中，提出了从1981年起到20世纪末20年间中国经济发展的战略目标、战略重点、战略步骤和几个重要原则问题，形成了一个比较完整的经济纲领。在这个简短的发言里，要把这个经济纲领完全讲清楚是不可能的，我现在只就其中有关中国经济发展的战略目标和实现这个目标的战略步骤的设想，作点介绍和说明。

关于到20世纪末中国经济发展的战略目标，赵紫阳在1981年第五届全国人民代表大会第四次会议上所作的政府工作报告中，就已经提到了。他在讲到中国经济发展的前景时讲了要"力争用20年的时间使工农业总产值翻两番，使人民的消费达到小康水平"，胡耀邦同志在党的十二大上所作的报告中，进一步明确提出："从1981年到本世纪末的20年中，我国经济建设总的奋斗目标是，在不断提高经济效益的前提下，力争使全国工农业的年总产值翻两番，即由1980年的7100亿元增加到2000年的28 000亿元左右。"关于这个发展目标，我想作以下几点说明。

---

* 本文系1982年11月访问日本时为介绍情况准备的讲稿之一。本文标题及文中"本世纪"系指"20世纪"。

第一点说明：为什么在这个目标中用工农业总产值来作为表现经济发展程度的指标？各位都知道，现今世界各国多用国民生产总值或者国民收入指标来综合表现经济发展的程度，而工农业总产值指标由于具有经济学者周知的缺陷，现在很少作此用场了，我国之所以还用这个指标，主要是因为这个指标我们已经沿用了三十多年，它反映了工业和农业这两个国民经济中最主要生产部门的情况，用起来比较简明方便，目前我们的各级干部和广大群众都已经习惯于这个指标，而对别的指标则很不熟悉，如果突然换用其他指标，一来统计基础还不能一下子适应，二来大家会因为不习惯而弄不清是怎么回事。所以，我们现在还用工农业总产值指标来综合表示到20世纪末我国经济发展的程度，这对于动员我国广大干部和群众为实现经济发展的战略目标而奋斗，仍然是有积极意义的，在同世界各国进行对比的时候，工农业总产值这个指标就不方便也不适宜了。在这种场合我们还是要用国民收入或者国民生产总值指标，根据1980年资料，我国国民生产总值约为2850亿美元，而同年美国为25 824亿美元，苏联为12 120亿美元，日本为11 529亿美元，联邦德国为8278亿美元，法国为6277亿美元，英国为4428亿美元，意大利为3240亿美元，中国比这几个国家都低，居世界第八位。据我国经济学者推算，到2000年，翻两番之后，我国国民生产总值在世界各国中的位次，可能进到第六、第五位甚至第四位，当然，由于中国人口多，人均国民生产总值或国民收入就很低，1979年我国人均国民生产总值只有253美元，在全世界160多个国家和地区中，居第126位，至于20世纪末则有不同的估计，例如一种估算假定20世纪最后20年我国国民生产总值也是翻两番，即增加到4倍，人口增长20％，那么，我国人均国民收入可以增加到3倍左右，即从1980年的290美元增长到880美元左右（相当于人均国民收入800美元），这个水平与世界各国相比还是比较低的，但考虑到我国经济发展起点低，人口多，达到这一水平并不是一件很容易的事情。

第二点说明。工农业年总产值20年间翻两番，意味着年产均增长速度为7.2%，假定国民生产总值大体也按这个速度增长，那么，同外国相比，这将是一个相当快的速度。

从1961年到1980年的20年间，一些发达国家国民生产总值的年平均增长速度，美国为3.6%，日本为8%，联邦德国为3.8%，加拿大为4.6%，法国（国内生产总值下同）为4.6%，英国为2.3%，意大利为4.8%，澳大利亚为4.2%，这几个国家过去20年的年平均增长速度，除日本外都没有达到7.2%，中国的经济发展在20世纪最后20年中能不能达到这一速度？能不能实现翻两番的目标？不但国外有议论，我们国内也有很少数同志有疑问：翻两番是不是会像过去"大跃进"那样又来一个"冒进"？为了回答这个问题，《人民日报》在10月18日专门发了一篇社论，我很赞成这篇文章的意见：20年"翻两番"绝不是什么"冒进"，实现这个战略目标当然不是一件轻松的事情，但绝不是不可能达到的。理由如下：

首先，从我国过去经济发展的事实来看，从实行第一个五年计划的1953年开始，到1981年，尽管经济发展屡遭破坏，工农业总产值每年增长速度仍然达到8.1%，其中经济发展正常的第一个五年计划时期，年均速度曾达到10.9%，即使拿1979年至1981年这三年来说，虽然由于调整经济而放慢了速度，但是工农业总产值的年增长率仍然达到6.7%。可见，设想20世纪末20年工农业总产值平均年增7.2%，并不是什么"冒进"的速度。

其次，拿外国的资料来看，世界各国人均国民生产总值翻两番需要多少年？为了与中国对比，这里要以人均国民生产总值200多美元作为起点，计算翻两番达到大约人均1000美元所需时间，据我国一位经济学者提供的资料，以联邦德国、日本、英国、法国、意大利、巴西、新加坡、突尼斯为例，大约需要9年到10年的时间，我国设想用20年时间使人均国民生产总值从250美元左右增长到不到1000美元的水平，时间不算过急，再说苏联社会总产品从1956年到1975年的20年间翻了两番，每年增长速度7.5％，日本经济从1957年到1970年只用10多年时间翻了两番，每年增长速度10.4％，我国现在设想20年翻两番，平均每年增长7.2％，不到苏联上述的速度，更低于日本上述速度，从这点看，这也不能算是过急的速度。

再其次，过去中国经济发展中一再出现的"冒进"，这是经济领导工作中"左"倾错误的产物，在急于求成的"左"倾思想指导下，经济发展的规划脱离了中国的实际，主观片面地追求高速度，一忽视客观比例，二忽视经济效益，三对改善人民生活考虑较少，这样就不能不引起经济发展中的大曲折，现在情况不同了，中国共产党十一届三中全会以来，大力克服了"左"倾错误，恢复了马克思主义的实事求是的思想路线，在制定经济发展战略总目标的时候，从中国实际情况出发，一是考虑了必要的比例关系，经过反复的综合平衡，研究了既有战略重点，又有各部门相互协调的发展规划；二是考虑了经济效益，党的十二大文件中明确提出工农业总产值翻两番的前提是"不断提高经济效益"，并提出了一系列措施，要求把全部经济工作转到以提高经济效益为中心的轨道上来；三是考虑了人民生活的改善，党的十二大文件明确提出在工农业总产值翻两番的基础上，我国城乡人民的收入将成倍增长。人民的物质文化生活可以达到小康水平。这意味着，20年间工农业总产值增长与人民收入增长之比将为4∶2。而从1952年到1981年将近30年间这两者增长之比则约为9∶2。所谓小康水平，就是食、衣、住、行、用、乐、卫这7项基本生活需要得到满足。所有这些，既是经济翻两番的重要条件，也是翻两番的现实可能性的重要根据。

又再其次，20年翻两番、每年平均增长7.2%的速度有现实可能性，当然不是说它可以轻而易举地实现，而是要花很大的气力，特别要在改进经营管理和采用先进技术上面花很大的气力，去挖掘我国经济中存在的巨大潜力，才能实现。拿我国的资金、能源、材料的条件来说，如果按照现在已经达到的经济技术指标，翻两番是达不到的。例如，1980年全国工农业总产值还是7100亿元的时候，能源消耗即达标准煤6亿吨。照此比例，到20世纪末翻两番，就要20多亿吨标准煤的能源，但是根据测算，到20世纪末我国能源供应量大体上能翻一番，达到约为12亿吨标准煤，保证不了工农业总产值翻两番的能耗需要，但是由于技术设备落后和管理上存在的问题，我国能源消耗中的浪费很大，比如日本现在每年消耗的能源同我们差不多，但日本的国民生产总值，却大体相当于我国的三四倍。这里面当然有不可比的因素，但是差距如此之大，主要是技术和管理上的原因，如果20年中各行各业通过技术改造和管理的改进来节约能耗，把能源的经济效益提高一倍，我们就能以翻一番的能源来保证翻两番的工农业总产值，这不是不能做到的，当然要付出巨大的努力，材料方面、资金方面，也存在类似情况。只要我国国民经济各部门都能够在20年的建设过程中搞好技术改造和管理改革，把各项经济技术指标提高到全新的水平，那么，我国的资金条件、能源条件、材料条件是可以保证工农业总产值翻两番的。

以上第二点说明，工农业总产值20年翻两番、平均每年增长7.2%的速度，是一个相当快的速度，同时又是经过努力能够实现的速度。

第三点说明，工农业总产值每年递增7.2%的速度，是从20年平均来说的，当然不是说每年都要达到这个速度。党的十二大报告提出，为了实现20年的奋斗目标，在战略部署上要分两步走，前十年主要是打好基础，积蓄力量，创造条件，后十年要进入一个新的经济振兴时期。与此相适应，前十年的经济增长速度要适当低一些，为后十年的经济发展奠定基础，使后十年的增长速度能够比7.2%更高一些，在前十年中，前五年的增长速度比后五年又低一些，事实上，1981年工农业总产值增长了4.5%，1982年比这略高，但仍低于7.2%的速度；按照目前草拟的第六个五年计划，工农业总产值增长速度每年平均为4%，争取达到5%，在这个基础上，根据测算，第七个五年计划期间（20世纪80年代的后五年），工农业总产值增长速度接近7.2%，第八个五年计划和第九个五年计划期间将高于8%。这样，20年间整个国民经济的发展将呈现稳步上升的局面，到20世纪末就可实现翻两番的战略目标。

为什么20世纪80年代、特别是前五年经济发展速度要安排得低一点，这是由于当前我国一系列客观条件和必须完成的任务决定的。

一是国民经济结构经过近几年的调整，虽然农业与工业的比例、轻工业与重工业的比例已经得到初步的改善，但是重工业内部、轻工业内部和农业内部结构还不尽合理，需要有计划地加以解决，产业结构、产品结构还要继续调整，这些都需要一个过程，一定的时间。

二是国民经济管理体制经济近几年的初步改革，取得不少成绩，但是传统经济体制的两大弊病，即不关心市场需要和不关心技术进步，还没有得到根本的解决。当前在巩固和完善已经实行的初步改革的同时，要围绕着解决这两大弊病，来考虑经济体制改革的总的方案和实施步骤，以期在第七个五年计划期间，逐步开展全面改革，这也不能不需要一个过程和一定的时间。

三是企业的经营、管理和组织结构经过近几年的整顿、改组和联合，也取得不少成绩，但是，目前不少企业仍然存在经营管理混乱、工作散漫、劳动纪律松弛、产品质量差、消耗高以及违背财经纪律等严重现象，必须继续全面整顿，综合治理，才能有效地克服浪费、挖掘潜力、提高效益，我国有40万个工交企业，企业整顿必须分期分批，逐步进行，企业的改组和联合也要分别不同情况有计划有步骤地实施。这些都需要一个过程和一些时间。

四是对企业进行技术改造，发挥现有企业的潜在力量，作为今后经济发展的主要途径，以代替过去主要依靠建设新的企业的老路，这个任务已经提出来了，但是技术、设备落后的现有企业量大面广，解决它们的技术改变方向、资金筹备、物资安排、技术力量、规划管理等一系列大量的复杂问题，均非一下子就能办到。根据我国现有的经济力量，现有企业的技术改造同时铺开是不可能的，需要分期分批进行，第六个五年计划期间，只能有重点地选择一些企业进行技术改造，"七五"期间，才能逐步广泛地开展，这也需要一个过程，一定的时间。

五是能源、交通和其他基础设施的建设，能源和交通现在都是制约我国经济发展的关键因素。除了通过调整经济结构，改进经营管理和开展技术改造来大力节约能源、提高运输效率外，还必须尽可能努力发展能源生产和交通建设，由于国家财力的限制，由于能源和交通建设周期较长，因而这两个薄弱环节，只能逐步加强。这也需要一个过程，一定的时间。

此外，为实现我国经济振兴所必需的一系列重大科技项目的"攻关"，大批技术人才、管理人才的培养，都需要一个过程，一定的时间，我这里不一一讲了。由于这些原因，20世纪80年代我国国民经济的发展不可能很快，国家的第六个五年计划中发展速度安排为4%，争取达到5%，是适合我国当前具体情况的，只要我们在前十年切实做好上面讲到的各项工作，把历史遗留的问题解决好，就可以为后十年经济的进一步增长打下比较坚实的基础，预期20世纪90年代中国经济将全面高涨，发展速度肯定会比80年代高得多，因此，对于20世纪末实现党的十二大提出的经济发展的总的奋斗目标，中国共产党和中国人民是有信心的。

学习党的十二大文件发言摘要*

（1982年12月）

中国社会科学院经济研究所部分研究人员举行会议，座谈学习党的十二大报告，特别是其中第二部分"促进社会主义经济的全面高涨"的体会。

翻两番是能够实现的

党的十二大提出20世纪最后20年我国工农业总产值争取翻两番，即每年平均增长7.2%。我认为，只要我们切实按照十二大提出的各项要求，把各方面的工作做好，这个宏伟目标是能够实现的。根据如下：

第一，从我国过去经济发展的事实来看，工农业总产值平均每年增长速度，第一个五年计划时期曾达到10.9%，以后尽管经济发展屡遭破坏，但1958—1965年期间达到6%，1966—1978年期间达到8.5%，即使1979—1981年这三年由于调整经济放慢了速度，仍然达到6.7%。整个来看，从1953年到1981年28年间，虽然走了不少弯路，年平均速度仍达8.1%。今后经济建设走上正轨，设想每年增长7.2%的速度，不是不能达到的。

第二，从外国经济翻两番的情况来看，以人均"国民生产

---

* 摘自中国社会科学院经济研究所部分研究人员座谈会上的发言，原载《经济研究》1982年第12期。

总值"200多美元为起点，翻两番达到人均1000美元左右所需时间，据我国一位经济学者提供的资料，以联邦德国、日本、英国、法国、意大利、巴西、新加坡、突尼斯这几个国家为例，大约需要9年到14年的时间。又据罗马尼亚资料，1960年人均国民收入250美元，1980年达到1500美元，20年翻了两番多。这样看来，只要我们充分发挥社会主义制度的优越性，以1980年人均291美元"国民生产总值"的水平为起点，争取20年间工农业总产值翻两番，也不是不能实现的。

第三，再拿财力、物力条件来说，按照目前已经达到的技术经济指标，我们的资金、能源、材料条件对于实现工农业总产值翻两番是很困难的。但是，由于过去企业盲目发展，经济结构不合理，经济管理体制有缺陷，经营管理和生产技术落后，许多方面经济效益很差，浪费惊人，正是这里也蕴藏着经济发展的巨大潜力。例如每百元积累提供的国民收入，每百元资金提供的税利，现在都比"一五"时期低了大约1/4。拿能源来说，我国现在每年消费的能源约6亿吨标准煤，与日本差不多，但是日本的生产水平约为我国的三四倍。如果按照现在已经达到的能耗指标，工农业总产值翻两番就需要20多亿吨标准煤的能源；但到20世纪末我国能源供应大约只能达到11亿~12亿吨标准煤，不能保证工农业生产翻两番的需要。如果20年中各行各业采取有效措施节约能源，把能源的经济效益提高一倍，我们就能用翻一番的能源来保证翻两番的工农业总产值。而这不是不能做到的。材料方面、资金方面也有类似情况。只要我们抓紧结构改革、体制改革和技术改造，20年中把各项经济效益指标提高到全新的水平，那么我国的资金、能源、材料条件是能够保证工农业生产翻两番的需要的。

第四，再从经济发展的战略和规划的规定来看，过去，在急于求成的"左"倾思想指导下，发展战略和规划的制定脱离了中国的实际，主观片面地追求高速度，因此经济发展一再出现折腾。现在不同了。党在制定经济发展的战略和规划的时候，从中国实际出发，一是考虑了必要的比例关系，二是考虑了必须以提高经济效益为前提，三是考虑了改善人民生活。党的十二大文件明确提出：在工农业总产值翻两番的基础上，我国城乡人民的收入将成倍增长，这就是说，20年间工农业生产总值增长与人民收入增长之比将为4∶2，而过去从1952年到1981年将近30年间，这两者增长之比则为9∶2。比例关系的协调、经济效益的提高、人民生活的改善，这些都将有助于战略目标的实现。

第五，有的同志从"基数论"出发，认为我国现在生产基数大了，增长速度不能再用过去基数低时的较高速度来权衡；同时，20年翻两番的设想是建筑在"六五"速度保四争五，"七五"速度接近于7%，"八五""九五"速度将高于8%，这样逐步上升的预计上，而这是"不符合基数越大速度越低的趋势"的。应当指出，"基数论"虽然也可以从历史上找到不少片段的例子来证明，但是它不尽然符合所有的历史事实。历史事实是，在不同的社会经济条件和不同的技术发展条件下，一段较长时间里生产发展速度的变动可以呈现各种不同的升降趋势。我们固然要看到基数大了每增长一个百分率要花更大力气这一面，更要看到基数越大，它能提供的财力物力越多，增产潜力也越大这一面，特别是，当这个物质基础同科学技术进步结合起来的时候，它将通过经济效益的大大提高，对发展速度的加快起推进作用。我国当前各方面科技水平和管理水平无论同外国还是同国内的先进水平比，都存在着相当大的差距，因而在扩大了的基数里面，蕴藏着更大的增产潜力。为了挖掘这一潜力，当前必须继续进行经济的调整、改革、整顿和提高的工作，在20年的前一阶段要适当放慢速度，以便为后一阶段的经济振兴打下坚实的基础。

这样，今后随着生产基数的继续提高，发展速度加快的余地仍然是很大的。"基数论"的悲观论调，是没有根据的。

最后，从政治上看，实现翻两番也有良好的条件。现在党的领导权已经紧紧掌握在真正的马克思主义者手中，全党的工作重心已经转到社会主义现代化建设上来，社会主义民主和法制正在逐步加强，等等。所有这些，为我们提供了一个长期稳定的政治局面，这对于20年经济发展战略目标的实现，也是一个极其重要的有利因素。

我国经济体制改革问题[*]

——在中国社会科学院研究生院的讲演记录
（1983年3月31日）

一、我国经济体制的形成和演变

我国现行的经济体制经历了一个建立和演变的过程。在全国解放以前，我们在解放区已经有了一批工商企业。由于当时的历史环境不具备由中央一级对这些工商企业实行集中统一领导的条件，只是在各个战略解放区内按照各自的实际情况实行集中领导，有组织地进行一些财政经济工作，而各个工商企业则处于分散经营的状态，由他们独自地解决他们的生产问题、供销问题。

1949年全国解放后，出现了全国统一的局面。在国民经济恢复时期，没收了官僚资本主义工商业，把它改造成了国营企业，继续完成了土地改革，但是对民族资本主义的工商业和个体农业还没来得及改造。国民经济中还存在着五种经济成分：即国营经济、国家资本主义经济、资本主义经济、半社会主义性质的合作社经济和个体经济。当时，为了粉碎帝国主义对中国的封锁，制止通货膨胀，争取财政经济的根本好转，在全国范围内开始贯彻实行由中央统一管理、统一领导的方针，规定各个地区、各个部门的财经工作都要置于中央的统一管理之下，不得各自为政。要

* 原载《中国社会主义经济理论和实践问题讲座》，经济科学出版社1984年版。

求各种经济成分在国营经济的领导下分工合作，各得其所。这个时期的各个企业仍然是分散经营，实行自主管理。

在第一个五年计划时期，进一步加强了中央集中统一领导，逐步形成了一套以当时苏联为模式的中央集权的经济管理体制。国营工业、交通和基本建设的计划，基本上采取指令性的形式，从上而下地下达。随着农业、手工业和资本主义工商业社会主义改造的完成，国家计划直接控制的范围也逐步地扩大和加强，由国家计划委员会和中央各部统一分配的物资在1953年是220多种，1957年达到500多种，而基本建设投资的90%左右是由中央直接安排的。中央支配的财力占75%，地方无力兴办必要的地方性建设。企业在人、财、物和产、供、销上，都是上级说了算。固定资产的基本折旧基金当时也是全部上交给中央财政，纳入国家财政预算。应当指出，在当时我们经济发展水平不高、经济结构还比较简单的情况下，适当地强调集中统一，以便把有限的资金、有限的物力和有限的技术力量集中起来，保证重点建设，这是有一定积极意义的。在第一个五年计划期间，总的看来我们的国民经济发展情况比较好，速度比较快，这在一定程度上是由于我们当时集中力量保重点的结果。当时我们搞了156项重点建设。当然，第一个五年计划期间我们国民经济发展比较顺利，除了集中资金、集中力量搞重点建设以外，当时的计划工作比较注重综合平衡。再有一个条件是，当时由于所有制的改造还没有完成，对于资本主义工商业、个体手工业和农业还是实行间接计划，注意利用市场、利用价值规律来限制改造的，到改造基本完成后的1957年，个体手工业还占手工业总产值的4.8%，个体零售商业还占社会商品零售总额的4.2%，农村实现合作化后，仍允许社员经营自留地和家庭副业，这样就弥补了国家计划统得过死的不足方面。总的来看，第一个五年计划期间，实行集中制的成效是好的。问题在于高度集中的经济管理体制，片面强调集中统一，中央统得过多、过死，束缚了地方特别是企业的积极性和主动性，对于生产的进一步发展是很不利的。随着经济的发展，这种集中过多的弊病逐渐暴露出来，并且突出出来，和生产力发展的要求日益发生矛盾。这个问题毛泽东同志在《论十大关系》中指出：学习苏联这套体制，把权力过于集中到中央、国家手里，企业、地方的权力比较少，不利于经济的发展。

针对中央权力过于集中的情况，1958年前后，在"大跃进"期间，提出了对于国民经济体制进行改革的问题，并进行了某些改革的尝试。那时改革的中心内容是扩大地方的权限，具体做法是：把中央各部的直属企业大部分下放给省、市、地方管理。从1958年3月到年底，中央直属企业下放了87％，1957年中央直属企业有9000多个，到1958年年底，减少到1000多个。归中央统一分配的物资，1957年有500多种，1958年年底减少到100种，减少了80％。基本建设项目的审批权也相应下放，国家预算内安排的省、市、地方投资的比重，第一个五年计划是10％，到1958年年底增加到50％。1958年权力下放的主要内容是将中央的一部分权力下放到地方。在国家和企业的关系方面，企业也实行了利润留成制度，扩大了企业的一些权限，这些措施有利于调动地方和企业的积极性。在一段时间里，地方工业发展很快。但是，问题也很大，突出地表现在企业原来的产、供、销关系被打乱了。中央计划部门和各部在权力下放后，没有相应地加强统一计划和综合平衡。基本建设随便上马、职工人数随便增加，大家各自投资，重复建设、盲目生产，造成了很大浪费，出现了很多问题。经济权力是应该下放的，但是下放得过急。同时整个经济工作犯了"左"的错误，盲目追求"一大二公"，初级社还没有巩固，很快就实现高级社，高级社刚刚成立，马上就全面实行人民公社。在人民公社内部，否定商品生产和商品交换，违反按劳分配原则，使"一五"时期还不突出的"铁饭碗""大锅饭"的弊病大

刘国光

经济论著全集

第
4
卷

大严重起来。当时经济工作上的这些失误，破坏了合理的管理制度，造成了国民经济比例严重失调，经济秩序混乱，工农业生产1960年开始大幅度下降。

为了扭转这种经济混乱的局面，1961年，党中央开始对国民经济采取"调整、巩固、充实、提高"的八字方针。为了进一步调整国民经济，加强综合平衡，党中央重新强调集中统一，重申经济管理大权必须集中。过去下放的人权、财权、物权重新进行了调整，下放的权力一律收回，恢复了1957年的集中做法，有些方面甚至比1957年还要集中。中央直属企业1963年达到10000多个，中央统一分配的物资恢复到500多种。当时为了克服暂时困难，提出恢复在"大跃进"和"人民公社化"中遭到破坏的集体经济，重新允许城乡个体经济的存在，恢复社员自留地，重新开放集市贸易。同时，按照专业化协作的原则，中央试办了一批托拉斯。所有这些措施，对于克服当时国民经济存在的暂时困难，对调整国民经济的比例关系和迅速恢复经济，起了积极作用。但是，原来经济体制中存在的问题并没有得到解决。随着经济形势的好转，集中的行政管理的老毛病，就是管得过多、统得过死的问题，又逐渐地暴露出来了。

从1964年起，又陆续采取了下放经济管理权力的措施，扩大地方对物资、财政、投资等方面的机动权。首先把19个非工业部门，包括农林、水利、气象、水产、交通、商业、银行各个部门，还有科教、文化、广播、城市建设等基本建设投资划归地方安排。1966年把地方小型企业（小钢铁、小水泥、小化工、小煤炭、小农机等）的产品划归地方支配。财政方面，把地方企业固定资产的基本折旧基金全部留给地方使用，适当扩大了地方的机动财力。

到"十年内乱"时期，在"左"的思想指导下，在打倒"条条专政"的政治口号下面，又一次采取下放经济权力的措施。不切实际地追求地方自成体系，自给自足，并且搞穷过渡，"割资本主义尾巴"，把前一段调整时期恢复起来的城乡个体经济、社员自留地和家庭副业，以及刚建立健全不久的各种合理的规章制度，试办的托拉斯等正确的做法都当成修正主义的东西来批判，使整个国民经济再度陷于混乱。1970年后，把一些大型骨干的中央直属企业共2600多个，包括国家最大的鞍山钢铁公司、大庆油田等，下放给省、市、地方管理，实行物资、财政、基本建设投资大包干的办法，让地方扩大财权、物权和投资权、计划管理权。但实际上地方管不了这样的大企业，结果，有许多事情还是中央部门在管，使企业形成多头领导，扯皮的事情很多。全国的统一计划、生产建设的合理布局，以及重要产品的供销平衡，失去控制，加剧了地区之间的分割和部门之间的分割，每个地区、每个部门都在搞"大而全"，重复生产、重复建设的问题更加严重。这个问题一直延伸到地区、人民公社，造成人力、物力很大的浪费。

上面我把20多年来中国经济管理体制的几次反复和演变，大体上作了概括的介绍，基本上讲到"十年内乱"到党的十一届三中全会以前为止。纵观中国经济管理体制的演变，经历了经济权力的收和放这样一个反复的过程，新中国成立初期和第一个五年计划时期是收，第二个五年计划初期是放，到调整时期又收，到了"文化大革命"期间又在某些方面放。尽管作了几次变革的尝试，在有些时候也取得了一些成绩和经验，但是在经济管理体制中，国家统得过多，企业权力过小，主要还是用行政的办法来管理经济，这些根本问题没有得到解决。为什么会出现这种情况呢？主要原因是：

第一，几次改革都没有注意研究和处理国家与企业的关系，只是在收和放，集中同分散，特别是中央和地方之间的权力上兜圈子。但是，不论是以中央为主来管理，还是以地方为主来管理，都没有跳出国家行政管理的老圈子。中央管理是国家行政机构来管理，地方管理仍是省政府，省市厅、局的行政机构来管理，都没有解决给企业应有的经营管理权的问题，都没有解决调动直接生产者的积极性这样一个根本问题。

第二，这几次改革，一般在行政管理的办法上兜圈子，没有认真地研究如何按经济的办法、按经济的内在联系来组织管理经济。在过去几次改革的反复中，无论是收或放，是中央管还是地方管，都不注意运用经济组织、经济杠杆或经济法规来管理经济。关于用经济办法来管理经济，在20世纪60年代国民经济调整时期曾经提出过，当时想用托拉斯的办法，农村也想用一些经济的办法管理经济，但是没有坚持下来。因此，经济生活既死又乱，在"文化大革命"中表现得特别突出。经济效果差的问题一直没有得到解决。由于没有抓住体制本身的症结所在，所以，以往的几次改革都没有提出根本性的改革方案，只在原来的老框框里面做了一些修修补补的工作。因此，从严格意义上来说，还不能称之为改革，只能算作改革的尝试。这些尝试，对于经济管理体制不可能带来实质性的改革，收和放的交替不能不表现为这样一个团团转的过程。我国经济体制要改变这样一种恶性循环，就必须进行根本性的改革。多次尝试的实践经验，给人们提供了一个宝贵的启示，那就是走老路不成，只有深入研究中国经济体制弊病的症结所在，总结过去改革尝试当中成功和失败的经验教训，并且借鉴国外一些社会主义国家的经济体制的经验，创造出一条适合中国情况的经济体制改革的道路。只有这样，我们的经济体制改革才能取得胜利。

二、我国经济体制存在的主要问题

从前面讲的情况可以看到，我国在党的十一届三中全会提出改革的任务以前，所面临的经济体制同第一个五年计划末期的经济体制相比，已经有了变化。"一五"计划末期，在中央和地方的关系上，中央集权过多。经过后来权力的下放和上收，反复了几次，这时候已经有了相当大的改变。所以，党的十一届三中全会以前所面临的问题，在中央和地方的关系上，既有中央集权过多的问题，也有地方分散过多的问题。在国家和企业的关系上，国家对企业统得过死的问题基本上没有改变，所有制方面单一的公有制和计划体制方面排斥市场机制，以及企业和农村集体经济内部分配关系上吃"大锅饭"的平均主义，后来更加严重了。近几年来，我国经济理论界和经济部门，为了探索经济体制改革的道路，对于现行的经济体制的特点和弊病，进行了各种的解剖和分析。最初，有一部分同志还是受过去认识的限制，认为经济体制的主要问题仍然是中央集权和地方分权的关系问题。经过广泛地讨论，越来越多的同志认识到，我国原有体制最主要的问题，还是国家和企业的关系问题。我们国家幅员广大，层次比较多，中央和地方的关系处理得好不好是很重要的，并且中央和地方、条条块块的关系上，确实存在着不少的难题，需要解决。但是，我国经济体制中最基本的问题在于没有把国家和企业的关系处理好。国家管得太多，企业权力太少，计划统得太死，利用市场又不够，再就是一直用行政办法而不是用经济办法管理经济。这种经济体制是不符合社会主义经济发展的要求的，它的弊病主要表现在以下几个方面：

第一，这种体制把企业作为各级行政机构的附属，否定了它的相对独立的商品生产者的地位。所以，这种体制同发展商品生产的要求不相适应。过去我们的国营企业，不管是隶属于中央，还是隶属于地方，它的一切活动都要听从中央或地方行政机构的领导，名为全民所有制，实际上是部门或地方所有制。从集体所有制企业来看，本来都是社会主义社会中的劳动者在互利基础上自愿联合组成的合作经济体，但实际上，城镇的集体所有制企业（即城镇上的大集体），是变相的地方国营企业，也还是行政机构管理；农村的社队，政社不分，也是行政管理为主，都要听命于上级行政机构，集体所有制也就变相地成为地方政权所有制。在这种体制下面，各级行政部门虽然对企业盈亏不直接承担什么责任，但是对于企业的产、供、销和企业的人、财、物都有直接的处理权。国营企业在财政上实行统收统支，收益完全上缴财政，它所需要的开支由财政申请拨款。在物资上企业生产的产品由商业部门、物资部门和外贸部门统购包销。在劳动上是统包统配，由国家统一分配。一切都是上面的行政管理机构说了算，企业根本没有自主经营的权力，企业领导人也只受上级行政部门委派，而不必服从劳动者集体的意志。企业作为行政机构的附属，对于发展商品生产是很不利的。企业作为社会主义经济的细胞，必须具备必要的自主权，才能充分发挥它的相对独立的商品生产者的作用，才能满足发展社会主义商品生产的需要。然而，在这样一种管理体制下面，企业作为一种附属物，被束缚在行政管理中，只是拨一下动一下，很难主动地从事商品生产和商品交换活动。

第二，这种体制按照行政系统、行政区划来管理经济，每个行政系统、行政区划自成体系，割裂了内在的经济联系，同社会化大生产的要求不相适应。社会化大生产应该是有机的整体，各个部门、各个环节相互间应该是密切分工协作的关系。由于社会主义条件下存在商品生产和商品交换，所以，社会化大生产形成的分工协作关系，应该主要表现在通过商品交换、货币流通而实现的产销上的联系。但是，按照行政系统、行政区划来进行管理，企业之间、行业之间、地区之间横向的内在的经济联系（企业之间、行业之间的分工协作关系是一个横向的联系，商品交换的联系是横向的，而按照管理系统是垂直的。企业之间、行业之间、地区之间在分工协作条件下，应该有横向的内在的经济联系，即商品货币关系。）就要服从于垂直的纵向的行政联系。经济横向的联系被纵向的关系所割断，或者被行政系统所割断，或者被行政区划所割断。部门与部门之间，系统与系统之间，隔着一堵墙，内部自成系统。地区也是这个问题，行政区划内部要求自成体系，什么都搞，但区域与区域之间隔着一堵墙。所以，许多事情，如企业之间产销的问题，直接见面本来是可以解决的，但是，在现行体制下，要由主管部门决定之后才行，或先向上面一级一级地请示，然后报批，要经过许多关口，一道关口通不过就办不成。从下向上报，再从上向下批，这样一个圈子兜过来，即使是道道关口通过了，也把时间耽误了。经济生活中产需变化有时瞬息万变，这样一耽误，很能赚钱的生意就做不成了，外贸上常常发生这样的问题。这是经济生活当中横向联系被切断的结果。这就必然形成各个部门、各个地方力求自成体系，重复生产、重复建设，不实行专业化协作，严重地阻碍了技术进步和劳动生产率的提高。

第三，这种体制主要是靠自上而下的指令性计划来管理。计划指标很多，特别是实物指标很多，把具体某种产品的生产数量分配到某些部门、企业，管得很死，这和复杂多变的社会需要不相适应。企业生产什么或生产多少，主要是按照上面来的指令性计划指标，不能很好地按照社会的实际需要来安排。而国民经济又是错综复杂的，既有全民企业，又有集体企业，仅工交企业就有将近40万，人民公社也有400多万个生产队，现在实行以家庭为经营单位的联产承包责任制，经济单位就更多了，产品品种规格不计其数，并且各种生产条件和技术条件都在不断发生变化，社会的需求也在不断发生变化。化纤布就很明显，前几年很时兴，1982年就卖不掉了，这当然和价格有关，调价以后销售有所上升。前几年电视机是不管哪儿产的都抢，现在一种一种地挑，名牌就抢，一般产品积压。按道理国家计划和社会需要应该是一致的，国家计划是按需要来制定的，但实际上国家计划不可能掌握得很细致。几十万个生产单位和销售单位，有无数的品种规格，这些单位的品种规格不断变化，在市场上则反映比较灵敏。在目前条件下，离开了市场机制，一个统一的计划中心实际上没有办法精确地反映出社会对千百万产品品种千变万化的需要。计划只能对最重要、最主要的产品进行综合平衡，很难细致地掌握产品实物的需求。所以，按上面计划布置下来的东西，往往货不对路。一方面，社会需要的东西得不到满足，另一方面，不需要的东西却按照计划大量生产，加上企业生产的产品，大部分是由国家物资部门、商业部门和外贸部门统购包销，企业所需要的生产资料大部分也是由国家统一分配，计划调拨，都是纵向的渠道，不是横向的渠道。生产者不能及时了解消费者的需要，消费者不能对生产施加影响，社会消费市场的变化很难反映到生产里去，计划指标不符合实际的缺陷不能够通过市场机制灵活地反映出来，并及时地得到纠正，所以，产、供、销脱节的情况长期难以解决。

第四，这种体制实行大包大揽，"铁饭碗"，吃"大锅饭"，搞平均主义，不讲经济责任，权、责、利不相结合，同用最少的劳动消耗取得最佳的经济效果的社会主义要求不相适应。所谓吃"大锅饭"，是指企业的收入，包括企业的纯收入，还有企业的基本折旧基金，全部或者大部分上缴。企业发展生产，改善福利需要开支，就伸手向上面要。国家对企业无偿地供给全部固定资产和大部分的流动资金。企业对于资金的使用效果，可以不负任何经济责任。所谓"铁饭碗"，就是职工一经录用，就有了终身的职位，不管他表现怎样，企业是不是需要，都不能辞退。企业不管经营好坏，是盈利还是亏本，工资都是照发。由于企业缺乏自主权力，又不负经济责任，经营好坏同它的物质利益不挂钩。企业的经济核算不能不流于形式,单纯的记账而不核算,不是利用职工对于物质利益的关心来促进生产效果的提高。在这种情况下,企业和职工对于技术进步,对于节约消耗、降低成本、改进产品质量、增加品种来适应市场消费者的需要,自然缺乏热情。有的同志提出,我们现在体制的毛病,一个是产需对路的问题很难解决;再一个是阻碍技术进步。我们好多产品是几十年一贯制,比如,热水瓶还是几十年前的老样子,现在国外市场已经变化得很厉害,其他产品也是这种情况。有的企业对大量浪费国家资财的现象视而不见,听之任之。

上面所讲的我国原有经济管理体制中存在的问题,如果作进一步的概括,还可以分别从决策体系、调节体系以及管理组织和管理方法这几个方面来看。

首先,从经济活动的决策上看,我国原有的经济体制片面强调国家的集中决策,而忽视企业和劳动者的自主决策权。当然,国家的决策在社会主义计划经济中是很重要的。但是,也要发挥企业以及劳动者个人在应有的范围之内的经济活动的自主决策权,而过去则基本上是单一的国家决策体系。

其次,从经济活动的调节上来看,社会上的人力、财力、物力资源在各个生产部门之间的分配,不受市场供需变动和价格高低的限制而主要根据国家计划来安排。计划调节当然是我国社会主义经济的基本原则。问题在于忽视了利用市场机制和价格杠杆的作用。所以,从调节上讲,基本上是单一的计划调节体系。

最后,从管理组织和管理方法上看,不是用经济办法和经济法规进行经济管理,基本上是行政的管理体制。

所以,概括起来说,这种体制是一种高度集中的、以行政管理为主的、忽视市场机制的经济体制。这种体制在生产上表现为以产定销,不问社会需要,生产什么销售什么,柜台上有什么卖什么。在流通上表现为统购统销,由国家经营,即日常所讲的官办商业，没有竞争。在分配上表现为统收统支，吃"大锅饭"。这套体制把整个国民经济管得很死，不能很好地调动大家的积极性，造成人力、物力和财力上很大的浪费，阻碍了生产力的发展，这是多年来中国经济之所以发展缓慢、人民生活提高不快的一个十分重要的原因。

上述不合理的经济制度之所以形成和长期存在，既有它的历史根源和社会根源，也有它理论认识方面的根源。

首先，中国原来是一个长期受封建主义统治的国家，我国原有体制中有不少东西是同封建残余有着渊源关系的。例如，封建社会中的家长制和等级制的思想，小农经济自给自足的自然经济的思想等。这些残余在原有的体制当中表现为把什么都统起来，高度集中，按行政系统和行政层次来进行管理，行政系统和行政区划各方面都追求封闭式的体系，排斥商品货币关系，等等。

其次，一些老解放区管理经济的传统做法，以及解放以后对资本主义工商业改造的老办法被沿袭下来。这些办法在当时是正确的，起了很好的作用。在革命战争年代特殊的历史条件下，军队和干部中实行军事共产主义供给制的办法；在社会主义改造时期对资本主义工商企业实行统购包销的办法，将原料和销路都控制起来，切断它跟市场和农民的关系，通过这个办法来改造资本主义工商业；在市场管理方面，实行限制私商采购、贩运，农副产品规定由供销社和国家采购的办法，当时是很必要的，是行之有效的，但是却被误认为在任何情况下都是可行的。在现行经济管理体制的很多方面都可以找到这些做法的痕迹，包括供给制、统购包销，供销社在农村的国家经营、国家采购，限制其他方面的流通渠道等。

再次，中国和苏联一样，都是在生产力水平不高的条件下取得革命胜利，开始进行社会主义建设的。要在比较短的时期内克服落后的状况，遇到的问题也有很多相似的地方。中国在20世纪50年代初期开始进行社会主义经济建设的时候，当时可以效法的模式只有苏联一家。当时是一边倒，不但在政治上一边倒，国际关系上一边倒，而且经济上也是这样，就是学苏联的模式。当时，苏联和南斯拉夫闹翻了，但我们不了解情况，在一段时期中也跟着苏联批判南斯拉夫。因此，我们很自然地把苏联那一套高度集权的以行政管理为主的体制，当作社会主义国家唯一可行的体制。而且我们的国情在许多方面也和苏联类似，比如，生产力水平不高，国家大，各地发展不平衡，所以他们这一套，我们很容易接受。

最后，中国现行体制存在的问题还同社会主义经济中一系列理论问题的认识有关。长期以来，由于"左"的错误影响，在理论界认为社会主义经济只能是纯而又纯的公有制经济，不承认社会主义现阶段在保持公有制占优势的情况下，还要存在多种经济成分；一直认为集体所有制没有全民所有制优越，小集体没有大集体优越，忽视集体所有制和个体经济在现阶段的作用，追求"一大二公"，急于过渡，穷过渡；一直认为社会主义经济只能是纯而又纯的计划经济，不承认社会主义经济同时还存在商品生产和商品交换；一直认为全民所有制企业是国家所有，不存在企业之间的利益差别。因此，否认商品交换，认为生产资料不是商品；一直认为社会主义计划经济只能够实行指令性的计划，不承认价值规律的调节作用，一直认为全民所有制企业的经济活动只能由国家行政机构来管理，不能靠经济组织和经济办法来管理等。这一系列理论认识上的片面性和"左"的错误就构成了我们国家集权经济体制的理论基础。使得过去一些改革的尝试只能在过分集权的老框框里面，做一些修修补补的工作，这样就很难取得成效。因此，要改革现行经济管理体制的一个十分重要的前提，就是必须对这些理论问题进行认真的研究。对于社会主义经济性质的问题，社会主义商品、货币关系的问题，计划经济与商品关系的问题，计划与市场的关系问题，所有制问题等，对于这些重大的经济理论问题，都要进行认真地研究和重新认识。只有正确认识什么是社会主义，正确认识中国的国情，才能提出改革的正确方向，进而提出改革的做法和步骤，把经济改革推向前进。

三、建立具有中国特色的经济体制

（一）怎样认识中国的社会主义实际

研究中国经济体制改革的方向，不能脱离中国社会主义的实际来考虑，从改革的角度来看，至少要注意以下几点：

第一，中国是以公有制为基础的社会主义国家。经过三十多年的建设，基本上建成了比较完整的工业体系和国民经济体系。但是，中国十亿人口中有八亿人口在农村，基本上从事手工劳动，工业生产水平和发达国家相比，还有很大的差距，生产社会化的程度不高，各个地区、各个部门和各个生产单位之间发展很不平衡。有最先进的生产力，也有很落后的、原始的生产力，是多层次的生产力。与多层次的生产力相适应，生产资料的所有制也只能够实行以公有制为主的多层次结构，所有制形式不能单一化。在中国目前的经济生活当中，不仅要允许公有化程度不同的社会主义经济存在，如全民所有制、集体所有制（比较高级的和比较低级的集体所有制）、合作经济，还有各种形式的联合经济和城乡个体经济；另外，还有一部分非社会主义成分的经济，如外商，特别是广东省、福建省特区的外商、华侨投资和经营的存在。经济管理体制就其实质来说，就是所有制的具体化。所以经济管理体制的改革，首先必须符合中国现在这样一种情况，就是多层次的生产力以及和多层次生产力相适应的多种经济形式和多种经营形式。

第二，中国在公有制基础上建立了社会主义的计划经济，社会主义计划经济是我国经济的一个基本特征。中国又是在生产力落后、商品生产很不发达的情况下，来建设社会主义的。商品生产和商品交换在我国还要继续存在和发展，而我国的商品生产不同于资本主义的商品生产，我国的商品生产是建立在公有制基础上的社会主义商品生产和商品交换。

在今后相当长的历史时期中，中国不是要取消商品生产和商品交换，而是要努力使社会主义的商品生产和商品交换获得充分的发展。所以，经济体制的改革也要考虑到这一点，特别是计划管理体制的改革必须要考虑发展商品生产和商品交换的要求，就是在改革中要改掉与发展商品生产和商品交换格格不入的一些办法。例如，各地画地为牢、自成体系，搞"大而全"和"小而全"，阻止相互之间的商品交换等，这些妨碍商品生产的旧体制、旧办法要去掉，要使我国经济体制建立在适应商品生产要求的基础上。

第三，社会主义经济是一种利益关系，由于我国是公有制特别是全民所有制占主要地位，从整体上讲根本利益是一致的。但是，我国生产力发展水平还很低，还实行按劳分配的制度，各单位、各地区和每个人之间还有利益关系的不同，国家、集体和各个方面利益关系需要正确处理。而过去吃"大锅饭"、捧"铁饭碗"的管理体制不能正确处理各方面的经济利益关系，对于企业和劳动者个人的利益与劳动成果的关系注意得不够，挫伤了他们的积极性。经济体制改革要考虑这个问题，要找出适当的办法和适当的机制，来正确处理和调整整体的、局部的和个人的物质利益。要贯彻物质利益原则，就劳动者个人来说，最重要的是真正贯彻按劳分配，反对平均主义；就企业来说，不仅要明确企业经营管理的自主权，同时要把责、权、利结合起来。只有这样，才能把各方面的积极性都调动起来，形成一股推动经济发展的动力。

（二）我国经济改革的基本精神和方向

从上面分析可见，在公有制的基础上，坚持计划经济、发展商品生产和贯彻按劳分配的原则是最基本的，也是我国经济体制改革中不可忽视的重要因素。所以，经济体制改革的基本精神和要求，可否这样表述：在坚持社会主义公有制和按劳分配这两条社会主义最基本原则的前提下，把对国民经济进行有计划的管理，从自然经济思想的束缚下解放出来，转到发展商品生产和商品交换、促进社会化大生产的轨道上来。根据这样一个基本精神，从以下五个方面进行根本性的改革：

第一，在所有制结构方面。要从过去盲目追求"一大二公"，急于过渡，追求单一的经济形式和经营方式，改变成为在坚持社会主义公有制的前提下，发展多种经济形式，实行多样灵活的经营方式。多种经济形式，首先是作为国民经济主导力量的国营经济；其次是作为社会主义公有制主要形式之一的劳动群众的集体经济、合作社经济；再次是作为公有制必要补充的个体经济。这三类经济是记入我国宪法的。此外，还有宪法上没有写进去但经济生活中存在的，而且是在经济体制改革过程中出现的。有的是在社会主义国民经济范围里的各种经济内部和各种经济组织之间的多种形式的联营经济。如全民所有制和集体所有制联合兴办一个公司或总厂。像上海一个全民工厂和郊区的公社联合办的，公社出地皮、出劳力，工厂出资金、出技术的联营经济。现在有各式各样的联营经济，有集体与集体之间的，集体与个人之间的，国营与集体之间的，有的工厂还有个人入股的情况。在某些严格限制的范围内，如深圳特区，还发展公私合营的国家资本主义经济，甚至允许私人经济存在。但这是少量的，在全国范围内不能起决定作用，这对于活跃经济、吸收新的技术和新的管理方法，是有好处的。

第二，在经济决策结构方面。过去无论是宏观经济活动还是微观经济活动，无论是个人的分配还是消费品的分配，都是过分集中的单一的国家决策，现在要逐渐改革为多层次的决策。多层次的决策是以国家决策为主，包括各企业单位、劳动者个人在内的多层次决策。宏观经济活动的决策包括整个国民经济范围内的经济发展方向、发展速度、主要的比例关系，如工农业的比例关系、消费和积累的比例关系等；基本建设的投资规模和结构；关系到国家全局的重要建设项目；人民生活消费增长的幅度。这些问题都由国家来掌握，控制在国家手里。对于企业等经济单位，区别不同的情况，根据各个单位承担责任的大小不同，在人力、物力、财力和生产、供销方面给以大小不同的决策权。随着经济条件的成熟，劳动者个人也逐步要有选择职业、工作上的自由流动的权利。这当然不是很快能办到的，特别是劳动制度的改革还是很费劲的，但方向是肯定的。因为，这样的制度不改，用人单位需要的人就进不来，分配给它的人又不一定用得上。对于个人来说，他愿意或擅长做的事情不能做，力量发挥不出来，所以用人制度的改革是很大的问题。

第三，在经济调节体系方面。要从单一的计划调节体系，改为计划与市场相结合的调节体系，在国家计划的指导下面，发挥市场机制的作用和市场调节的辅助作用。

第四，在管理组织和管理方法方面，要从过去主要依靠行政组织、行政办法来管理，改为主要依靠经济组织、经济办法和经济法规来管理。这方面的内容很多，如企业通过利改税等途径，逐步从部门或地方行政机构的附属物改为相对独立的经济单位；把过去按条条块块组织的经济活动，改变为以城市为中心来组织的经济活动；发挥价格、税收、信贷、工资等经济杠杆的作用。

第五，在分配制度方面。要从过去"铁饭碗"和吃"大锅饭"的平均主义，改为收入和福利要同劳动成果、企业的管理成果联系起来，真正地执行按劳分配原则。这里包括多种形式的联产责任制，农村里的联产承包责任制，城市里的工商业的经济责任制等等。

上面讲了五个主要方面的改革方向，通过这些根本性的改革，要正确处理好几个方面的关系：

（1）要处理好多种经济形式之间的关系；

（2）要处理好国家计划与市场调节的关系；

（3）要处理好国家、企业和劳动者三者之间的关系；

（4）要处理好中央和地方，条条和块块的关系。

在经济改革中对这些方面的关系如何处理好，需要专门的研究。我只讲中间一个关系，就是计划和市场的关系。因为党的十二大报告中讲了计划经济与市场调节的关系是经济体制改革的一个根本性的问题。

（三）中国经济体制改革中如何正确处理计划与市场的关系

关于这个问题，在党的十二大报告以前有许多提法。从党的十一届六中全会以来，我们在总结历史经验和最近几年改革的基础上，对计划与市场的关系前后有几次正式的提法。党的十一届六中全会《关于建国以来党的若干历史问题的决议》的提法是："必须在公有制基础上实行计划经济，同时发挥市场调节的辅助作用。"[①]赵紫阳在五届人大四次会议上的《政府工作报告》中是这样讲的："在坚持实行社会主义计划经济的前提下，发挥市场调节的辅助作用，国家在制定计划时要充分考虑和运用价值规

我国经济体制改革问题

---

① 《关于建国以来党的若干历史问题的决议》，人民出版社1982年版，第55页。

律。"①宪法中的提法是："国家在社会主义公有制基础上实行计划经济。国家通过经济计划的综合平衡和市场调节的辅助作用，保证国民经济按比例的协调发展。"②这些提法在表述上有一些差异，但基本精神是一致的。这些基本精神在党的十二大报告中，胡耀邦同志作了进一步肯定，表述为"计划经济为主、市场调节为辅"的原则，为改革经济体制指出了方向。根据党的十二大精神，我国体制改革中如何正确处理计划与市场的关系，有下面几点要注意：

第一，整个国民经济是统一的计划经济。它包括两部分：一部分是有计划的，这是主体；另一部分不作计划，农村和城市中有些小生产不作计划，由市场来调节。党的十二大报告是这样讲的："我国在公有制基础上实行计划经济。有计划的生产和流通，是我国国民经济的主体。同时允许部分产品的生产和流通不作计划，由市场来调节，也就是说，根据不同时期的具体情况，由国家统一计划出一定的范围，由价值规律自发地起调节作用。"③报告中的这段话有三层意思：

第一层意思是我们国家的经济是以公有制为基础的计划经济，这个计划经济是指整个经济而言的。国家根据有计划按比例发展的规律，通过国民经济计划进行综合平衡。这包括计划本身的一些平衡工作，还包括利用市场调节的辅助作用，来保证国民经济按比例发展。国家有一个统一的计划来组织整个经济活动，统一计划既包括对有些产品具体下达计划，也包括对有些产品不下达计划，而是通过国家的政策加以控制，并不是在计划经济以

---

① 赵紫阳：《当前的经济形势和今后经济建设的方针》，人民出版社1981年版，第40页。

② 《中华人民共和国宪法》，人民出版社1982年版，第17页。

③ 胡耀邦：《全面开创社会主义现代化建设的新局面》《中国共产党第十二次全国代表大会文件汇编》，人民出版社1982年版，第28—29页。

外另有一个独立的市场调节，市场调节是在计划经济范围内的。就是说，不作计划的那部分经济活动，也在国家计划综合平衡的控制下面，也在计划经济的管辖范围之内。所以，整个计划经济包括两部分，一部分作计划，另一部分不作计划，而是国家用间接的办法来控制。

　　第二层意思是在计划管理的具体形式方面，采取编制和下达计划形式的只是一部分，这一部分占国民经济的主要部分，因此是国民经济的主体，主要是以公有制经济为对象的。公有制经济在我国是占绝对优势，其中国营经济占主导地位，这就决定了国民经济的主体部分必须要有计划，而且也可能有计划，因为生产资料在国家手里，国营经济是国家经济的命脉，这就是报告中讲到的计划经济为主的含义。国民经济中还有另外一部分，管理上不采取下达计划的形式，允许由市场来调节，即由价值规律自发地调节。这是因为国民经济存在多种经济形式，很多单位，很多产品不可能也不需要都用下达计划的办法来管理。这部分不由计划来管理的占国民经济的比重比较小，它的范围是在不同时期内由国家来规定的，它是有计划部分的必要的有益的补充，这部分就是报告中讲的市场调节为辅。

　　第三层意思是关于什么叫市场调节。经济界有许多不同的看法。有的同志讲价值规律来调节就是市场调节。包括国家有意识地利用价值规律来调节，这也是市场调节，这是计划指导下的市场调节，这是一种含义。另一种含义是市场调节只限于价值规律的自发调节。现在的理解是价值规律自发地进行调节的那部分叫市场调节。这部分在国民经济中只占很小的比重，属于补充的部分。党的十二大报告中讲的就是这一种意义的市场调节。这是对整个计划经济和市场调节怎么理解的一点。

　　第二，怎样进行计划管理？党的十二大报告是这样讲的："为了使经济的发展既是集中统一的又是灵活多样的，在计划管理上需要根据不同情况采取不同的形式。"①报告中讲了三种形式，第一种叫指令性的计划管理，第二种叫指导性的计划管理，第三种就是不作计划的自由生产，或者是市场调节的那部分。指令性计划管理和指导性计划管理都叫作有计划，两者的区别是：指令性计划是国家所下的必须完成的指标，指标下去有指定的户头，必须要在什么时间，按什么数量和质量完成，这是强制性的，是有约束力的。目前要对我国最重要的产品，关系到国计民生的粮食、钢铁和煤炭等都下指令性计划。指导性计划和指令性计划不同，国家也下计划任务，但计划任务不带强制性，没有约束力，而是供各部门、各单位制订计划时作参考。各部门、各单位应该认真根据国家下达的指导性计划，使自己定出的计划尽量和国家的指导性计划相衔接。但是它也可以根据当时当地的实际情况和自己的具体条件加以调整，不一定完全符合国家下达的计划。因为，国家计划定得不一定符合实际情况，所以部门和企业可以调整，但是调整以后要上报国家备案。如果调整计划与国家给的任务相差过大，上级可以进行必要的干预。采取这种方式是因为中国是多种经济形式、多种经营方式，企业和产品都很多，在计划管理上不可能由一个中央的统一指挥中心来管理，把所有的问题都搞得清清楚楚，不可能定的计划都符合实际。因此，要给更多的单位在计划管理上有更多的经营机动权、自主权，让他们根据实际情况来调整，没有必要采取硬性规定的指令性计划。不管是指令性计划还是指导性计划，国家都需要运用价值规律、价格、税收等经济办法使它得到完成。不然的话，要生产棉花，但价格低，农民不愿意种，就是下指令性计划也不行。不仅是集体，国营企业也有这种情况，煤炭的价格若不调整，老是亏损，就是下指令性计划也很难完成。特别是指导性计划，怎样才能使

---

① 胡耀邦：《全面开创社会主义现代化建设的新局面》《中国共产党第十二次全国代表大会文件汇编》，人民出版社1982年版，第29页。

刘国光

经济论著全集

第

4

卷

那么多单位都按照指导性计划来行动？那就要通过价格的调整，通过税收的杠杆，通过信贷，对需要发展的单位就借钱给它，不要它发展的就不借钱或用高利息来限制发展，使指导性计划和下面的利益联系起来。另一种是不下计划的自由生产。对各种各样的小商品，既不下指令性计划，也不下指导性计划，而是让企业、社队、个体经济和承包的农民在国家政策法令许可的范围内，根据市场的供求变化，灵活地安排生产、销售。这些产品的产值比较小，品种比较多，产、供、销的时间性、地域性很强，不可能也不必要由计划统一管理，这样使它能够灵活地适应市场供求的变化，来满足市场多样的需要。对于自由生产也不是完全放任不管，因为，这种在我国计划经济控制下的自由生产，是和资本主义的自由生产有区别的，我们是通过国家的政策、法令和工商行政来管理。我国有工商行政管理局、税务局。现在的问题是限制过多。我们的政策是允许发展的，有些地方的个体商贩发展得不错，但有些地方很难发展起来。有的是因为思想上的问题不愿意干，认为干商贩低人一等，不算就业；也有的是管理部门太多，商贩要设一个点要经过工商管理局、税务局、卫生局还有街道等十几个单位的批准。管是要管，应该由工商行政部门管，但管得太多，就活不起来。

　　第三，三种计划形式的界限和范围。这个问题比较复杂，现在国家计委、经济理论界都在研究，划分得正确与否，关系到计划管理的质量和成效。不该用指令性计划的下达指令性计划，就管死了；不该自由生产的让它自由生产，就可能会搞乱了。在讨论中，有这么几种意见：第一种意见是按所有制来划分，国营经济指令性计划要多一点，集体经济指导性计划要多一点，个体和其他一些经济，基本上是自由生产；第二种意见是按产品来划分，关系到国计民生的主要产品、生产资料，如钢铁、煤炭、能源、电力、木材、汽车等由指令性计划来管，国家下达生产和分配的指标；其他次要的产品由指导性计划来管，如自行车、手表、肥皂、火柴等；还有一些如头发卡子等小商品，自由生产。第三种意见是按企业来分，关系到经济全局的骨干企业如首钢、鞍钢、大庆、宝钢、燕山石化公司等采取指令性计划，次要企业采取指导性计划，小企业自由生产；还有一种意见是按项目的重要性来分，一些重点工程、重点建设所需要的成套设备、材料，以及人民生活所需要的必需品，如粮食、煤炭、棉布等列入指令性计划，其他列入指导性计划或自由生产。实际生活中按一个标准来划分是不行的，因为客观情况是多样性的、很复杂的。总的原则是大的方面用计划来管住，小的方面放开。所谓大的方面要用计划管住，就是要做好整个国民经济的综合平衡，特别对于国民收入的生产和分配、使用包括两大部类的积累与消费，与这样一些重大比例关系有关的产品，企业要实行指令性计划管理。还有投资的规模、方向和重大建设项目这样一类大的问题，一定要由国家集中管理。1982年经济情况很好，但也出现一些问题，基本建设规模又膨胀了，又扩大了。因为除了国家计划内项目以外，在计划外，很多地方、企业都搞一点，总的规模就大了，比例如重新发生失调，就要重新来一个调整。还有工资基金、消费基金增长的总额一定要控制起来，奖金的发放，农产品的议购、议销如果控制得不好，居民手中的货币增长得很快，农民手中的钱也增加很多，但国家的生产跟不上去，消费品跟不上去，就又要发生问题。所以，像消费增长的幅度、购买力增长的幅度等都是大问题，国家要控制。小的方面可以放开，简单再生产范围内的日常生产、销售，由企业经营管理，即孙冶方同志一再讲的在原有的规模范围内的生产、销售、供应由它自己去搞，国家不一定去管。在保证国民经济综合平衡的前提下，一些商品购销、商品流通、社会服务、劳动就业等事情，主要靠工商行政部门运用经济杠杆来调节价格、税收，运用经济法规来管理。所以，具体

刘国光

经济论著全集

第
4
卷

划分时不能"一刀切",要根据具体情况来定,允许有交叉。另外,就产品来说,某种重要产品可以有几种计划形式。比如,煤炭是由国家统一分配的产品,是指令性计划,但是地方煤矿生产的煤炭是由各省、地区分配,在中央整个计划中是指导性计划,就不是采取指令性计划的。还有社队的小煤窑是自由生产,国家不下计划。同是一种关系到国计民生的重要产品就有几种计划形式。一个大型企业,如首钢的主要产品生铁、钢材、铸造铁、钢锭,要下指令性计划。但是,它的次要产品如利用废钢渣制成的建筑材料,就可以在计划外生产,国家不下达指令性计划。同是首钢就有几种不同的计划管理形式。所以,计划形式的划分不是很绝对的。如果落实到不同的生产单位,有四种计划管理形式,这就是赵紫阳在五届人大四次会议上总结的四种方式:第一种企业就是实行国家计划的企业,即有指令性或指导性计划管理的企业;第二种企业是完全实行自由生产的企业,就是生产小商品的企业;第三种企业大部分产品有计划,小部分产品没计划;第四种企业大部分产品没有计划,小部分产品有计划。这些情况是错综复杂的,不同部门有不同的划分标准。当前,首先要抓好两头,把实行指令性计划和市场调节的两头定下来后,中间一块就是实行指导性计划的。由于目前多种经济杠杆还没有发挥应有的作用,所以要结合价格、税收、信贷方面的改革,通过试点摸索经验,逐步解决。

　　第四,今后几种管理形式的消长。这几种管理形式的关系不是一成不变的,是在相对稳定的条件下,随着经济的发展和计划工作的改进,进行不断的调整。有些产品在紧缺的时候,需要国家计划来控制,东西多了就可以放松。如机电产品中的发电机和电动机,前几年因基本建设和重工业的需要很多,供不应求的时候,国家就进行分配,后来压缩基建卖不动了,国家限制计划任务,企业就自己找销路安排生产。可见,指令性计划、指导性计划、自由生产也是在变的。至于增减的趋势如何？有不同的看法。有的同志认为，实行指令性计划是由于我国的经济结构、价格体系还不合理，经济生活上存在着不少问题，我们的东西供不应求，还是卖方市场由卖方控制。今后随着这种情况的改变，经济生活宽裕了，应当逐步缩小指令性计划的范围，扩大指导性计划的范围。也有同志认为，实行指导性计划是由于我们的计划工作水平不高，对于需要量和生产量计算得不精确。随着经济科学的发展、电子计算技术的发展，计算越来越精确，管理水平提高后，就应该逐步扩大指令性计划的范围。这些问题可以讨论，还需要实践来检验。看来随着社会经济的发展和计划工作的改进，不同计划形式在范围上可能有此消彼长。在相当长时间里，可以预见，这三种形式的比例是两头缩小，中间扩大，即指令性计划和自由生产缩小，而指导性计划要扩大。将来计划管理的文章就作在指导性计划这一块。最近，农副产品统购、派购在减少，工业品的自销范围在扩大，就反映了这种趋势。几种计划管理形式的消长趋势，实际经济生活中还在演化，还要进一步地观察、摸索、研究，不能说死。

第五，随着经济改革的不断深入，计划管理形式必将出现一个新的面貌。"计划经济为主、市场调节为辅"是党的十二大决议表述的总原则，它的具体形式和办法有待于在实践中逐步完善。我国的计划管理体制既不同于传统的集中计划经济，即苏联的模式，也不同于匈牙利、南斯拉夫等其他国家的模式。按照党的十二大决议讲的内容，我国新的体制在某些方面是像改良的计划经济模式同与市场机制有机结合的计划经济模式的综合。但是，更多的是具有我们中国的特色。这种特色很多，如农业的多种经营、多种经济形式，在以联产承包为形式，以家庭经营为单位，还保留着集体所有制土地和主要生产资料集体所有制的情况下，突出家庭经营单位，这就是一个例子。经过改革的计划管理体制，再同有步骤地改革价格体制、改革劳动工资制度以及其他方面的改革配起套来，将要建立符合我国情况的全新的经济管理体制。这种体制围绕着经济效益这个中心和社会主义现代化建设的战略任务，调动各方面的积极性，保证国民经济有计划按比例协调地发展，并且正确处理各个方面的物质利益关系，把中央、地方各部门和企业、劳动者的积极性充分调动起来，科学地组织起来，既有集中统一，又有灵活多样，这样才能更好地发挥推动现代化建设的作用。

四、几年来我国经济体制改革的情况、问题和当前的动向

（一）这几年我国经济体制进行了哪些改革

经济体制改革在中国已不是理论探索的问题，而是当前一个重大的实践问题。党的十一届三中全会以后，中央提出新的"八字方针"，改革是一个很重要的方针。由于国民经济面临着艰巨的调整任务，还不具备全面改革的条件，为了取得全面改革的经验，为了搞好调整、整顿，对经济体制中必须而且可以改革的部分，应该积极地进行改革。几年来，我国许多地方和许多部门在中央和国务院领导下，在经济体制改革方面做了不少的工作，进行了局部性的、试验性的改革，取得了成效。

1. 在农村改革取得了突破。由于若干年"左"的干扰，破坏了农村政策，所以，改革是从落实农村经济政策入手的，这包括给人民公社、生产队一定的自主权和恢复自留地、家庭副业、集市贸易等，逐步发展成为各种形式的生产责任制，最后实行联产承包。这是从安徽开始的，到1981年年底，全国已有89.7%的生产队实行了联产承包责任制，其中包产到户、包干到户的占74%，基本上形成了土地等重要生产资料坚持集体所有，经营管

理上以家庭为主的经营形式，把农业的收益和劳动成果直接联系起来，激发了几亿农民的积极性。在分户承包的基础上，现在又出现了专业户、重点户，即专门经营畜牧业、养鸡、养猪或养鱼等的农户。这些专业户和重点户在农村叫两户，到1982年6月发展到占全国农户的10％左右。随着专业化生产的发展，一些农民按照自愿互利的原则组织各种新形式的合作经济，联合协作，突破了原来三级所有的框框。这些趋势是农业生产向商品化、专业化、社会化发展的必然途径，促进了农村农副业生产的迅速发展，将成为适应我国农村情况的新的组织形式。

2. 城市经济改革从扩大企业自主权入手。最初是四川在1978年开始，1979年国务院颁发了《关于国营企业进行体制改革试点》的文件，到1980年年底，试点企业发展到6600多个，产值占一般工业产值的60％，利润占70％。1981年进一步在3万多个工业企业中推行各种形式的经济责任制。通过这些改革，企业在一些方面，即中层干部任免方面、生产计划方面、销售方面、利润分配方面取得了一些权力。特别是在利润分配方面，自己有一部分利润留成，可以搞一些奖金、集体福利和发展生产的技术措施，使企业成为有一定自主活动能力的经营单位。过去，企业是行政机构的附属，没有权力，像算盘珠一样拨一拨，动一动，不拨不动。还有商业、交通、邮电部门也开始实行利润留成制度，或者亏损包干的制度。所有这些，对于调动企业和职工改善经营管理、增加盈利、减少亏损的主动性和积极性，取得了一定的成效。

3. 在实行企业扩权和经营责任制的同时，不少部门和地区开始进行企业改组和联合。据1981年10月底统计，工交系统已建立了多种类型的公司、总厂有2400多个，现在更多了。一些地方还开展了生产和科研的联合，在城乡之间、地区之间、部门之间、地方和部门之间建立了联营、合营和补偿贸易。多种形式的联营，像上海和江西建立了造纸厂，江西出木材、劳动力，上海出资金、技术、设备，联合举办。联营的项目很多，如上海市内和郊区搞联营，上海和内地各城市也搞联营。这些改革对于提高企业专业化协作的水平和资源综合利用的程度，对于促进产品结构和企业结构的调整，突破条块分割的状态，都做了有益的尝试。

4. 城镇经济改革的一个重要方面，就是发展了一批集体所有制的工业、运输业、建筑业、零售商业、饮食业和修理业。城镇集体经济安置的就业人员，大约占安置就业人员总数的1/3。个体劳动者也开始恢复，在第一个五年计划时期个体劳动者有100多万人，后来砍掉了，到1978年只有14万人，这几年恢复很快，到1982年年底有136万人。集体经济和个体劳动者经济的发展，对于繁荣经济、活跃市场、方便群众生活、扩大就业门路起了重要作用。

5. 在商品流通领域，无论是生产资料还是消费资料的流通，在增加流通渠道、减少流通环节方面，都取得了一些进展。过去按照苏联的模式，认为生产资料不是商品，不能进入市场，由国家统一调拨。现在一个很重要的突破是生产资料开始作为商品进入市场。生产企业自销部分产品，不是所有产品都由国家商业部门、物资部门统购包销，企业可以直接和市场发生联系。过去物资部门只是分配，现在也开始企业化了，在工业生产资料方面做一些经销工作，许多地方办了交易市场，计划分配的物资有一部分也敞开供应，有一部分用凭票供应的办法。在消费资料的流通上，轻纺工业产品改变了过去国家包销的办法，采取多种形式的购销。有一部分还统购包销，但是更多的部分采取计划收购、订购、选购，而不是统购包销。农副产品的收购，现在也放宽了政策，在城市和农村，开放了农贸市场和集市贸易，有的地方还开放了个体商贩经营的小商品市场。对外贸易的经营也开始放活，扩大了地方和部门的权力，过去是国家外贸公司垄断，现在，地方、各部门也有经营外贸的一部分权力。所有这些改革对于密切产需联系，扩大城乡交流和对外交流起了积极的作用。

6. 和上述各项改革相配合，在物价、税收、财政、信贷方面也进行了一些改革。在物价方面，允许某些行业的部分产品，如电子工业产品和部分建筑材料实行浮动价格，有些行业内部实行协作价格。另外，最近规定163种小商品在国家政策允许范围内，由工商企业自己协商定价，或者由企业自由定价。初步改变了价格管得过死、价格形式过于单一的情况。在税收、信贷以及其他方面也进行了一些改革，其中很重要的是财政方面。过去中央和地方财政是统收统支，地方财政收入全部上缴，地方财政支出由中央来拨。1981年起改为中央财政和地方财政划分收支范围，分级包干的办法，也叫"分灶吃饭"，提高了地方增收节支的积极性。"分灶吃饭"也有些毛病，这里我不细说。现在中央财政比较紧，地方财政钱是比较多的。在信贷方面，从1979年起，部分基本建设投资和技术改造的投资，原来是由财政部管，现在有一部分改为银行贷款。固定资金和流动资金过去是无偿使用，现在改为贷款，既然贷款就要付利息，付利息就是有偿使用，这样就加强了企业的责任和银行的作用，使资金的使用效果有所提高。

几年来的改革从总体上看，还是局部的、探索性的。但是这些改革触动面是很广的，影响是很深刻的，意义是很深远的，它的收效也比过去历次的改革要好。这次改革在所有制问题上，在计划与市场问题上，在分配制度以及其他方面，在一系列问题上突破了长期以来束缚我们的旧的传统观念和不合理的经济体制，有效地调动了各个部门、各个地方、企业和劳动者的积极性，使得城乡经济生活活跃起来，使得我国经济在大调整中还能稳步前进。我国历史上经过两次大调整，一次是20世纪60年代初的大调整，一次是这次的大调整。20世纪60年代初期的大调整，经济是往下降的，几千万人从城市回到农村，工厂关闭。现在生产上升，工农业总产值从1978年到1981年平均每年增长6.7％，1982年又增长了8.7％。其中农业生产1978年到1981年平均每年增长5.6％，1982年增长了11％；工业方面1978年到1981年平均每年增长7.1％，1982年增长7.4％。市场供应情况，东西是一年比一年多，人民生活水平也在不断改善。国民经济能够在这样困难的条件下，取得这样的成绩，这是由于我国贯彻了以调整为主的新"八字方针"的结果，但是这同经济体制的改革调动了各个方面的积极性也是分不开的。

这几年的改革也遇到了一些问题，在实行企业扩大自主权、实行部分市场调节这样一些搞活经济的措施以后，经济生活确实是活跃起来了。但是同时各个方面、各个地方、各个单位的本位主义、分散主义有所抬头，各地的重复建设、盲目生产有所增加，见什么有利就纷纷上什么，如电风扇、洗衣机等。前几年，汽车厂就有100多个，日本只有几个汽车制造厂，我们搞那么多，生产能力很小，很不经济。还有落后挤先进，各个地方办了很多小酒厂、小烟厂，使得上海一些能制造高级烟的大烟厂没有原料。还有各种工业之间、商业之间的矛盾。工商之间，销得掉的产品商业就拿过来，销不掉的就让企业自销；工业企业在销售困难时，希望商业包销，有销路的产品就愿意自己销，工商矛盾、农商矛盾都有所加重。另外，分配上的某些方面失去了控制，特别是奖金发放的增长速度比生产增长的速度要快，比利润增长速度要快，比劳动生产率增长速度要快，这是不正常的。因此，这几年向国家争利和"向钱看"的不良倾向确实存在。在这种情况下，国家的权力有些分散，国家重点建设需要的资金不够集中。国家资金集中不起来，地方钱多，企业钱多，个人储蓄也多。城乡储蓄现在将近700亿元，而国家财政现在确实比较拮据，搞几个大项目，特别是能源的建设、交通的建设资金不足。

因此，国家要搞一些能源交通建设公债等，向地方借钱，发放国库券。企业之间出现一些苦乐不均，企业之所以得到那么多的利润留成，发那么多的奖金，发那么多的东西，有很多单位确实是由于经营管理得好，有的企业却是由于客观条件，由于价格的因素，或者是其他的原因，不一定是它自己本身努力的因素，单位与单位之间存在着许多不平衡。奖金的发放上，存在平均主义的现象，正像有的同志讲的，奖金是新的附加工资，没有起到奖勤罚懒的作用。

产生这些现象和问题的直接原因，第一，是已经改革的部分和还没有改革的部分发生矛盾。例如，企业实行利润分成，而原来的价格体系没有变，有的产品价高利大，有的产品价低利小，造成苦乐不均。第二，在已经改革的部分相互之间有矛盾。例如，一方面实行企业的改组和联合，打通企业相互间的横向联系，使企业能够摆脱行政上的束缚，真正成为经济的实体；另一方面实行"分灶吃饭"的财政制度，使企业的利润和地方的收入挂钩，地方企业的利润都交给地方财政，给地方放的权越多，它的利润也就越多，小企业就统统办起来了，以小挤大、落后挤先进。这样的体制妨碍企业的改组和联合，妨碍企业的调整。现在我们的能源和原料养不起那么多企业，应该根据情况，关、停、并、转。但是，在"分灶吃饭"的体制下就很难，因为你要砍掉哪个企业我都不愿意，这是属于我的企业。所以，改革的内部，一些措施不配套，"分灶吃饭"的体制强化了行政对企业的干预，妨碍搞专业化改组联合。第三，是我们改革的措施和调整、整顿的措施没有配合好，影响改革的效果。总之，在改革过程中产生的一些问题，是由于改革缺乏全面的规划和统一的协调，改革的措施不配套、不系统产生的。改革的措施不配套，主要表现在过去几年的改革偏重于单项的局部的改革，如分配领域的利润分成，流通领域里的允许生产资料进入市场等。而从国民经济总体和社会再生产全过程出发，抓相关环节的同步改革注意不够。当然，我们的改革才开始，经验不够，来不及搞总体规划。单项局部的改革也主要限于微观经济领域，还不是宏观经济，着重怎样使企业在生产、供销上的活动能够搞活，市场搞活，而在宏观经济领域，在国民经济大范围的经济管理方面，没有注意相应地加强计划管理，特别是如何运用价格、税收、信贷这些经济杠杆，以及如何运用经济监督、经济立法手段来指导企业的活动，使企业的活动符合国家计划整体利益的要求。在这方面的改革，整体的、宏观的计划管理措施没有相应跟上，这是当前经济体制改革进展不够理想的主要根源，今后的改革要注意这个问题。

（二）当前和"六五"计划期间的经济体制改革主要抓些什么

整个"六五"计划期间以调整为中心，还要继续贯彻"八字方针"。全面改革要到"七五"计划时期，党的十二大报告已经讲了这个问题。所以，"六五"计划期间要做准备，要制定出全面改革的规划。同时，要抓几件事情。关于这个问题，1982年赵紫阳在五届人大五次会议的报告上讲了，"在今后三年内，一方面要抓紧制定经济体制改革的总体方案和实施步骤，另一方面要更积极更深入地进行各项改革的试验"。[①]赵紫阳讲过，"体制改革，头绪纷繁。今后三年内，除了制定全面改革方案外，在具体工作上，重点是做三件事：（1）对国营企业逐步推行以税代利，改进国家和企业的关系；（2）发挥中心城市的作用，解决'条条'和'块块'的矛盾；（3）改革商业流通体制，促进商品生产和商品交换。通过这三项工作，把整个经济体制改革工作

---

① 赵紫阳：《关于第六个五年计划的报告》，人民出版社1982年版，第47页。

带动起来。"①现在我简单地把这三件事讲一下。

1. 国营企业以税代利。过去国营企业的利润上缴给国家以后，把一部分利润留给企业，让企业用于改进生产，举办一些福利。但是，采取这种办法，企业属于哪里，利润就上缴给哪里，属于中央的企业，利润上缴给中央，属于地方的上缴给地方，因此，政权和企业的利益紧密结合在一起，各级行政就干预企业的活动。现在国家将过去上缴利润改为上缴税收，利润是每年变动的，而税收不管经营好坏，都按比例上缴。这不仅是缴纳形式的变化，而且是国家与企业之间、中央与地方之间分配关系的重大改革，是打破过去统收统支，吃"大锅饭"体制的有效办法。实行以税代利，把国家与企业的分配关系用法律形式规定下来，法律规定企业要上缴利润百分之多少的所得税，首先保证国家的财政收入。这既能保证国家财政收入稳定增长，又能使企业的经济利益得到保障。上缴所得税以后的利润现在还要在国家与企业间进行分配，将来要留给企业。这样，可以发挥税收经济杠杆的作用，利用税率的调整，刺激或限制某一项经济活动。税收的经济杠杆能够发挥作用，还有利于消除地方、部门由于自身的利益强加给企业的不必要的行政干预。以后实行税收，各部门行政费用由国家财政预算来拨。税收有一部分属于中央，有一部分属于地方，企业的利润和行政部门脱钩，行政部门由国家财政给经费，不是从企业里拿钱。现在可以从企业里拿钱，或者把开支挤到企业里面去，干预得很多。改成税收后，这些毛病都可以去掉，有利于完善中央和地方各级财政体制。以税代利，过去曾在400多个企业中试点。最近我们到上海调查，试点说明可以保证企业的纯收入国家得大头，企业的经济责任也加强了。试行的结果一般地讲比不实行的经济效果要好。赵紫阳指出："把上缴利润改为

---

① 赵紫阳：《关于第六个五年计划的报告》，人民出版社1982年版，第52—53页。

上缴税金这个方向，应该肯定下来。"[1]现在除了已经批准的首钢、第二汽车厂在规定期间内还实行原来利润包干的办法，其他企业一律实行以税代利，今年就要推行。以税代利是怎样进行的？上缴税收按照同样的百分比，剩下的利润在企业之间也有个苦乐不均的问题，因为我们的价格没有改，企业之间、行业之间利润水平高低悬殊，情况很复杂。但价格的合理调整不可能在短时期内全部实现，所以利改税的改革要分别不同情况有步骤地进行。对于国营的大型企业分两步走：

第一步税利并存，即企业的纯收入一部分以税收的形式上缴，留给企业的另一部分也还要分，还要有一部分以利润或调节税的形式上缴。在税利并存的实行过程中，逐渐加大税收的比重，缩小利润的比重。现在所得税的比例是利润的55％，缴税以后，剩下的利润还要采取多种形式在国家和各企业之间合理分配，这就是政治经济学中讲的"级差收入"。由于价格的差别，由于自然条件的不同，由于地理位置的不同，产生了"级差收入"。如有的矿好采，有的难采，好采的利润就高成本就低，难采的利润就低成本就高；热闹地方的小商店比偏僻地方的大商店收入要多得多。总之，由于客观条件所取得的"级差收入"，还要在企业和国家之间再分配。

第二步，在价格体系基本合理后，逐步取消上缴利润的形式，实行单一的税收形式，根据盈利多少来征收累进所得税，利润越多，超额部分的税率就越大，这是对大、中型国营企业实行利改税的办法。对于小型的国营企业、小手工业、小商业、小零售企业、服务行业、饮食业不实行以税代利，分期分批地实行集体承包、个人承包或者租赁等多种经济形式，实行国家征税、资金付费、自负盈亏等办法。

我国经济体制改革问题

---

① 赵紫阳：《关于第六个五年计划的报告》，人民出版社1982年版，第49页。

2. 发挥中心城市的作用，解决条条和块块的矛盾。条条是指中央，块块是指地方，条条和块块的矛盾是我国经济管理体制上的老大难问题。过去的经验是，当我们强调条条管理时，经济生活由中央部门来管理，往往容易造成部门的壁垒，部门之间分割，割断在同一地区里的不同工业部门、不同企业之间的经济联系，各行业相互之间就不能够对口协作，每一个企业都要有它自己完整的体系。如每个机器制造厂都有锻造、修理、翻砂等车间，都要有自己的一套。从同一个城市来讲，浪费很大。因为各个企业都有一个翻砂车间，利用率不高，闲置在那里，多余的能力不能协作，不能统一规划，使各个企业的生产能力都不能充分合理地利用，妨碍地区内部的专业化协作。当我们强调块块管理时，经济生活让地方去管，往往又容易形成地区分割，各地区自己搞一个体系。在苏联赫鲁晓夫时期就出现过这种情况，把中央的部几乎全取消了，所有的权力都下放给105个经济区来管，这样每个区各自成为一个王国，相互封锁很厉害，每个行业都分割得零零乱乱，阻碍了企业在地区之间经济活动的联系，妨碍在更大范围内的专业化协作。我们现在也存在地区封锁的问题。地区自己能生产的产品，就不让别的地区的产品进来，从整个国家来看，外地的产品可能比它的产品成本更低、价钱更便宜、质量更好，但就是不让进货，因为它要保护它自己本区的东西，这是不合理的。要打破这种条块分割、领导多头、相互牵扯的现象，改革现存的按行政区划、按条条按块块管理的经济体制，建立以城市为中心的、按经济内在联系组织经济活动的体制。城市的经济往往是商品生产和商品交换，它不像地区经济那么封锁，过去一个城市的经济联系可以伸得很远。解决这个问题，当然要注意发挥行业的作用，更要注意发挥城市的作用，特别要注意发挥大中城市在组织经济方面的作用。按照这个原则，结合企业的改组和联合，逐步调整企业的隶属关系，除了少数的大型骨干企业如铁

刘国光 经济论著全集 第4卷

路、邮电、银行等基础设施的部门，要由国家管理，一些全国性的大型联合公司，如已经成立的船舶公司、有色金属公司等，也应由中央管理，其他大量的企业应该逐步改由城市管理。对于由城市管理的企业，中央行业主管部门应该从全局出发，抓好发展规划、经济政策、技术政策、技术标准、新技术推广、新产品开发等。多年来，纺织工业部就是这么做的，纺织工业部下面没有企业，纺织企业都是属省、市的，纺织部不直接抓企业的管理，而是抓技术政策，新技术的推广、规划、新产品的试制。这个经验值得向全国推广。有少数的由中央管的企业，如铁路、银行、大的公司等，这些企业所在的城市要负责好生产协作和社会服务等项工作。在同一个城市的企业，不管属于哪个行业，不管是属于中央还是属于城市管的，它们有些生产的服务、锻铸设施，如翻砂车间、锻造车间、热处理车间、机修车间和电镀车间都是共同服务性的，不需要每个厂都搞。可以由城市管理，形成一个中心。生活设施，也不需要每家都搞一套，应由城市逐步统一管理，实行专业化的生产和社会化的服务。这些单位都可以独立经营、独立核算，形成服务中心，如锻铸中心、科研服务中心、测试中心、计量中心、电镀中心等，进行社会化服务，这样就可以大大地提高经济效益。

以经济发达的城市为中心来带动周围的农村，统一组织生产和流通，逐步形成以城市为中心的规模不同和类型不同的经济区。如以上海为中心的长江三角洲经济区，以山西为中心的煤炭综合经济区。这类经济区是开放式的而不是封闭式的，要保持和发展与其他经济区横向的经济联系。另外，还要形成辐射形的经济网络，中心城市和多个地区的联系是辐射式的，这个辐射线有长有短，可以辐射到附近的县，可以辐射到邻省，也可以辐射到边远地区，完全看经济合理程度。通过中心城市形成经济区，联系、开展全国的经济交流。现在推广取消专区一级，专区管的县划给市来管，叫作市管县。这样以城市为中心把农村带起来，属于以城市为中心的改革的范围，正在试验推行。辽宁省和江苏省都开始在做，过去县一般由地区专署来管，城市只管自己。如江苏省有苏州市、苏州专区，还有苏州县，苏州专区管许多县，而苏州市不能管县，只能管它这个城市，因此城乡交流发生很多问题。由地区来管县而不是由市来管县，这个地区的经济发展往往很慢；如果周围的县由市来管，就可以看出显著的不同。北京市管的县，经济发展得快一些，辽宁省和好多省也都有这个经验。关于以城市为中心的改革，赵紫阳在五届人大五次会议上指出："这是改革的方向，需要有领导、有准备、有步骤地通过试点，积累经验，逐步实施。"①现在除了在中等城市常州、沙市进行试点以外，还在重庆、天津两个大城市试点。

3. 改革商品流通体制。现行的商品流通体制基本上是独家经营、"官商"体制、"官办"商业。像蔬菜从乡下运到城市，经过许多环节，渠道少，很不灵活，不适应经济生活，特别是不适应生产上的大发展。这种体制是20世纪50年代沿袭下来的，当时是有利于限制和改造私营工商业，有利于在商品不足的情况下控制货源。现在情况已发生极大变化，随着经济改革和调整取得成效，现在进入交换的商品，包括农副产品和工业品都大大增加，原来的流通体制越来越不适应城乡迅速发展商品生产和商品交换的要求。所以，目前改革商业流通渠道的体制已经提到议事日程上来了。国内商业的改革，主要是在保证国营商业主导地位的前提下，发展多种经济形式和灵活多样的购销关系，发挥集体商业、个体商业的积极作用，增加流通渠道，减少流通环节。现在，凡是国家统购、派购的农副产品、粮食、棉花，还有国家按统购统销计划收购的工业品，还需要签订经济合同来落实国家的

---

① 赵紫阳：《关于第六个五年计划的报告》，人民出版社1982年版，第51页。

计划，这一部分是少量的，但还需要保持。纳入国家计划的品种应该随着国家经济形势的发展和供求的变化而逐步减少，扩大议购议销的范围，议购议销可以订合同，价格也可以商议，而不是由国家规定。各种国家计划产品应该给生产单位和生产地区一定的自主权，完成国家收购计划以后的农副产品，包括粮食、猪肉和工业消费品（不包括煤、酒），允许国营商业、集体商业、个体商业通过各种流通渠道、采取各种经营方式进行销售。各条渠道不受行政区划的限制。过去国营商业限制在城里，供销社限制在农村；现在是国营商业可以下乡经营，供销社可以进城经营；集体、个体和其他商业可以出县、出省、长途贩运。另外，要改革批发体制，合理设置批发机构，搞好农副产品的收购和工业品下乡，解决农民的"卖难"和"买难"的问题。关于农民的"卖难"和"买难"，现在是个大问题。最近，在安徽和苏北看了一下，这两个问题的原因是：产品增长的速度很快，过去吃返销粮的地区，现在由于责任制的推行，生产上升幅度很大，产量增加很多；另外，过去是集体，现在是一家一户经营，商业的对象猛增。这就需要改革商业机构的设置，搞好农产品的收购和工业品的下乡，解决"卖难""买难"的问题。1982年化纤产品在城市积压销不掉，但农村还是很需要，可因为农村商业网点不够，农民买不到，化纤下乡很受农民欢迎。除了国家计划的产品必须从指定的系统进货以外，允许各批发企业之间、零售与批发之间、零售与生产单位之间实行自由订货。

要加快供销社改革的步伐。供销合作社在20世纪50年代是集体所有制，是合作社经济，农民入股，农民分红，选举管理人员，后来逐步在事实上变成国营。现在，要加快恢复为农民入股参加管理的合作商业性质，恢复和发扬它组织上的群众性、管理上的民主性、经营上的灵活性的特长。县供销社改为县联社，作为基层社的联合组织。要通过多种形式、多层次的联营，把各种集体企业、专业户、重点户和个体户团结在供销社周围，逐步形成产、供、销、加工、仓储、运输、技术综合服务的中心。供销社的职能要朝这个方向发展，指导和促进农民发展多种经营，把农村经济搞活，把整个农村经济的活动逐步引导到有计划发展的轨道上。

以上是"六五"计划时期后三年重点要抓的三件事情。当然，经济体制的改革正如赵紫阳讲的，头绪纷繁。不止是这三件事情，各行各业都要改革，还有许多事情要做。如计划管理体制、物价管理体制、税收体制、财政信贷体制、劳动工资体制、科技教育体制等，都要进行相应地改革。要通过这三项重点工作把各方面的体制改革带动起来。

与此同时，为了给"七五"计划期间的全面改革做好准备，在"六五"计划时期的后三年，我们还要组织力量制定经济体制改革的总体规划和实施方案。改革的总体规划要涉及一系列理论问题和实际问题。重大理论问题包括社会主义经济的性质问题，社会主义所有制的结构和经营形式问题，社会主义经济中商品生产和价值规律的问题，社会主义经济中计划与市场问题，按照社会化大生产要求来组织经济管理、部门管理、地区管理之间、条条块块之间关系的问题，划分国家与企业经济管理权限的界限问题，职工的劳动权利和打破"铁饭碗"问题等。这些问题都需要探索和研究，而且要把理论的探讨和实际改革的措施结合起来，这就需要理论工作者同业务工作者共同努力。

（三）要把改革坚持下去，必须搞好国民经济的宏观决策和综合平衡

这几年经济体制改革所以能够取得进展，和宏观经济的正确决策是分不开的。自从1979年提出新的"八字方针"以来，我们就把经济调整放在首位。"调整、改革、整顿、提高"这八个字

中，前两个字是首位。"调整"是调整国民经济的比例关系。过去是比例失调，所以大幅度压缩基本建设的规模，压缩重工业，大力发展农业和轻工业。这样使积累和消费的比例关系，农业、轻工业和重工业的比例关系逐步趋于协调，使生产资料供应长期紧张的局面得到缓和，使消费品的生产、供应出现了二十多年以来没有过的好局面。现在虽然没有达到第一个五年计划初期的局面，但是整个国民经济生活趋向松动，消费者可以挑选商品，买方市场势头开始出现，但不是普遍的。这个问题在理论界有争论，有的说买方市场已经出现了；有的说还没有形成买方市场；我看是买方市场的势头已经出现，但还不是全面的买方市场。这样，就为搞活经济，改革生产和流通体制提供了可能，只有在经济比较松动而不是那样紧张的情况下，改革经济体制才有比较顺利的条件。要对过去经济体制中过分集中的、以行政管理为主而忽视市场机制的问题进行改革，这种改革同紧张的经济生活是不相容的，在经济生活紧张的情况下，经济体制改革是不可能实现的。因为经济生活越紧张就越是暴露出国民经济的薄弱环节，商品物资供应就会越短缺，国家财政就会越困难。一旦出现这些情况，国家为了解决问题，往往不得不扩大计划直接控制的范围，就不可能放松指令性计划、统购统销、计划调节等一系列的集中管理制度。也不可能放松价格的计划控制，而让企业和个人根据市场的变化来决定自己的行动。这就大大限制了在改革中分层决策、运用市场机制的可能性，从而使经济改革停步或后退。同时，在供不应求的紧张情况下，市场的关系只能是由供货者、卖方主宰的卖方市场，而消费者和买方是没有发言权的，他们只能听命于卖方的恩赐，供应者对消费者的利益可以漠然视之。在某种商品或服务供应紧张的情况下，如果有些单位搞了商业承包之类的改革，但是，由于缺乏竞争，供应还是不足，网点还是很少，承包者就有可能用变相提价、克斤扣两等手段，牺牲消费者的利益来谋取自己的利益。当然，总的来讲，改革还是正常的，服务态度有所好转，服务的时间有所延长，但是，也有克斤扣两、变相提价的情况。因为东西少，你还得买他的。假使供应比较充分，竞争者很多，他就不能做这些事情，因为消费者可以到价钱便宜质量好的地方去买。所以，在没有出现买方市场的情况下进行的改革，收效是会引起人们的疑问的。为了使改革顺利地进行，我们不仅要在某些商品和某些服务的供应上消除紧张的局面，而且要在整个国民经济范围内消除商品、物资供应的紧张局面，要造成社会商品的总供给略大于总需求的局面，形成国民经济范围内的必要的买方市场，才能为实行经济体制的改革提供一个良好的条件。为了做到这一点，在整个国民经济计划上，要控制积累的规模，控制消费期增长幅度，控制积累和消费所形成的社会总的购买力。

社会购买力是从两个方面来的：一方面，是积累用于购买生产资料的购买力，如盖房子买木材、水泥、砖瓦，工厂买机器设备等；另一方面，是消费者的购买力，它来自工资、奖金、农民出卖农副产品的收入。在计划上要控制积累和消费所形成的购买力，使它的总和不要大于而要略小于可以供给市场的国民收入。只有做到这一点，才能使社会商品的供给略大于社会商品的总需求，才能形成必要的卖方竞争的买方市场。这正是国家的宏观经济决策和国民经济计划的综合平衡所要解决的首要问题。这个问题解决得好，我们就能比较顺利地进行改革。如果还像过去那样把基本建设投资的规模搞得很大，战线拉得很长，由此引起重工业的高速增长，并且通过一系列的连锁反应使社会总需求膨胀，大大超过社会商品总供应，使消费和积累所形成的社会购买力同可供使用的国民收入之间留下一个很大的缺口，那么，我们所需要的买方市场和经济稳定协调发展的局面就不可能出现，经济改革也不可能顺利地开展。

当前，整个形势是很好的。1982年农业全面丰收，工业、交通生产稳步增长，市场供应情况很好，城乡人民的生活得到改善。但也不能不看到另一方面，其中值得注意的问题是基本建设的投资规模大大地突破了国家计划，1982年基本建设投资比1981年增加了160多亿元。新中国成立以来，一年的投资比上年增加超过100亿元以上的有4次，一次是1958年，一次是1970年，一次是1978年。这几次都因为投资规模过分膨胀引起国民经济比例关系严重失调，不得不进行大规模的调整。虽然，1982年投资规模比1981年增加了160多亿元，但是和过去不同的是，1982年上面没有像过去那样压高指标，而且1982年农业、轻工业发展比较快，市场供应比较好。但是，投资规模的猛增已经使重工业大大超过了计划。钢材、能源、木材、水泥等生产资料的供需状况，经过前几年调整已趋于缓和，1982年重新出现全面紧张。这种情况如果发展下去，就有可能出现重工业挤轻工业、积累挤消费的局面，从而市场上有可能出现消费品供应再次紧张的情况。这样，好不容易得来的部分买方市场就会再次让位于卖方市场，改革就难以正常进行下去，也难以取得预期的效果。所以，当前国民经济中十分重要和迫切的问题，就是严格控制固定资产的投资费用，使整个经济能够进一步稳定协调地发展，继续把"调整"放在经济工作的首位，以便为进一步推动经济体制改革提供必要的条件。从改革本身来说，当前也要服从以"调整"为中心的"八字方针"的贯彻，凡是有利于调整的，有利于整顿企业，有利于调整经济，有利于推动技术改造，有利于控制固定资产投资费用，有利于集中资金进行必要的重点建设的改革，要继续进行，不利于这些方面的改革，应该暂缓进行。随着国民经济调整任务的逐步实现，可以适当加快改革的步伐。如果我们脱离了国民经济的调整，孤立片面地强调加快改革，那就有可能冲击必要的经济调整，也不利于改革的顺利进行，甚至会使改革的名誉受到损害。所以，调整还是第一位的，改革要服从调整。现在，中央决定在经济调整方面进一步采取严格控制固定资产投资规模等一系列正确的措施。在改革方面强调从实际出发，全面有系统地改，坚决有秩序地改，有领导有步骤地改，经过试点分期分批、循序渐进，既不能犹豫观望等待不办，又不能一哄而起"一刀切"。在中央正确的方针政策指导下，经济改革一定能够沿着健康的轨道前进，取得一个又一个的胜利。

在全国投入产出法应用经验
交流会上的讲话

（1983年5月）

同志们：

我有机会参加全国投入产出法应用经验交流会，感到很高兴。几十位经济实际工作者、理论工作者和教学工作者共聚一堂，交流应用投入产出法的经验，这在我国是第一次。让我代表中国社会科学院热烈祝贺这次会议的召开。

今天我想利用这个机会就目前经济形势、经济科学所面临的任务以及进一步发展包括投入产出法在内的数量经济学，介绍一点情况，讲几点意见。

党的十一届三中全会以来，我国的经济形势是新中国成立以来最好的时期之一。不久以前，在六届人大一次会议《政府工作报告》中指出，这几年，由于贯彻执行了调整、改革、整顿、提高的方针，国民经济在调整中稳步增长，1978年到1982年，全国工农业总产值平均每年增长7.3％，国民经济中的主要比例关系包括积累与消费之间、农业、轻工业与重工业之间的比例关系趋于协调，1978年到1982年国民收入中积累率由原来的36.5％调整到29％；工农业总产值中农业所占比重由25.6％提高到32％；工业总产值中轻工业所占比重由42.7％上升到50.5％。同时，还解决了曾经出现的较大的财政赤字问题，实现了财政收支和信贷收支的基本平衡。特别令人高兴的是，农业由于执行了一系列调动农民积极性的农村政策，实行了多种形式的家庭联产承包责任制，摆脱了长期不前的困境，实现了持续的全面高涨。消费品工业扭转了长期落后的局面，重工业生产在调整中已由下降转为上升。城乡市场出现了新中国成立以来少有的繁荣景象，对外经济技术交流有了很大的发展。经济体制的初步改革，也取得了明显的成效和有益的经验。在对农村体制进行重大改革的同时，还在城镇发展多种经济形式，扩大工商企业的自主权，改进城乡流通体制和发挥中心城市的作用方面，也进行了一系列的改革。新的管理体制要使权、责、利紧密结合，打破"大锅饭""铁饭碗"和"供给制"，这对于充分调动各方面的积极性，促进整个经济进一步的振兴是十分重要的。

目前的经济形势确实很好，但也存在不少问题，其中一个突出的问题是基本建设战线又有拉长的趋势，1982年基建投资高达831亿，超过计划163亿，比1981年增加100多亿。尽管中央领导同志反复强调要防止拉长基本建设战线，但没有引起各级管理干部的足够重视，1983年第一季度基本建设投资总额又比1982年同期增长21%。如果不控制基本建设规模，我国的经济形势就会好景不长，我们又会走上高积累、高速度、低效益、低消费的老路。我们有一个老毛病，形势一好就头脑发热，大上基本建设项目，出现调整—好转—大上—再调整的循环。为了杜绝这种循环，必须控制基本建设规模。对基本建设除进行行政和计划监督外，对计划外资金应该抽基建税，匈牙利在这方面有比较成功的经验，值得我们参考。

另一个问题是保证重点建设。"六五"计划确定的279个重点建设项目，关系到后十年的经济振兴，关系到党的十二大提出的战略目标的实现。1982年的情况是，一方面投资猛上，另一方面重点建设项目的投资没有得到保证。能源是战略重点之一，投资比重却从1981年的21.4%下降到1982年的19.2%，没有达到计划规定的23.4％的目标。1982年交通运输的投资比重占11.1％，虽然高于1981年的水平，但也没有达到计划规定的11.5％的目标。出现这种情况的原因之一，是目前资金严重分散，预算外资金很多，但财政收入仍然困难，在国民收入中所占的比重越来越低。1978年占37.2％，1981年占29.2％，1982年不到25％，而1980年苏联财政收入占国民收入使用额的67.1％，比我国高一倍以上。中央财政靠借债过日子，这种状况应当迅速改变。中央再三强调要发挥计划经济的优越性，集中适当的人力、物力、财力从事重点建设，"一五"计划时期搞156项有成功的经验，现在的任务是在新的条件下丰富和发展这些经验，把重点建设项目搞上去。

第三个问题是经济效益仍然较差。据调查，1982年大中型项目的建设周期长达11年，而"一五"计划时期只有六年半，几乎延长了一倍。建设周期缩短一半，国家不仅可以减少50亿元开支，还可增加50亿元收入。目前能源紧张，而每吨能源提供的国民收入，"一五"时期为1167元，而1979—1981年平均只有556元，只为"一五"时期的47.6％。现在每年消耗能源6亿多吨，如果每吨能源所提供的国民收入能达到"一五"时期的水平，一年就可以增加国民收入近4000亿元，几乎等于1982年所创造的全部国民收入。这说明我国经济有巨大的潜力。只要我们根据中国的特点逐步开展体制改革、结构改革和技术改造，不断提高经济效益，我国的经济形势就会越来越好，就可以胜利实现党的十二大确定的战略目标。

上面提到的问题都是经济科学需要研究的问题，当然，经济科学面临的任务不限于这几个问题。邓小平同志在党的十二大的开幕词中提出了"建设有中国特色的社会主义"的根本任务，经济研究工作都要围绕这个中心做文章。胡耀邦同志的报告确定了我国经济发展的战略目标、战略重点、战略步骤和一系列正确方针，给经济科学提出了许多研究课题，如，经济、社会发展的战略问题，人口问题，管理体制改革问题，经济结构问题，技术改造问题，经营管理问题，社会主义商品生产和货币关系问题，社会主义流通问题，价格体制和管理问题，财政、金融、信贷问题，劳动就业和工资问题，对外经济联系问题，特区建设问题，港澳台地区的经济问题，当代世界经济发展的趋势及其对我国经济的影响问题，等等。这些问题像任何其他问题一样，都是质与量的统一，数量经济学在研究经济数量关系方面大有用武之地。我们要通过深入的研究提出有科学根据的出色成果，供中央决策参考。

1983年3月，在北京召开了经济科学规划会议，确定了"六五"计划期间35个重点科研项目，70个课题，其中有《中国宏观经济模型的理论和实践》，同时由南开大学经济研究所和中国社会科学院数量经济与技术经济研究所承担；还有《系统论、控制论、信息论在经济管理中的应用》，由中国人民大学和数量经济与技术经济研究所共同负责。这些项目和课题基本上已经落实，不少已经在进行研究。自然科学有攻关问题，社会科学也有攻关问题。这35个重点项目，就是"六五"期间经济科学的攻关项目。通过确定重点科研项目可以适当集中人力、物力、财力，对繁荣我国经济科学是非常重要的。

要完成这些重点项目和其他研究课题，我们必须坚持理论联系实际的好学风。我们要着重研究社会主义现代化建设的理论和实际问题。理论联系实际是经济科学能够得到发展的唯一正确道路。理论如果不联系实际，就会变成无源之水、无本之木，经济科学就不能在"建设有中国特色的社会主义"的伟大斗争中发挥应有的作用，就会辜负党对我们的期望。理论联系实际这个问题从道理上讲不难理解，但要真正做到却不是一件容易的事情。在这方面还有不少阻力，有些科研人员闭门读书、写书，追求成名成家；有的同志不敢联系实际，心有余悸；还有的同志安于舒适的生活环境，不愿下工厂农村作艰苦细致的调查研究。另一方面，组织上也没有为深入实际的同志创造必要的条件。我们要逐步改善科研工作条件，加强政治思想工作，克服理论脱离实际的倾向。

其次，我们要抓经济科学的应用工作。经济科学的方面很多，层次不同，对应用不能要求一律，搞"一刀切"，但是任何一门学科都要结合本身的特点开展应用工作，在社会主义现代化建设中更加直接地发挥作用。应用方式可以多种多样，如开展咨询业务，就提高管理水平、改革生产组织、降低成本、提高产品质量和扭亏为盈等项目，与一些中小企业签订合同，派人去调查研究，提出改革意见。数量经济与技术经济研究所在这方面作了一些工作，取得了一些经验，他们打算开展咨询服务工作。另一种方式是当顾问。在山西综合规划研究工作中，数量经济与技术经济所、工业经济研究所和财贸经济研究所的一些同志接受山西省人民政府的聘请，当有关研究组的顾问。通过实际应用工作，科研人员可以把自己的理论直接应用于实践，接受实践的检验，同时他们在实际工作中可以学到许多在书本上学不到的东西，增长才干，提高分析、处理实际问题的能力，还可以从实践中提出新的研究课题，促进经济科学的发展。

最后，我们要做好经济知识的普及工作。有的同志重视提高，轻视普及，认为普及作品的水平低，做这种工作没有意义。这种看法是不对的。普及读物通俗易懂，容易被广大群众所接受，在广大群众中流传，对于广大群众，"第一步需要不是'锦上添花'，而是'雪中送炭'"。普及工作虽然不是研究工作的全部，但是一个重要的组成部分。深入浅出地写好科普读物，本身既是科学又是艺术。自然科学在这方面作了许多工作，值得我们学习。近年来，社会科学包括经济科学，也在这方面做了一些工作，但很不够。经济建设几乎与每一个人都有关系，普及经济知识的面是很大的，这是一项十分有意义的工作。只要我们把普及工作做好了，我国经济科学的作用就会比目前大得多。

现在讲讲进一步发展数量经济学的问题。这几年数量经济学工作者作了不少理论研究和实际应用工作，编制了不少经济数学模型；撰写、翻译了一些数量经济学著作；成立了一些事业机构和研究机构；一些高等院校开设了这方面的课程；召开了几次全国性的学术交流会议，并与国外的同行进行了学术交流。这些事实说明，我国数量经济学作为经济科学的一个分支，虽然发展较晚，但在党的十一届三中全会之后发展是较快的。出现这种情况是有原因的，四个现代化要求管理现代化，而管理现代化离不开在管理中应用数学方法和电子计算机；同时，我国的经济科学由于种种原因，到目前为止，比较重视质量分析，不重视数量分析。质量分析是数量分析的前提，重视质的研究是对的，但忽视量的研究就不对了。社会主义经济建设迫切地要求我们深入研究各种复杂的经济数量关系，这些关系没有科学的分析方法和先进的计算手段是研究不了的。为了提高经济管理水平，加强经济学的数量分析，必须大力发展包括投入产出分析在内的数量经济学。1982年中共中央转发的《全国哲学社会科学规划座谈会纪要》，把数量经济学放在哲学社会科学的重点发展学科之内，是有理由的。

但是，我们要清醒地看到，我国数量经济学的研究虽然在20世纪50年代末、60年代初就已提出和开始了，但由于种种原因，在党的十一届三中全会以前，一直没有得到迅速发展，这几年虽然作了不少工作，取得了一些成绩，但研究队伍的人数不多，水平需要提高。特别是从中央到企业的成千上万的经济管理干部还没有掌握各种现代化管理方法（包括投入产出法），广大经济研究工作者与实际工作者特别是计划工作者对各种新的现代经济数

劉國光
经济论著全集
第
4
卷

量分析方法还不很熟悉，不善于把它们与传统的方法结合起来加以应用。所以，数量经济学的群众基础还不深。我们要继续努力，开创数量经济学研究和应用的新局面。前面我讲过经济科学要坚持理论联系实际，开展应用工作和搞好普及工作，这些对数量经济学同样是适用的。此外，还有几个问题值得注意。

第一，坚持以马列主义经济理论为指导。资产阶级经济学应用数学方法已经有很长的历史。第二次世界大战后，经济计量学发展很快。资产阶级经济学家写了许多著作，我们是要学习的，但应抱有分析批判的态度，从中吸取那些对我们有用的方法，包括他们的研究方法。我国与西方国家的社会制度不同，管理体制不同，具体情况不同，我们在发展数量经济学时，一定要自觉地坚持以马克思主义经济理论为指导，决不能照搬资产阶级经济理论，否则会犯错误。我们现在应用的静态投入产出模型，数学方法是列昂节夫提出来的，但理论基础、经济指标的含义和统计口径已经进行过改造。只有经过理论和方法论改造，才能编出适用于我国的投入产出表。由于经济指标的含义和统计口径与我国计划统计制度的规定相一致，广大计划统计干部才容易理解和接受，才能收集到所需要的数据。这是在我国应用从外国移植过来的投入产出分析方法所必须注意的问题。这个问题对于投入产出分析以外的其他经济数量分析方法，同样需要引起足够的重视。

第二，加强马克思主义经济理论中的数量分析方面的研究工作。前面说过，我国经济理论的数量分析比较薄弱，急需进一步加强。这对包括数量经济学在内的经济科学的发展很重要。无论是编制投入产出模型，还是编制经济计量模型或其他经济数学模型，都要坚持以马克思主义经济理论为指导，这一点刚才已经讲过。但是，目前马克思主义经济学在数量分析方面的研究，对它的要求之间存在很大的距离，远远不能满足建立各种应用的经济数学模型的要求，差距是很大的，只有各门经济科学都发展自己的量的研究部分，而数量经济学本身又积极发展理论与方法论的研究，才能逐步缩短这个差距。这里有许多问题需要研究。例如，社会主义经济规律及其作用、社会再生产、经济机制、收入分配、投资及其效果的数学分析，社会主义生产函数、消费函数等的研究。在研究这些问题时，照抄资产阶级经济学不行，脱离实际、闭门造车也不行，而要紧密联系我国的实际情况，在马克思主义经济学已有成就的基础上，进行创造性的探索。不管困难多大，我们要发动广大经济理论研究工作者，利用集体的智慧和力量，把这方面的研究工作搞好。

第三，数量经济学要用数学和电子计算机来研究经济问题，是经济科学现代化的尖兵。中国作为一个社会主义大国，正在实现四个现代化，其中科学现代化，自然也应包括经济学科的现代化。我们在这方面还有许多工作要做，要努力缩小落后于发达国家的差距。我国的数量经济学作为经济科学的一个分支，其理论基础是马克思主义经济学，在这方面完全不同于发达的资本主义国家，但在方法论和方法方面，特别是其中一些数学方法和统计方法的研究，还存在努力赶上和超过国际先进水平的问题。我国的数学比较发达，数学家很多，只要我们的经济工作者、数学工作者和应用软件工作者很好地协调一致，分工合作，组织起来进行攻关，将是很有希望的。

今天就讲以上几点意见，供同志们参考。

最后，预祝会议取得完满成功！

进一步深入开展对苏联
经济问题的研究*

——在苏联经济理论讨论会上的讲话
（1983年7月14日）

我们这次会议是苏联经济理论问题讨论会。我想借这个机会，就有关对苏联经济和苏联经济理论进一步深入研究的问题，讲一点个人的意见和看法。

一、对几年来研究工作的基本估计

粉碎"四人帮"以后，特别是党的十一届三中全会以来，我们对苏联经济问题的研究，同对世界经济问题的研究以及整个经济问题的研究一样，在新的历史时期，适应我国工作重点转移到社会主义现代化建设上来的需要，进行了大量的工作，而且取得了可喜的成绩。这突出地表现在如下两个方面：

一是端正了我们的研究态度。过去，我们对苏联问题的研究，往往带有很大的主观片面性。一方面，这是因为我们对苏联的实际情况了解不够。20世纪50年代，我们同苏联的关系比较好，来往比较多，我们派去了大批留学生，他们也派来了大批的专家，我们对苏联的情况了解得还多一些，但也是不够的。而且

---

* 原载《世界经济与政治内参》1983年第3期。　　　　　　**353**

当时主要是跟着学，学老大哥，对苏联问题，还谈不上什么真正的研究。后来由于中苏关系恶化，人员来往几乎中断，资料来源也少得多了。比如经济研究所原来订的很多苏联资料，在"文化大革命"中都停订了。这都影响到我们的研究工作。另一方面，是因为我们缺乏一种实事求是的研究态度。例如，在解放初期，也就是我们在一边倒、学老大哥的时候，只看到苏联好的一面，而对苏联存在的问题则很少注意、很少思考。在开展对苏联现代修正主义的批判以后，特别是在"文化大革命"中，我们就只看到当时苏联坏的一面，似乎一无是处。当时我们的研究工作，往往主要不是在大量资料的基础上进行实事求是的客观的分析，而是为了配合批判现代修正主义的需要。显然，这样的研究成果就不可能切合苏联的实际情况，我们的研究工作也就不可能取得真正的进展。

近几年来，我们遵循党的十一届三中全会的正确路线，逐步纠正了过去在苏联问题研究上的片面性，树立起科学的、实事求是的态度，许多同志能够在占有大量资料的基础上，进行认真的分析和研究，得出比较符合实际的结论。例如，对于列宁、斯大林时期的苏联，并不是盲目地一概加以肯定，而是在肯定其基本方面的同时，也实事求是地分析了当时在经济理论和经济建设实践中存在的一些缺点和错误。实际上，无论是苏联经济发展战略方面，还是苏联经济体制方面，一些错误的东西在斯大林时期就已经形成了。对于赫鲁晓夫和勃列日涅夫时期的苏联，也不是盲目的一概加以否定，而是在揭露和批判其大国沙文主义、霸权主义等方面的错误政策的同时，也实事求是地介绍了其在经济理论和经济建设方面所取得的进展情况，指出那些值得我们借鉴的地方。

二是取得了丰富的研究成果。如上所述，过去我们在对待苏联问题上存在着一定的片面性，受到某些框框的束缚，对苏联问题的研究，在相当长的时间里实际上处于停顿的状态。而这几年来，我们对苏联问题的研究，出现了一个生气勃勃的新的局面，我们逐步建立和加强了有关研究机构，我国专门研究苏联和东欧国家的各种机构，以所、室两级计算，共有60多个；扩大了研究人员的队伍。据不完全统计，目前全国从事这方面研究工作的人员共有2000多人；一些群众性的学术研究团体也组织起来了，同时出版发行了多种有关的刊物。我们广大研究人员，在思想解放的基础上，进行了大量的调查研究工作，取得了一大批研究成果，其中不少是有价值的研究成果。

特别值得指出的是，几年来我们的研究工作，比较紧密地配合了我国社会主义现代化建设的需要。在这方面，我们对苏联各个历史时期经济建设方面的经验教训，包括对列宁、斯大林时期苏联社会主义建设的经验教训，以及对赫鲁晓夫、勃列日涅夫时期苏联经济发展战略和经济体制改革等方面的研究，都取得了很大的进展。这些研究成果不仅丰富了我国的经济理论，而且直接起到了为我国社会主义现代化建设、特别是为我国国民经济调整和经济体制改革实践服务的作用。其中有不少研究课题得到有关方面的重视。如对苏联在20世纪30年代利用资本主义世界经济危机大量引进技术，建立起一批骨干企业的情况的研究，对苏联经济发展战略的研究，对苏联以五年计划为主的计划体系的研究，对苏联生产综合体的研究等，都受到有关方面的重视，起到了为我国借鉴的作用。

当然，我们的研究工作还有很多不足的地方。首先，整个地说来，我们对苏联经济及经济理论的研究还不是很深入。其次，从广度上看，我们的研究工作也不平衡，有的问题介绍得比较细、研究得比较深，如对苏联基本建设体制的了解就多一点；但对其他一些领域的了解和研究就很不够，有的领域甚至仍然是我们研究工作的空白。如苏联条条块块关系，部门和地区的关系，经过几次大的反复，一直没有很好地解决，他们也在不断地摸索在这方面的经验教训，我们虽然对此作过一些介绍，但了解和研究得都不够。即使在我们的研究工作取得较大进展的经济体制改革这个领域，我们的研究也还是不够深透的，对某些情况的了解也是若明若暗的。对苏联的经济理论，特别是政治经济学理论，在20世纪50年代和60年代初期，我们是很熟悉的；但到60年代后期，以及70年代以来，苏联的经济理论到底如何演变，包括在生产资料所有制方面的理论，计划和市场关系的理论，以及这些理论的演变同苏联党政内部矛盾斗争的关系等，并不是很清楚。可见，我们的研究工作还存在很大的差距。这就要求我们在已有成绩的基础上，再接再厉，把对苏联经济及其经济理论的研究工作继续向前推进一步。

二、进一步提高对研究工作重要意义的认识

毛泽东同志历来提倡我们要研究外国、学习外国。邓小平同志也很强调这个问题。在对外国的研究中，特别是在对世界经济的研究中，我们当然要研究社会主义国家的经济，研究苏联的经济，研究第三世界国家的经济，也要研究资本主义国家的经济，而其中对苏联及其经济问题的研究，具有特别重要的意义。为什么呢？

第一，苏联是世界上第一个社会主义国家，是列宁主义的故乡。十月社会主义革命胜利以后，在列宁和斯大林的领导下，苏联进行了伟大的社会主义建设的实践，历时三十五六年，比新中国成立至今的时间还长一点。在这期间，苏联无疑积累了极其丰富的正、反两方面的社会主义建设的历史经验，这是苏联人民的宝贵财富，也是全世界劳动人民的宝贵财富。我们应该同苏联人民一样，珍惜这一财富。列宁、斯大林逝世后，虽然苏联新的领

导集团犯了重大的错误，但广大苏联人民在经济建设方面还是进行了大量努力，也有很多的经验教训。为了实现我国四个现代化的宏伟目标，我们必须研究世界各类国家经济发展的有益经验和教训，当然也包括苏联的经验和教训。我们认真研究和吸取苏联各个历史时期的经验和教训，这对于我国社会主义建设显然有着很重要的参考意义。

　　第二，苏联是我国的邻邦，同我国又有很多相似的地方。首先，两国的国情比较接近。例如，我国和苏联都是人口众多、幅员辽阔的大国；两国都拥有丰富的自然资源和广阔的国内市场，而且发展经济主要依靠的是本国的资源和市场；两国在革命前都是比较落后的带有很大封建性的农业国家，商品生产并不发达，小农经济占着很大的优势，等等。其次，两国原有的经济模式基本相同。新中国成立以后，基本上是按照苏联那一套来建设我国的社会主义经济，因此我国的经济模式同苏联20世纪30年代形成的那套模式基本上是一脉相承的，特别是在工业、交通、基本建设、物资供应等方面，几乎是完全照搬的。在生产资料所有制上，我们同当时的苏联实行的都是以国家为代表的全民所有制和主要是农民的集体所有制；在经济结构和产业结构上，两国都是以重工业为主，优先发展重工业，轻视农业和轻工业，而在重工业中，又相当强调国防工业的发展；特别是在经济体制上，两国实行的都是高度集中统一的计划经济，国民经济计划基本上是单一的指令性计划，地方和企业的自主权很小，限制甚至排斥市场的调节作用，而且国民经济管理和经济计划的实施，主要是依靠行政手段，依靠各级党政组织自上而下的领导作用。苏联在20世纪50年代后期，特别是60年代以后，经济发展到新的阶段，已经感到这一套不能适应国民经济进一步发展的需要，因而进行经济体制改革和经济结构调整。正因为苏联同我国有着很多相似的地方，因此，研究苏联在这些方面的历史经验、当前实践和今后动向，对我们有着更为直接的借鉴意义。

第三，目前的苏联是一个超级大国，无论在经济、政治、军事上，对整个世界局势都有着重大的影响。几十年来，赫鲁晓夫和勃列日涅夫奉行霸权主义的政策，利用苏联人民在斯大林领导下所创造的物质基础，极大地扩充了经济实力和军事实力，使苏联成为世界上另一个超级大国。目前苏联的经济实力同美国的差距进一步缩小。据苏联方面公布的材料，苏联的国民收入已相当于美国的67％，工业产值占世界工业产值的20％，相当于美国工业产值的80％，农业产值相当于美国农业产值的85％，苏联有20多种重要的工业产品如钢铁、石油、煤炭、水泥、化肥、拖拉机、木材等都超过美国，占世界第一位。在军事力量方面，苏联的常规武器已经超过美国，拥有的核武器在数量上也已经超过美国。美苏两个超级大国在全球范围内进行的激烈争夺，是当今世界不得安宁的主要根源。因此，我们研究苏联，研究苏联经济，对于我们研究整个世界经济、政治形势，对于保卫世界和平和人类进步事业，都有着重要的意义。

对于苏联及苏联经济问题的研究，不仅具有很大的重要性，而且具有很大的迫切性。这一方面是因为我国社会主义现代化建设的实践和当前国际斗争的形势，迫切需要我们了解和研究苏联的有关情况；另一方面也是因为我们对苏联问题的研究工作还没有充分展开，还不够深入，因而还不能很好地适应党中央和国务院对我们的希望和要求。现在有很多问题需要我们去研究，例如，当前，我国面临着如何集中财力、保证重点建设的问题。我们一方面要继续坚持经济改革的方向，调动地方和企业的积极性，发展经济改革的成果；另一方面，我们又必须使国家能集中必要的收入，以保证重点建设项目的完成。在这个问题上，苏联的经验是比较丰富的。苏联在集中财力、保证重点建设方面做得比较好，当然他们也有过分集中的问题。几十年来，苏联在这方面作了一些改进，他们做得并不算好。但是，他们在这方面的一套做法，从理论到实践，都需要我们进行认真的调查研究。此外，国家财政收入应占国民收入的比重，基本建设投资应占财政支出的比重，基本建设投资中生产性建设与非生产性建设应占的比重，以及现有企业的技术改造、条条与块块的关系、经济综合体等，都需要我们了解和研究苏联的有关情况。

三、运用马列主义的立场、观点、方法指导我们的研究工作

马克思列宁主义是无产阶级的世界观，是人类知识的科学结晶，也是我们用以观察和研究一切事物的根本方法。我们社会科学的研究工作，包括对苏联经济问题的研究工作，都必须以马列主义来指导。只有坚持马列主义的立场、观点和方法，我们才能把对苏联经济及其经济理论问题的研究进一步引向深入。

首先，我们必须坚持唯物主义的态度，坚持实事求是的态度来进行研究。几年来，我们在这方面已有了很大的改进。现在，比较普遍存在的问题，主要是我们占有的资料并不充足，我们的分析不够深入，因而限制了或妨碍了我们进行实事求是的研究。而要真正实事求是地进行研究，得出符合实际的有价值的结论，就必须从苏联的实际情况出发，详细地占有资料，根据大量的客观事实，进行具体的由表及里、去伪存真的分析研究，运用马列主义的观点按照事物的本来面目去认识苏联、评价苏联。我们在同中央保持政治上的一致和内外有别的原则下，在内部所进行的理论研究和学术探讨，完全应该敞开思想，大胆提出自己的见解，求得符合实际的科学的结论。这就是实事求是的态度。这种实事求是的态度，也是马列主义的唯物主义的根本态度。

其次，运用辩证的方法进行研究，防止片面性。唯物主义的

辩证法，是我们观察世界、研究世界的马列主义的方法。在开展对苏联经济问题的研究时，尤其需要我们注意下面两点：

一是一分为二的分析方法。例如，在研究苏联经济理论问题的时候，就很值得我们运用这个一分为二的方法来进行分析探索。苏联的理论界一直以马列主义的正统派自居，他们很重视引用、阐述马克思和列宁的观点，并以此来解析现实问题。一方面，我们应该看到，近几十年来，在苏联领导人的错误思想指导下，苏联经济理论界有许多曲解和割裂马列主义的地方；但是，另一方面，我们也应该看到，苏联经济理论界确实也有符合马列主义的一些地方，甚至在某些方面可能充实了马列主义。苏联理论界的力量比较雄厚。特别是有一段时期，苏联经济理论界曾经有所松动，对一些重大的经济理论问题，进行了讨论，并取得一定的进展。例如，20世纪60年代围绕经济体制改革进行的讨论就比较活跃。但到苏共二十四大以后，就不再提经济体制改革了，而只有进一步完善的提法，关于计划与市场关系、关于企业自主权等问题的看法又有所改变，理论界也逐渐趋向谨慎。可见苏联经济理论界有停滞和倒退的时期，有停滞和倒退的方面，也有比较活跃的时期，有取得进展的方面。这就需要我们以一分为二的观点去看待，对每一个时期经济理论界的情况加以具体的分析研究。

二是相互比较的研究方法。有比较才有鉴别。在相互联系的事物中进行有比较的研究，就能更清楚地认识一个事物，更准确地把握一个事物。对于苏联经济及其经济理论问题，我们可以从各个方面来进行比较研究，例如，可以从国内方面进行比较研究，也可以从国际方面进行比较研究。在苏联国内，可以对列宁、斯大林时期与赫鲁晓夫、勃列日涅夫时期作比较分析；对于每个大时期的不同阶段，也可以作比较分析。例如，赫鲁晓夫时期和勃列日涅夫时期有很大不同；勃列日涅夫执政的初期和中后期也有不同。勃列日涅夫上台后，一方面纠正赫鲁晓夫时期某些错误的做法，一方面继续进行经济体制的改革。开始几年改革的声势比较大，但到20世纪70年代，改革就逐渐冷却下去了。安德罗波夫上台后，又有一些新的动向。在国际上，也可以就苏联与东欧国家作比较分析。这些东欧国家原来的经济模式和经济理论都普遍受苏联的影响，但后来的发展变化不尽相同，南斯拉夫比较早地摆脱了苏联的影响，匈牙利等国也有一些不同的实践，因而在东欧国家产生了一些新的经济模式和相应的经济理论，这都需要我们加以比较研究。更重要的是把苏联、东欧国家的经济理论和建设实际，同我们国家进行比较研究，特别是对那些与我们国家当前社会主义现代化建设有直接关系的问题进行比较研究。这样我们就会获得更加深刻的和更有价值的认识。

总之，对于像苏联这样重要的一个国家，我觉得需要进行周密的系统的调查研究。对于它的经济、政治、军事、历史、地理等各个领域以及各个方面的理论，我们都要作深入的调查研究。就其经济方面来说，包括它的生产、分配、交换和消费，它的经济制度和经济结构，它的经济管理体制和经济发展战略，它的各个重要经济部门和重要经济地区，它的对外经济关系，等等，都要对其有关的理论和实践进行周密的系统的调查研究。只有这样，我们才能获得有关苏联的比较全面和比较深刻的认识，也才能更好地为我国社会主义现代化建设以及我国的外交斗争服务。

我希望并且相信，通过这次讨论会，经过大家今后的共同努力，我们对苏联经济及其经济理论的研究工作，将会更加深入一步，达到一个新的水平。我预祝这次苏联经济理论讨论会获得成功！

进一步深入开展对苏联经济问题的研究

中国经济发展战略的一些问题*

（1983年8月21日）

女士们，先生们！

今天有机会在这里讲演，我感到非常荣幸。

在这个讲演中，我想介绍一下中国经济发展战略的一些情况和问题。这是一个很大的题目，我只能概略地谈一谈。

首先讲讲：新中国成立以来经济发展战略的历史演变。

自从1978年年底中国共产党第十一届三中全会以来，中国经济发展战略发生了一些重大的转变。对于这个转变的含义和内容，中国经济学界已经有了不少的讨论。这个讨论是与介绍国外关于发展战略问题的研究材料同时进行的，因此很自然地就有人援引发展中国家发生的战略转变，认为中国近几年发生的转变也像许多发展中国家一样，是从所谓"传统的"发展战略，即以国民生产总值的高速增长为主要目标的战略，过渡到所谓"新的"发展战略，即以满足人们的基本需要为主要目标的战略。但是，由于中国是一个发展中的社会主义大国，它的经济发展战略的演变仍然有许多独特的地方。过去中国经济的发展战略并不是一成不变的，而是经过几次重要的变动。把新中国成立初期的国民经济恢复时期除外，从1953年到1978年我国的经济发展可以划分为四个战略时期。

* 本文系1983年8月为出访澳大利亚准备的讲演材料。

一、第一个五年计划时期（1953—1957年）

这个时期的经济发展战略原来是一个更长时期（三个五年计划）的发展战略的组成部分，它体现在1958年8月提出的过渡时期的总路线和总任务中。"一五"计划就是这个总路线总任务的具体化，其战略目标包括：逐步实现社会主义工业化；逐步实现农业、手工业和资本主义工商业的社会主义改造；在发展生产和提高劳动生产率的基础上逐步改善人民的物质文化生活。为实现上述目标所采取的战略措施有：优先发展重工业，相应发展轻工业和农业；集中财力、物力，搞好以156项重点工程为骨干的基本建设；正确处理积累和消费的关系，注意综合平衡；等等。

"一五"计划原定的主要指标大多提前和超额完成。每年平均，工农业总产值增长10.9％，国民收入增长8.9％；农业和工业、重工业和轻工业的增长幅度大体上是按比例的；经济效益较好，农民和职工的实际收入都有增加。基本上完成了对生产资料私有制的社会主义改造。但是，这个本来要求用三个五年计划时期完成的任务，只用了一个五年就提前完成了，工作中出现了一些缺点和偏差，开始滋长了急于求成的情绪。

二、"大跃进"时期（1958—1960年）

第二个五年计划，本来要继承"一五"的经验和继续"一五"的战略。但是，随即提出"超英赶美"的口号，接着提出社会主义建设总路线、"大跃进"和人民公社这"三面红旗"，改变了原定的稳步发展的战略，实际上采取了另一种急于求成的冒进战略。这种战略的主要目标是：盲目追求"大跃进"

的高速度和"一大二公"的生产关系。当时的战略措施，主要是：大炼钢铁，要求一年翻番；大办人民公社，取消自留地和集市贸易；急剧提高积累率，扩大基本建设规模；大搞群众运动，不要综合平衡；取消计件工资和奖金，否定按劳分配原则。

"大跃进"的战略实行了三年就难以继续下去，事实上从1960年下半年起不得不着手纠正。但是，其消极影响一直持续到以后好几年。整个"二五"时期，工业总产值增长很少，农业总产值、国民收入都是下降的；经济效益大幅度倒退，人民生活遭到损害，集中到一点，则是国民经济的比例关系严重失调。

三、调整时期（1961—1965年）

20世纪60年代初，确定了"调整、巩固、充实、提高"的八字方针，这是经济发展战略的一次事实上的调整。当时的战略目标是：调整国民经济比例关系，首先是恢复农业生产；对农村人民公社实行"三级所有、队为基础"，克服"共产风"和平均主义；大力压缩积累，保证人民的基本生活。相应的战略措施有：减少基本建设投资；力争财政、信贷平衡；制止通货膨胀，稳定市场物价；精简职工，减少城市人口，充实农业第一线；整顿和调整企业，关停部分厂矿；等等。

经济调整很快取得成效。从1963年到1965年，每年平均，农业总产值增长11.1%，工业总产值增长17.9%，国民收入增长14.5%，国民经济主要比例关系趋于协调，经济效益显著提高，不少指标创造了历史最好水平；人民生活有了改善。我们终于渡过了由于主客观原因而出现的经济困难阶段。但是总的来看，这一段时期经济发展战略的调整，事实上是被迫实行，而在理论认识上，也就是说，在根本的战略指导思想上，问题并没有彻底解决，以致后来只要形势好转，就会重犯"左"的错误。

四、十年动乱时期（1966—1976年）

原来设想，从1966年开始的第三个五年计划的基本任务是：大力发展农业，基本解决人民的吃、穿、用；适当加强国防建设，努力发展尖端技术；加强基础工业，相应发展交通、商业、文教、科学等事业。但是，1966年开始了"文化大革命"，上述战略意图没有可能贯彻执行。十年动乱时期，经济建设受到政治运动的冲击，经济发展战略被搞乱了，很难有一个全局的打算，实际上搞的是：突出战备，加强战略后方的建设，强调高速度，强调重工业，强调"以钢为纲"；在生产关系上，搞"穷过渡""割资本主义尾巴"；在人民生活上，批所谓资产阶级法权，鼓吹平均主义；在对外阶级关系上，批所谓"洋奴哲学""爬行主义"，实行闭关锁国。

这是一种在"左"的思想指导下的、杂乱无章的经济发展战略。虽然，由于广大干部、群众的抵制和努力，整个国民经济断断续续地有所增长，但是损失很大。这十年，生产发展速度下降，其中有几年的农业、工业和国民收入出现了负增长；国民经济的基本比例关系又一次严重失调；特别是经济效益严重下降，很多指标倒退到不如"一五"的水平；职工实际工资下降，农民收入增加不多，人民生活有不少困难。

1976年粉碎"四人帮"后，由于受到十年动乱的影响，起初三年，重犯了急于求成的错误，使原已存在的比例失调进一步加剧。直到党的十一届三中全会，才开始拨乱反正，使经济发展战略逐步回到正确的轨道上来。

从以上对中国经济发展战略简略的历史回顾中可以看出，中国过去的发展战略有比较正确的时候，也有重大失误的时候。当战略决策正确时，国民经济蓬勃发展，人民生活得以改善，社会主义制度得以巩固。而当战略决策失误时，经济发展就受挫折，人民生活不能改善，社会主义制度也会受到削弱。因此，把过去二三十年中国国民经济的发展战略，笼统地用一些发展中国家的所谓"传统的旧战略"来类比和概括，是不怎么确切的。中国的经济发展中尽管一再出现某些消极现象，但是许多发展中国家在工业化过程中长期存在的收入分配不公平、经常的失业、持续的通货膨胀、不断增加的外债负担等"传统发展战略"必然带来的弊病，在中国或者是不存在，或者是一种例外。另一方面，向发展中国家推荐的"新的战略"所要解决的满足人民基本需要的问题，包括营养、保健、教育等，在中国过去的发展中就已经取得注目的成果，这是公正的外国观察家们也都承认的。许多评论包括世界银行对中国经济的考察报告都认为中国在过去的发展中，既能迅速地进行工业化，又能同时解决满足人民的基本需要。事实上，新中国成立30年来，基本上建立起一个独立的比较完整的国民经济体系，有了相当的重工业基础，同时基本上解决了十亿人民的温饱问题。这表明，中国过去的经济发展战略包含着正确的东西，这些正确的东西能够使中国社会主义制度的优越性得到发挥，达到其他许多非社会主义的发展中国家所未能达到的成果。

其次，讲一讲1978年中国共产党十一届三中全会以来经济发展战略的重大转变。

上面我讲了我国经济发展的一些成就，这当然丝毫也不意味着否认我国经济建设中发生过一些重大的挫折。这些挫折，大多与1958年"大跃进"以来经济发展战略一再发生了"左"的偏差是分不开的。这种偏差，主要是经济建设上要求过急，政策过激。建设上的过急表现为片面追求增长速度和投资规模过大，超出了我们国力的可能，结果不得不收缩，一进一退，损失很大；耽误了时间。政策上的过激，往往挫伤人民的积极性。所有这些，影响了社会主义制度优越性的充分发挥，使得经济建设的效益难以上去，人民生活的改善也同人民所付出的劳动不相适应。

从根本上说，上述偏差和失误，同我们对中国的基本国情没有清醒的认识，有很大的关系。我国是一个拥有十亿人口、八亿农民的大国，经济技术水平落后，底子很薄。在我们这个人口多、水平低、底子薄的大国进行社会主义工业化、现代化的建设，需要相当长的一个历史时期才能完成，决不能急于求成，指望一下子出现什么奇迹。过去我们并没有真正认清这个基本国情，以致老犯急性病，走了不少的弯路。

我在一开头就提到的1978年冬天召开的中国共产党十一届三中全会，是新中国成立以来历史上具有深远意义的一次重大转折。全会作出了把全国工作重点从阶级斗争转移到社会主义现代化建设上来的战略决策。接着在1979年春天，中国共产党中央又提出了整个国民经济实行"调整、改革、整顿、提高"的方针，这个方针不仅是为了解决当时国民经济中存在的困难，更重要的是要认真清理过去经济工作中长期以来在"左"倾错误影响下的老一套做法，真正从我国国情出发，走出一条发展我国社会主义经济的新路子，也就是确定我国经济发展的新战略。1982年9月召开的中国共产党第十二次代表大会，充分肯定了十一届三中全会以来的伟大转折，并且在为全面开创社会主义现代化建设新局面而奋斗的纲领中，提出了到20世纪末我国经济发展的战略目标、战略重点、战略步骤等一系列战略决策。概括起来说，中国经济发展战略的这一重大转变，主要表现在以下几点：

第一，在经济发展的战略目标上，从过去常常提出不切实际的口号和目标，盲目地追求经济增长，转变为更加注意在经济增长的基础上逐步满足人民日益增长的物质和文化需要，从实际情况出发，量力而行，循序渐进，稳步地实现四个现代化的目标。党的"十二大"要求在工农业生产值翻两番的基础上，人民的物质文化生活达到小康水平。这是切实可行的目标，达到了这一步，我们才有可能在下一个世纪向更高的现代化目标前进。

第二，在经济发展的速度和效益的问题上，从过去的片面追求高速度转变为把提高经济效益作为中心任务。过去，我国经济的发展保持了不低的速度，然而由于忽视比例和效益，增长很不稳定，有时大起大落，损失很大。党的十二大制定翻两番的生产目标，要求以不断提高经济效益为前提。因为，无论从资金积累、能源供应和劳动力来源方面说，不提高经济效益，生产翻两番是难以实现的。在这个问题上，我国不少人思想上还没有转变，往往自觉地或不自觉地仍旧倾向于追求产值和速度而忽视效益。因此，还要做艰苦的工作，力争尽早地把全部经济工作转到以提高经济效益为中心的轨道上来。

第三，在处理平衡发展和不平衡发展的关系上，从过去的片面突出重点的不平衡发展战略转变为抓重点、促平衡的发展战略。过去，我们片面突出重工业，重工业中又片面突出钢铁工业，而叫其他产品、其他行业让路，特别是忽视轻工业和农业，结果造成比例严重失调。党的十二大提出了把农业、能源和交通、教育和科学作为经济发展的战略重点，在综合平衡的基础上解决这几方面的问题，以促进消费品生产的较快增长，并带动整个经济发展。显然，这与过去的片面强调"以钢为纲"或片面强调优先发展重工业的不平衡发展战略是不一样的。

第四，在扩大再生产的方式上，从过去的一味依靠上新的建设项目的外延发展方式转变为更多地注意通过企业的整顿改组和技术改造来挖掘现有企业潜力的内涵发展方式。我们现在已有几十万个企业，长期以来，由于忽视技术改造，使这些企业设备陈旧、工艺落后、产品质量差、消耗高，蕴藏的潜力发挥不出来，严重地妨碍着经济效益的提高。党的十二大在保证重点建设的同时，还强调了现有企业的技术改造，达到投资少、收效大，见效快，这与在提高经济效益的前提下实现工农业生产翻两番的任务是紧密呼应的。

第五，在物力和人力两种资源的开发上，从过去的只重视物质技术基础的建设、不注意人力特别是智力的开发，转变为开发物力资源和开发人力资源并重的战略。过去由于"左"的错误，轻视知识，歧视知识分子，给我国的经济发展带来不小的损害。党的十二大在重视物力资源开发的同时，重视了人力资源的开发，把教育和科学列为战略重点，也就是把智力开发放在重要位置。这样，就能有效地提高我国的技术水平、生产水平和管理水平，保证经济的更好发展。

第六，在对待内外关系的问题上，从过去的实际上的闭关自守转变为自力更生为主并实行对外开放的战略。过去，由于外国的封锁和背信弃义，以及我们自己对自力更生方针的片面理解，在对外关系上往往采取了自给自足、闭关自守的方针，限制了自己的发展。实行对外开放，扩大对外经济技术交流，将促进经济发展，增强自力更生的能力。党的十二大肯定了对外开放的战略，对于加快经济发展，也是很重要的一着。

第七，适应经济发展战略转变的需要，在经济管理体制上，也从过去盲目追求"一大二公"的经济形式和过分集中的、排斥市场机制的、吃"大锅饭"的体制转变为坚持以国营经济为主的多种经济形式经营方式并存，和集权与分权相结合、计划与市场相结合，真正贯彻按劳分配和物质利益原则的新体制。这一转变将大大有利于调动各个方面的积极性，发展商品生产和商品交换，从而促进整个经济战略目标的实现。

以上各方面的转变，将使我国经济发展走出一条速度比较实在、经济效益比较好、人民可以得到更多实惠的新路子。这个新战略是建设有中国特色的社会主义的必由之路。中国人民将循着这条道路，稳步地向四个现代化的方向前进。

最后，讲一讲这几年由于实行经济发展战略的转变所取得的成效，以及当前存在的问题。

在不久前召开的第六届全国人民代表大会第一次会议上，赵紫阳在政府工作报告中列举了几年来我们国家取得的成就和变化。其中在经济方面，主要是国民经济扭转了重大比例的严重失调；农业摆脱了长期徘徊不前的困境；消费品工业扭转了长期落后的局面，重工业逐步端正了服务方向；城乡市场出现了新中国成立以来少有的繁荣景象；对外经济技术交流有了很大的发展；城乡人民生活有了明显的改善；教育科学文化事业有了新的发展；经济体制进行了初步改革；等等。

为了节省时间，对于这几年取得的上述成就的详细内容，我就不介绍了，这里只就经济发展和经济体制改革两个方面综合地讲几句。

在经济发展方面，经过几年来贯彻执行调整、改革、整顿、提高的方针，长期存在的积累率过高和农业、轻工业严重落后的状况，有了根本的变化。国民收入中积累基金所占比重由1978年的36.5％，1982年降到29％；消费基金所占比重由63.5％上升到71％。全国农民平均每人纯收入，1982年达到270元，比1978年增加一倍；城市职工家庭平均每人全年可用于生活费的收入为500元，实际收入比1978年增长38.3％。在工农业总产值中，农业所占比重由1978年的27.8％提高到1982年的33.6％；在工业总产值中，轻工业所占比重则由42％提高到50％。结合着积累与消费和农、轻、重这两大比例关系的调整，这几年还采取了果断措施，解决了曾经出现的较大财政赤字问题，实现了财政收支和信贷收支的基本平衡。这几年我国经济还处于调整时期，既保持了经济全局的稳定，又保持了不低的增长速度，1982年比1978年，工农业总产值平均每年增长7.3％，工业总产值平均每年增长7.2％，这在世界经济不景气的背景下，是一个很显眼的速度。

在经济体制改革方面。这几年，我国农民在中国共产党的领导下创造了多种形式的家庭联产承包责任制，克服长期存在的在生产上的瞎指挥和分配上的平均主义，把小规模的分户经营与专业化、社会化生产结合起来，继承了合作化的积极成果，从而使集体所有制的优越性和家庭经营的积极性统一了起来，解决了我国社会主义农业中一个长期没有解决的根本性问题。在城镇，在坚持国营经济占主导地位的前提下，城镇集体所有制和个体工商业有了发展，个体劳动者从15万人增加到147万人。绝大部分国营工商企业实行了各种形式的经营责任制，一批国营小商业、饮食服务业和小型企业开始实行国家所有、集体经营或者由职工集体、个人承包经营。在改进城乡流通体制，发挥中心城市的作用，打破地区和部门的界限，组织多种形式的经济联合体和经济区等方面，正在进行一系列的改革。所有这些，对于调动各个方面的积极性，活跃城乡经济，起了良好的作用。

由于实行新的经济发展战略的时间不久，还不是所有的人都认清了、熟悉了发展经济的新路子，同时，经济体制改革还刚刚开始，尚未改革的老体制不适应新战略的要求，因此，我国经济发展中还存在不少问题。就拿从1982年到1983年上半年这一段时间来说，下面一些情况和问题是值得注意的。一是片面追求产值的增长速度、忽视经济效益的倾向又有新抬头；二是固定资产投资规模再次急剧膨胀，超过了财力、物力可能承担的限度；三是投资规模扩大的结果，造成重工业迅猛回升，致使轻重工业经过调整开始出现协调发展的局面，又有逆转的可能；同时，还造成能源、交通和工业原料供应的紧张；四是在提高人民消费方面有失控的苗头，消费基金的增长幅度，持续几年超过了社会劳动生产率的增长幅度；五是在国家、集体和个人分配关系上，国家财力不足，资金过于分散，难以保证重点建设的需要。

上述情况，特别是基本建设投资总规模控制不住，消费基金的增长幅度也难以控制，是不利于我国的社会主义现代化建设的。这种情况如果继续下去，国家的重点建设就上不去，经过很大努力恢复起来的正常经济秩序和比例关系有可能重新被打乱。为了解决这个问题，中国共产党和中国政府在集中资金加强重点建设、控制投资规模和消费基金的增长规模等方面，已经提出了一系列方针和有效的措施。从根本上说，要实现社会主义现代化的宏伟目标，必须坚持几年来实践证明是正确的新的经济发展战略。按照中国共产党的十二大的规定，到20世纪末实现工农业年总产值翻两番的战略目标，要分两步走：从1981年到1990年的前十年，主要是打好基础；从1991年到2000年的后十年，争取进入一个新的经济振兴时期。当前我们正处在打基础的关键时期。我们一要在今后几年中搞好国民经济结构的调整，加快经济体制的改革，抓紧重点建设和技术改造，保证经济的稳定增长，并为以后的发展积蓄力量，创造条件。这样，我们就有可能一步一步地实现我们经济建设的战略目标。